Helene Maimann

DER LEUCHTENDE STERN

Wir Kinder der Überlebenden

Paul Zsolnay Verlag

Mit freundlicher Unterstützung der Kulturabteilung
der Stadt Wien, Literatur und Wissenschaft, und des
Zukunftsfonds der Republik Österreich.

1. Auflage 2023
ISBN 978-3-552-07279-4
© 2023 Paul Zsolnay Verlag Ges. m. b. H., Wien
Satz: Nadine Clemens, München
Autorinnenfoto: © Gerhard Scheubmayr
Umschlag: Anzinger und Rasp, München
Motiv: © Bruno Ettmayer
Druck und Bindung: CPI books GmbH, Leck
Printed in Germany

MIX
Papier | Fördert
gute Waldnutzung
FSC
www.fsc.org
FSC® C083411

1

DAPONTEGASSE 3

After midnight, you're
gonna let it all hang out.

J. J. CALE

In der Weihnachtsnacht 2007, in der sich wie jedes Jahr der Freundeskreis von Alexander David traf, um zu essen, zu trinken, zu rauchen, zu reden und die Nacht vorbeiziehen zu lassen, fing das Gespräch über unsere Kindheit an. Im Nebenzimmer thronte der mächtige, bis an die Decke reichende Weihnachtsbaum, frisch geschlagen, traditionell aufgeputzt, zart nach feuchter Tanne duftend. Entlang der Wand war das Buffet angerichtet, faschierter Braten, Erdäpfelsalat, Aufstriche, eine exquisite Käseplatte, Baguette, Schwarzbrot. Daneben Panettone und eine Sachertorte, Gläser, Teller, Fruchtsaft, Wein und Wasser.

Um den langen Holztisch saßen an die zwanzig Gäste, die im Lauf des Abends kamen, um sich für ein oder zwei Stunden oder die ganze Nacht niederzulassen. Die Unterhaltung floss mühelos dahin, wie immer unter Leuten, die sich seit vielen Jahren kennen. Intimeres Zweier- oder Dreiergemurmel, das wieder in ein Tischgespräch mündet, wenn einer anfängt, etwas zu erzählen, ein Zweiter und Dritter es aufnimmt und weiterspinnt, unterbrochen von pointierten Zwischenrufen und Lachen. Es ging um möglichst ausgefallene Geschichten, neue und alte, die, mit dem einen oder anderen Schnörkel versehen, vorgetragen werden wollten.

Robert Horn hatte den größten Heiterkeitserfolg mit einer Geschichte, die alle kannten, einige waren dabei gewesen. Wie kleine Kinder, die sie nicht oft genug hören können, verlangten sie mit »Robert, erzähl uns vom Besuch deiner Mama in der Paulana« eine Reprise.

Er schildert also, wie die komplette Belegschaft der WG Paulanergasse im vierten Wiener Bezirk mit einem gewissen Bangen diesem Besuch entgegensieht und sich, nachdem das schmutzige Geschirr in der Küche abgewaschen, verdächtiges Rauchzeug weggeräumt und die Wohnung ausgiebig gelüftet ist, auf den Matratzen im Gemeinschaftszimmer versammelt. Robert findet es zu kühl, draußen herrschen Minusgrade. Nervös schusselt er beim Einheizen des Ölofens und sprüht eine Zündhilfe hinein, die ihn einnebelt.

Als er das Zündholz anreißt, verwandelt er sich für einen Moment in den biblischen Dornbusch. In diesem Augenblick kommt Mutter Horn bei der Tür herein und starrt auf ihren Sohn, der in eine Feuersäule gehüllt vor ihr steht, beruhigend mit den Händen wachelt und ruft: »Servus Mama, alles in Ordnung, komm nur herein, herzlich willkommen!«

Es ist lang nach Mitternacht, und die meisten Gäste sind weg, als das Gespräch über den Topf anfängt, in dem wir gekocht wurden.

Wir fragen uns, woraus der Kitt besteht, der unsere Freundeskreise zusammenhält. Alle vier, Alexander, seit seiner Kindheit Guki gerufen, Robert, Heinz und ich, wurden nach dem Krieg in Wien geboren. Unsere Eltern waren zuvor anderswo: Roberts Vater im KZ Płaszów und in Oskar Schindlers Emailfabrik, seine Mutter in Auschwitz, Bergen-Belsen und Mauthausen. Gukis Eltern in Moskau, die von Heinz in New York, meine

Plakat von Patricio Handl, 1985.

in London. Das reicht für ein komplexes Verhältnis zu dem, was man Heimat und Zugehörigkeit nennt.

Wir sind Kinder von Displaced Persons, Flüchtlingen, KZ-Häftlingen, Widerstandskämpfern, Soldaten in alliierten Armeen. Unsere Familiengeschichte gehört nicht zur Großen Erzählung des Landes, in dem wir aufgewachsen sind. Manche sind noch vor dem Krieg zur Welt gekommen, in Frankreich versteckt in einem Schweinestall wie Jean Margulies oder in einem katholischen Waisenhaus wie André Glucksmann. Andere wurden in der Illegalität geboren, wie François Naëtar in Paris oder Robert Schindel in Bad Hall. Oder in Kasachstan wie Edek Bartz. Ihre Eltern haben Auschwitz überlebt oder sind in Ungarn untergetaucht, wie die von Berta Pixner und Anita Pollak. Schwemmsand mit ungewisser Zukunft.

Was machte das mit unserem Leben? Wir versuchten eine erste Inventur, legten unsere Kindheit wie Dominosteine aneinander und kamen zum Schluss, dass wir schon früh ein herausforderndes Dasein geführt haben. Wir wuchsen auf mit einem leuchtenden Stern über uns, dem roten kommunistischen oder dem blauen jüdischen oder beiden. Sind vom Rand der Gesellschaft in ihre Mitte gegangen und haben an ihren Schrauben gedreht. Das Land, in dem wir aufgewachsen sind, hat uns weder Beachtung geschenkt noch Fesseln angelegt. Wir kamen überallhin, wo es uns hingezogen hat – in die Wissenschaften, in die Medizin, die Kultur, die Wirtschaft, in die Schulen und Medien. Niemand hielt uns auf. Wir hatten einen Pass, mit dem wir überallhin reisen konnten. Es gibt nichts zu bedauern. Wir hätten, wenn überhaupt, auch anderswo zur Welt kommen und es vielleicht besser, aber auch viel schlechter treffen können.

Die bestimmenden Figuren des zwanzigsten Jahrhunderts griffen tief in unser Leben ein. Wenn wir diese Herrschaften an Gukis Tisch luden, dann saßen hier, nur zwei oder drei Handschläge entfernt, Josef Stalin, Georgi Dimitroff, Mao Tse-tung, Charles de Gaulle und Franklin D. Roosevelt. Und Winston Churchill, ohne den wir nicht auf der Welt wären. Und auch nicht ohne die vielen Schindlers, die im entscheidenden Moment ein Leben retteten.

2

AMARCORD

*Tatsächlich werde ich jedes Mal, wenn ich in
Rimini bin, von Gespenstern angefallen, die
eigentlich schon archiviert, eingeordnet sind.*

FEDERICO FELLINI, MEIN RIMINI

Der Kindergarten am Lainzer Platz in Wien-Hietzing sieht heute noch aus wie damals, nur die graue Fassade ist inzwischen
abgeblättert. Die Tante hat für das Faschingsfest einen Kopf-
schmuck aus Kreppapier gebastelt. Noch spüre ich ihre sanfte
Hand, die sich über meine Augen legt, wenn die Kinder sich auf
den kleinen geflochtenen Betten niederlegen, die am Nachmittag aufgestellt werden. Sofort schlafe ich ein. Ein Zaubertrick.

Ich kehre nur zögernd in das Lainz der frühen Kindheit zurück. Es hat sich wenig geändert. Der Dorfplatz, die Straßenbahn, die Gemeindebauten, die Villen, die Kastanienalleen und
der Rote Berg, die Kirchenglocken, die Verbindungsbahn, die
den Westen Wiens mit dem Süden und Osten verknüpft, das
Läuten der Schranken, bevor sie sich ächzend senken, das Rattern der Güterzüge. Federico Fellini sagt, die Rückkehr in die
frühen Jahre sei wie ein selbstgefälliges Wiederkäuen von Erinnerung, ein theatralisches Unternehmen von trüber Faszination.
Eine Dimension von Erinnerung, nicht die Erinnerung selbst.
Was habe ich erlebt, gehört, überschrieben, geträumt, gelesen in
den papierenen Überbleibseln? Zwanzig Jahre lagen sie im Sou-

terrain, ohne dass ich einen Blick hinein gemacht habe. Jetzt kommt Lainz wie ein Ufo auf mich zu und landet mit sanftem Fauchen im Garten. Heraus steigen meine jungen Eltern, die Familie, ihre Freunde. Ich bin ihnen lange aus dem Weg gegangen. Dabei wohne ich mein halbes Leben nur einen Steinwurf entfernt von der Lockerwiesensiedlung, der letzten Großtat des Roten Wien.

Die Lockerwiese ist eine richtige Kleinstadt, mit Parks, Stiegen, Plätzen, Bäumen, Wiesen, Geschäften. Dazwischen schmale Fußwege, die sich durch die Reihenhäuser winden, jedes mit Küche, zwei Zimmern unten, drei oben, Badezimmer. Das Kind sitzt auf einer Decke im winzigen Hof neben seiner Badewanne, ein mattsilbriges Blechschaff mit Henkeln. Die Mutter plaudert mit dem Ehepaar Swoboda, dazwischen wachsen große Birnen am Spalier. Gehen die Eltern ins Kino, ist die Oma Swoboda da oder Frau Parisek, ein altes Weiblein im dunklen Kleid, in deren Küche es nach Zichorienkaffee und Äpfeln riecht.

Einmal nimmt eine Nachbarin das Kind an der Hand, »komm, ich zeig dir was Schönes«, führt es durch den Torbogen hinaus in die Versorgungsheimstraße. Herunter schaukelt langsam ein Zug von fein angezogenen Leuten. Feierliche, blecherne Musik. Vorne Mädchen, von Kopf bis Fuß weiß gekleidet, mit Kränzen und Schleiern und Blumenkörben. Buben mit weißen langen Hemden und schwarzen Röcken, dahinter ernste Männer in schwarzen Anzügen und Fahnen mit Borten. Zwei Herren mit weißen Kleidern. Sie haben vorne einen Umhang mit einem großen Kreuz und schwenken Kessel, aus denen Rauch dringt. Ein Herr in einem langen, prächtigen Kleid unter einem großen Stoffdach hat ein großes goldenes Gerät in den Händen, das wie eine Sonne aussieht. Um ihn herum Männer, die das Dach mit Stangen tragen. Niemand spricht oder lacht. Viele Leute auf dem Gehsteig, die Männer ziehen den Hut, als das

Dach vorbeikommt, die Frauen schlagen ein Kreuz. Das Kind zieht mit einem Ruck seine Hand heraus, dreht sich um und läuft zurück. Es gehört nicht hierher.

Hinter dem Torbogen beginnt das sichere Terrain, im Geviert mit den Gärten, dem Hof und der Rückseite des Kinos. Das Kind hat eine *Negerpuppe* unterm Arm, das war damals modern, mit roten Lippen und Klapplidern über den starren Augen. Sie ist namenlos, schwer und ungeliebt. Irgendwann wird die Schwarze an der Kinowand deponiert und erfolgreich vergessen. Wenn der Vorführer im Sommer die Lüftungsklappen aufmacht, hören die angrenzenden Häuser den Film mit. An einem Nachmittag sitzt das Kind darunter und hört wunderbare Musik, schläft ein, wacht auf, schläft wieder ein, das Gesicht heiß von der Sonne. Niemand stört es. Jahre später sehe ich »Fantasia« von Walt Disney und erinnere mich, wo ich diese Musik gehört habe, an die warme Kinomauer, die Hitze des Nachmittags. Das Kino hat einem Supermarkt weichen müssen, sonst ist alles wie einst.

Im Wohnzimmer steht die gusseiserne Singer-Nähmaschine mit goldfarbenen Verzierungen auf dem Näharm und einem Tretantrieb. Darauf fertigt die Mutter Korsagen und Badekostüme, mit einer raffinierten inneren Konstruktion für stärkere Damen, und Kleider aus weißem Musselin für das Kind, mit Flügelärmeln und einer großen Masche am Rücken. Das Rattern der Singerin durchzieht das Häuschen wie ein feiner Geruch. Am Nachmittag kommen die Kundinnen zur Anprobe. Neben dem Nähtisch steht ein hoher Schemel, darauf ein Tablett mit der Teekanne, dem Krug für heißes Wasser, dem Milchkrüglein mit der Aufschrift *Take a little Cream*, alles aus rahmfarbenem Steingut. Daneben Zuckerdose und Teeschalen. Der Kessel meldet sich. Die Mutter nimmt Kanne und Krug, geht in die Küche und zelebriert ihre Teezeremonie: Den Pot mit kochendem Wasser ausspülen. Zwei Fingerspitzen Tee hineingeben. Aufgießen. Drei Minuten ziehen lassen, umrühren, warten, bis sich die Teeblätter gesenkt haben. Etwas Milch in die Schalen, ein Sieb auflegen, den Tee langsam eingießen. Ein Löffel Zucker. Umrühren, auf den Tee blasen.

Zu Hause ist England, vor der Tür ist Wien. Lainz ist weit weg von Krieg und Zerstörung. Niemand verliert ein Wort darüber. In den Gärten wachsen Obst und Blumen, regelmäßig donnert ein Zug vorbei, mit lautem Pfeifen, wenn er sich den Bahnschranken nähert. Rund um die Kirche kleine Läden, der Pfarrhof, das Restaurant Eder.

Ich bin gut in dieser Welt gelandet, umgeben von Onkeln und Tanten, die mich wie ein Schutzmantel von der Düsternis fernhalten. Die feuchte Enge des Nachkriegs, die eisigen Nächte in den Häusern neben den Schutthalden, die Krüppel, die verhärmten Frauen, die abgerissenen Kinder sind anderswo, nicht hier. Dass ich weder Oma noch Opa habe und die Onkel und Tanten keine Verwandten sind, fällt mir nicht auf. Immer sind Leute um mich herum, junge Leute, mein Vater ist dreiundzwanzig, als ich geboren werde.

In der Kindheit scheint sommers und winters die Sonne, ein Gnadenakt der Erinnerung. Mir fällt dazu die Rodelbahn am Roten Berg ein und der Himmel über dem tiefblauen Millstätter See. Mein fünfter Geburtstag, der dort gefeiert wird. Das Käppchen mit dem Kärntner Wappen, das ich geschenkt bekomme. Der Geruch des frischen Striezels zum Frühstück, die saure Milch mit Erdbeeren und Zucker am Abend, dazu ein Butterbrot. Der holzgefütterte Herd in der Küche, auf dem die Haustochter die Töpfe herumschiebt. Die Wolken von auf und ab schwirrenden blauen Schmetterlingen über den Wiesen, und dass ich damals mein Herz an Berge und Almen und Wälder und Seen verloren habe.

Dann müssen meine Eltern das Paradies verlassen. Etwas ist vorbei und kommt nicht wieder. Der Vater löst mit einem Schraubenzieher vorsichtig das gläserne Schild von der Haustür ab und wickelt es in Zeitungspapier.

»Was steht da drauf?«

»Da steht, dass die Mama hier einen Miedersalon hat. Gehabt hat. Geh hinein und hol dir eine Weste. Wir fahren in die neue Wohnung.«

Im Wohnzimmer stapeln sich Bündel und Koffer. Die Mutter schlichtet ihr Werkzeug und Nähzubehör in eine große Schachtel: Maßbänder, eines für Yard und eines für Zentimeter, Zwirne, Nähseiden, Garnrollen, Fischbeine, Fingerhüte, das Nähkissen, Stecknadeln, die große Schneiderschere, die flache fettige rosa Kreide zum Anzeichnen der Änderungen, dünner Schaumgummi, Ösen und Schließen und zwei Rollen Köperband. Darauf legt sie Gaze, Schnittmuster aus Packpapier und zusammengelegte Atlasstoffe in Schwarz, Weiß und Rosa.

»Die Singerin kommt auch mit?«

»Es ist wenig Platz, aber es wird sich schon ausgehen.«

Sie richtet sich auf und stemmt die Hände ins Kreuz. Sie hat einen dicken Bauch, bald kriege ich einen Bruder oder eine Schwester.

»Wirst du weiter für die Damen nähen?«

Sie schüttelt den Kopf.

Nie wären wir von dort weggegangen, sagte sie noch viele Jahre später. Diese Vertreibung kam sie hart an, härter als die erste, große. In der Lockerwiese waren Freunde aus der Emigration und Genossen. Der endgültige Abschied von England, das ihr Leben gerettet hat.

Meine Eltern und ich, Frühling 1952.

Franziska Feigl Reiss wird Frieda und später Friedl gerufen, weil
es in der Lassallestraße 6 eine zweite Franziska gibt. In jedem
Stock summen die Nähmaschinen, ein Schneiderinnenhaus.
Ihre Mutter, Sura Gitel, geborene Hochman in Bukaczowce,
nahe Iwano-Frankiwsk, damals Galizien, heute Westukraine,
flüchtet im Ersten Weltkrieg mit ihrem Mann Israel Reiss, einem
Hebräischlehrer, nach Wien, lange, bevor sich die große Finster-

nis über Europa ausbreitet. Sie arbeitet für die kleinen Theater in der Wiener Leopoldstadt, der Mazzesinsel. Ein Drittel der Wiener Juden lebt hier, zwischen Donaukanal und Donau. Wenn wieder einmal in letzter Minute ein Kostüm geändert werden muss, läuft sie atemlos die Stiegen hinunter, um es abzuliefern. Ihr Mann Israel ist früh gestorben. Friedl ist ihr Tochterschatz, ihr Ein und Alles. Ein braves Kind, hilft in der Küche und in der Schneiderei, lernt, wie man Maß nimmt, ist mit Stoffen, Heftzwirn, Schere und zwei Probierpuppen aufgewachsen, ein wohlgeratenes, ein gutes Kind, aber so dünn, so dünn!

Sura führt eine koschere Küche, doch am Freitagnachmittag setzt sie sich über die Essensgebote hinweg und geht mit ihrem Friedale über den Donaukanal in die elegante City, zu Schinken Sauer in der Wipplingerstraße. Friedl genießt das Schauspiel, das der Ladengeselle veranstaltet, wenn er zeremoniös mit dem langen schmalen Messer die Scheiben vom hausgemachten Beinschinken herunterschneidet, mit extrabreitem Speckrand, der ist das Wichtigste, sie in zwei frische Semmeln legt und herüberreicht. Iss, mein Kind, sagt Sura, der Doktor hat gesagt, du darfst, du sollst. Sie kommen rechtzeitig nach Hause, um den Tisch für Schabbes zu decken und die Kerzen anzuzünden.

Friedl ist neunzehn, als endlich ihr Dienstmädchen-Visum aus England eintrifft, eine andere Möglichkeit zur Flucht gibt es nicht. Sie hat einen Gesellenbrief als Miedermacherin, die Zeugnisse einer Kochschule und von englischen Sprachkursen. Aber das wäre alles nutzlos gewesen, hätte nicht ihre Freundin Erna Apisdorf ihr Foto nach Epsom mitgenommen, ein Studiofoto, sehr teuer, aber die Zeit drängt. Erna legt es oben auf einen Stapel anderer Fotos und fragt herum, wer ein Hausmädchen braucht. »Diese hier nehme ich«, sagte Mrs. Lyon. Friedl steigt im Mai 1939 in den Zug. In Epsom bittet sie Erna, ihren Dienstherrn, einen Dr. Scott, zu beknien, eine weitere Garantie zu stellen, für Sura, als Köchin. Was immer ihm Erna über Suras Küche erzählt hat, er fackelt nicht lange und unterschreibt. Friedl ist glücklich. Das nötige Englisch wird Sura schon lernen.

Aber meine Großmutter will ohne ihren zweiten Mann nicht gehen. Du musst auch den Vater herausholen, schreibt sie, ich kann ihn doch nicht zurücklassen! Aussichtslos. Erna weiß Bescheid. Sie vermittelt viele *Domestic Permits*, um Frauen aus Wien herauszuhelfen. Nur wenige Ehepaare erhalten ein Visum. Moses Leib Lewenkron ist Ende fünfzig, für ihn gibt es keine Arbeit und keine Einreise. Friedl versucht, ihre Mutter umzustimmen. Sura lässt nicht locker. Vielleicht findet sich eine Hilfsorganisation, die für ihn ein Altersheim findet? Sie verfasst einen flehenden Brief an Mrs. Lyon, ihn als Hausmeister aufzunehmen, näht für sie ein Dirndl, als ob in England irgendeine Frau ein Dirndl tragen würde, und schickt es mit einem Tiegel Marillenmarmelade nach Epsom, läuft auf das Konsulat, erledigt die langwierige Ausreiseprozedur, spart jeden Pfennig. Alles ist gepackt, die Pässe liegen bereit – und dann lässt sie die Frist für die Ausreise verstreichen. Für den alten Herrn Löwenkron gibt es kein Permit, also bleibt Sura. Dann überfällt die Wehrmacht Polen, es ist Krieg, die Tür fällt zu. Dreißig Jahre später sagte meine Mutter, damals konnte ich die Mama nicht verstehen, heute schon.

Sura schreibt ihr einen Brief nach dem anderen, auf dünnem, federleichtem Papier, über Mailand, wo Erna Verwandte hat, und nach New York, wohin Friedls Stiefbruder Adolf 1940 geflüchtet ist. Besorgte, unruhige, fahrige, schließlich verzweifelte Briefe. Ihre Schrift wird unleserlich, gebrochene Sätze, unzusammenhängende Worte, in höchster Not hingekritzelt. »Feigale, mein Goldenes, mein einziger Sonnenschein auf der Welt, mein süßes Pupperl, schreib mir, schon wochenlang keine Nachricht von Dir, wieso schreibst Du nicht? Hast Du von Joschi

Post? Ich nicht, drei Wochen schon. Du wirst doch auf ihn warten? Du weißt ja, was einem bestimmt ist, bleibt einem nicht aus. Er wird bald ein Schiff besteigen nach Palästina. Bitte antworte, lass uns nicht so lange zappeln auf ein Schreiben, das ist unser einziger Trost.«

Im Sommer 1941 steht Friedl hinter der Schank des *Woodman* in Ashtead, unweit von Epsom, zapft Bier, mild oder bitter oder gemischt, und lässt die Gläser sanft zu den Gästen rutschen. Sie hat den Job gewechselt. Es gefällt ihr hier. Der Pub ist nach Feierabend voll und laut. Die Leute reden übers Wetter, das wieder einmal scheußlich ist, über die Familie und die Nachbarn, am liebsten aber über ihre ehemaligen Favoriten bei den Pferderennen. Den Krieg ignorieren sie, so gut es geht. Während der Bombenangriffe rücken sie keinen Inch von ihrem gewohnten sozialen Leben ab. Kracht es, schauen sie kurz hoch, ob die Decke Risse bekommt, und rühren sich nicht vom Fleck. Zu Friedl halten sie freundliche Distanz. Nie fällt ein böses Wort, auch wenn diese junge Frau aus dem Hunnenland kommt, gegen das England im letzten Krieg seine besten jungen Männer verloren hat. Unter den Gästen Kriegsversehrte, die stumpf in ihr lauwarmes Ale starren, manche mit tiefen Narben quer über den Kopf, die sie im Grabenkampf von einem deutschen Spatenhieb kassiert haben.

Friedl hat immer wieder Veteranen durch die Straßen von Epsom schwanken gesehen. »Poor souls«, sagte Mrs. Lyon. »God knows, how many shellshocked we have.« Sie haben Verdun und Flandern überlebt, zwischen Gasangriffen und einschlagenden Granaten. Keine sichtbaren Verletzungen, kein Schrapnell hat ihnen das Gesicht zerfetzt. Sie sind wie vom Schlag gerührt. Manche erwischen eine Pistole und schießen sich das Hirn weg. Ausgebrannt, sprachlos, gehörlos, mit zuckendem Gesicht, von Schütteln und Panikanfällen gequält, tasten sie sich die Hauswände entlang. Friedl schreckt sich vor ihnen. Um Epsom liegt ein Cluster von Spitälern, Long Grove, Horton, Manor, St. Ebba's, Ewell, in denen diese armen Seelen Aufnahme gefunden haben. Die Ärzte bemühen sich, aber es gibt keine Heilung. Sich vorzustellen, wie es ihnen jetzt ergeht! Epsom liegt direkt in der Einflugschneise der deutschen Luftwaffe. Sie bombardiert den Bahnhof, die Häuser, die Spitäler und greift mit Tieffliegern alles an, was sich bewegt. Tag und Nacht heulen die Sirenen. Einmal taucht eine Messerschmitt hinter der Kirche auf, geht nieder und rast über die Stadt hinweg, verfolgt von einer Spitfire. Die Leute auf der Straße spritzen auseinander. Dann ein Knall. Der Deutsche wurde abgeschossen. Quer über die Wiesen liegen Panzersperren aus Beton. Neben der Kirche sind riesige Suchscheinwerfer aufgebaut, die berühmte Pferderennbahn ist von tiefen Gräben durchzogen, um Landeversuche zu verhindern.

Friedl musste aus Epsom weg. Als Flüchtling, sagte der zuständige Polizeiofficer, ist sie hier nicht mehr sicher. Wer weiß, ob die Deutschen nicht doch irgendwann landen. Sie hat großes Glück mit dem *Woodman* und Mr. Henry Samme und seiner Familie, die den Pub betreiben. Alle mögen *our Frieda*. Sie gehört dazu. Aber Suras Briefe zerren an ihren Nerven. Die Wohnung mit der Werkstatt ist futsch, die Lewenkrons sind bei fremden Leuten einquartiert, Novaragasse 20.

Aus New York kommen schlechte Nachrichten. Moses Lewenkron soll nach Polen abgeschoben werden. Suras letzter Brief erreicht sie im August 1941. »Friedale, mein teures geliebtes Herzenskind, mein Liebstes auf der Welt, mach Dir keine Sorgen.«

Zugleich erreicht sie ein schrecklicher Brief aus Mauritius. Ihr Joschi, die erste große Liebe, ist nicht mehr. Ich hatte einen Freund in Wien, sagte sie einmal. Er war auf Mauritius und ist gestorben. An Malaria. Mehr erzählte sie nicht, sie erwähnte auch nie seinen Namen. Aber es war nicht Malaria.

Joseph Marode geht am 3. September 1940 mit kleinem Gepäck zur Donau und besteigt an der Reichsbrücke die *Schönbrunn*, zusammen mit neunhundert Wiener Juden. Sie gehört zu einem Konvoi von vier Schiffen, die zum Schwarzen Meer hinunterfahren. 3600 Juden aus Österreich, Deutschland und der Tschechoslowakei, die alle nach Palästina wollen. Männer, Frauen, Kinder. Die Zentralstelle für jüdische Auswanderung in Wien unter Adolf Eichmann orchestriert dieses Projekt. Je mehr Juden aus dem Deutschen Reich verschwinden, desto besser. Außerdem bringt es die Briten in Schwierigkeiten, ein nützlicher Nebeneffekt.

Es ist das größte illegale Fluchtunternehmen aus Europa während des Krieges. Joseph hat lange auf diese Gelegenheit gewartet. »Meiner zukünftigen Palästinenserin im Jänner 1939. Zum Andenken. Von Joschi Marode«, schrieb er auf die Rückseite des Fotos, das er Friedl verehrte. Dann strich er das »Meiner« durch und verbesserte es auf »Der«, als ahnte er, dass er seine Liebste jetzt nicht fest an sich binden konnte. Ein gutaussehender Bursche mit dichtem Haarschopf, oben angezogen wie ein Kibbuznik mit Ausschlaghemd und Umhängetasche, unten mit Kniebundhosen, weißen Strümpfen und Haferlschuhen, um sich auf der Straße die SA vom Leib zu halten. Er will in einem Kibbuz die Wüste zum Grünen bringen. Für ein Zertifikat der Jugendalijah war er mit neunzehn schon zu alt, als die Deutschen in Österreich einmarschierten, also wird er es illegal versuchen. Die Reise ist riskant, er hat gehört, dass die Briten eine Blockade verhängt haben und die Flüchtlingsschiffe abfangen. Aber er muss weg, vielleicht ist es die letzte Chance.

In Tulcea, Rumänien, warten bereits drei Schiffe, die *Atlantic*, die *Pacific* und die *Milos*. Joseph wird mit zweitausend anderen Flüchtlingen in die *Atlantic* gepfercht, ein uralter Kahn, der unter der Flagge von Panama fährt. Die Reise entwickelt sich zu einem Alptraum. Nur acht Toiletten, nach einer Woche bricht Typhus aus. Jeden Tag sterben Kinder. Die kleinen Leichname müssen von ihren Eltern ins Meer geworfen werden. Zweieinhalb Monate dauert die Irrfahrt. Jede Anlandung kostet hohe Bestechungssummen, und nirgendwo dürfen die Passagiere an Land gehen. Endlich, am 25. November, sehen sie den Berg Karmel. Haifa! Großer Jubel, dann der Schock. Das britische Militär verweigert die Ausschiffung. Im Hafen warten bereits die resignierenden Flüchtlinge der zwei anderen Schiffe. Die Briten haben sie auf einen alten Liner, die *MS Patria*, verfrachtet, um alle Passagiere des Konvois zu deportieren. Plötzlich eine Explosion. Die Hagana, die zionistische Untergrundorganisation, hat im Bauch der *Patria* eine Bombe gezündet, um ihre Ausschiffung zu verhindern, eine verpfuschte Aktion. Anstatt manövrierunfähig zu werden, geht die *Patria* unter wie ein Stein, und mit ihr dreihundert Menschen. Rettungsboote fischen die Überlebenden aus dem Wasser.

Von Palästina sieht Joseph nur Baracken und Stacheldraht, während sich ein wochenlanges Hin und Her zwischen London und Jerusalem entspinnt. Sura schreibt ihrer Tochter Ende November, dass der liebe Joschi schon in Erez gelandet ist. »Leider haben wir keine Post von ihm, nun, mein Liebstes, kränk dich nicht deswegen, der liebe Gott wird dir und uns allen helfen, Hauptsache, er ist schon dort.«

Doch das Colonial Office fährt eine harte Linie. Es schlägt vor, die Illegalen zurück nach Europa zu schicken und die Schiffe unterwegs zu versenken. Winston Churchill schaltet sich ein, verhindert das und handelt einen Kompromiss aus. Nur die Überlebenden der *Patria* dürfen in Palästina bleiben. Joseph wird mit 1580 Überlebenden des Konvois in die britische Kronkolonie Mauritius deportiert und in eine Festung gesperrt, die einst Napoleon gebaut hat. Mit ihnen reist der Typhus. Kaum angekommen, bricht er neuerlich aus. Drei Wochen später ist Joseph tot.

Der jüdische Friedhof Saint Martin südlich von Port Louis, hoch über dem Indischen Ozean, zählt 126 Gräber. Die ersten dreißig wurden im Jänner 1941 angelegt, darunter das von Joseph Marode. Sein Grab ist mit einer schlichten Steinplatte belegt, darüber der traditionelle halbrunde Grabstein, darauf sein Name. Es ist das einzige Grab von den vielen Verlorenen meiner Eltern, von dem ich weiß, wo es liegt.

Martin Maimann, Bubi gerufen, ist gerade fünfzehn, als er von seiner Mutter Adele, geborene Lewin, mit dem ersten Kindertransport nach England geschickt wird. Sein Bruder Max ist einundzwanzig und während des Novemberpogroms mitten in seinem Heimatbezirk Brigittenau von der SA gekidnappt und nach Dachau deportiert worden. Seine Schwester Miriam, Mädi genannt, hat ein Zertifikat für Palästina in der Tasche. Im nächsten Februar wird sie siebzehn, sie muss bald weg, sonst verfällt das kostbare Papier. Auch Martin hat ein Zertifikat.

Aber Adele wartet nicht ab. Sie setzt alles in Bewegung, um ihren Jüngsten in Sicherheit zu bringen. Ich stelle mir vor, wie sie ihn in der Nacht zum 10. Dezember 1938 zum Westbahnhof bringt, den Koffer abgibt, Martin in der Abfahrtshalle an sich drückt und nicht loslassen kann, ihn noch einmal küsst und zusieht, wie er von einer großen Kinderschar verschluckt und langsam von ihr weggetrieben wird, ein schmaler Bub mit weit aufgerissenen Augen. Zum Bahnsteig darf sie ihn nicht begleiten. Um Mitternacht verlässt der Zug Wien.

Am 18. Dezember landet Martin im Kitchener Camp, einem Transitlager in Kent, und wird dort von einem walisischen Automechaniker abgeholt. Der gute Mann inspiziert zunächst seine Habseligkeiten, ein Fotoalbum, die Geburtsurkunde, seine

Großmutter Sura Gitel   Großmutter Adele

Schulzeugnisse, einige Kleidungsstücke und eine gewebte Decke, und kauft ihm lange Hosen, die ersten seines Lebens. Dann
lässt er sich von seinem Schützling bewegen, für seinen Bruder
Max eine Garantie auszustellen. Noch ist das Zeitfenster offen.
Die Behörden hindern niemanden, das Deutsche Reich zu verlassen, ohne Eigentum, Geld und Wertsachen selbstverständlich und wenn ein polizeiliches Führungszeugnis, eine Unbe-
denklichkeitsbescheinigung und ein Pass vorliegen. Die britischen Quoten sind knapp, aber Max als KZ-Häftling erhält das
Permit. Als er im März 1939 aus Dachau zurückkommt, hat Miriam gerade noch Zeit, ihn zu umarmen, bevor sie den Zug nach
Triest nimmt und ein Schiff nach Haifa besteigt. Sie wollte nicht
weg ohne Abschied vom geliebten Bruder. Max verlässt Wien
drei Monate später.

Adele atmet auf. Sie weiß allerdings nicht, wie sie ohne Max
durchkommen wird. Er war ihre große Stütze. Ihr Ehemann,
mein Großvater Israel Maimann, baute in den zwanziger Jahren

einen blühenden Handel mit Stoffabschnitten und Schneider-
zubehör auf. Ein unruhiger Geist, ein Herumtreiber, ein Spieler,
der mit anderen Frauen anbandelte. Mitte der zwanziger Jahre
ließ er seine Familie im Stich. Adele verlor nie wieder ein Wort
über ihn. Sie verließ ihre Anstellung in einer Schiffsagentur,
übernahm einen Teil seines Geschäfts und brachte die drei
Kinder und ihren alten Vater Lewin damit durch, bis es nach
dem Börsensturz 1929 zusammenbrach. Was davon übrigblieb,
klaubte der fünfzehnjährige Max auf und erwies sich als unerwartet tüchtig. Er holte mit einem Pferdegespann ganze Säcke
mit Tuchresten von den großen Konfektionären ab und verkaufte sie an kleine Schneidereien weiter. Ein Fetzenhandel, enorm
wichtig für arme Leute, wenn sie einen Anzug, einen Mantel
oder ein Kleid brauchten.

»Wir waren genauso arm wie sie«, erzählte meine Tante Miriam. »Aber gehungert haben wir nicht. Maxi war ein Raufbold,
der nicht wusste, wohin mit seinen Energien. Mama hatte schon
Angst, dass er so ein Hallodri wird wie ihr Geschiedener. Aber
dann stellte sich heraus, dass er ein geborener Unternehmer
war.«

Adele schreibt jeden Tag. Ihre Post reist von einem zum anderen, nach New York und Mailand, wird gelesen, beantwortet
und nach Wales und Palästina weitergeschickt. Sie berichtet,
wer auf gepackten Koffern sitzt oder gerade weggefahren ist. Sie
hofft und wartet auf das Visum nach England. Die Briefe gehen
in diesem Sommer 1939 zwischen ihren Kindern, drei Schwes-
tern, zwei Brüdern und drei Nichten hin und her, die schon heraus sind aus dieser Hölle des Wartens. Das Bubeli, schreibt sie
an Miriam, wohnt jetzt bei Herrn Atkin in Swansea, der sich vä-
terlich um ihn kümmert, und legt einen Shilling auf den anderen. »Er hat mir 45 Reichsmark geschickt, unser großer Schwer-
verdiener, und einen Rabbiner aufgetrieben, der sich um mein

Permit bemüht, was sagst Du dazu, Mädi? Ob das klappt?« Sie lernt fleißig Englisch, denn es muss klappen. »Ich korrespondiere mit dem Kind only in English language, lernst du auch Englisch, Mädika?« Sie legt eine Kochprüfung ab, mit Vorzüglich, und träumt, bei einem Lord zu arbeiten, lässt ihre Zähne richten, kauft sich einen neuen Mantel, ist rastlos, will alles stehen- und liegenlassen.

Max treibt einen Posten auf, als *Cook General*, Mädchen für alles, schickt den verheißungsvollen Fragebogen und setzt in London alle Hebel in Bewegung, um ihr Visum zu beschleunigen. Am 27. August ist ihr Akt im Home Office. In drei Wochen ist es so weit, schreibt sie an Miriam, so Gott will. Aber Gott entscheidet anders. Am 3. September 1939 verkündet Premierminister Neville Chamberlain über die BBC, »that this country is at war with Germany«.

Was jetzt? Adele schränkt sich ein, wo es geht. Um sie herum wird es leer. Der Krieg vernichtet ihre Hoffnungen. Sie arbeitet als Schreibkraft in einer Druckerei, versucht, ihre Angst zu verbergen, überlegt, eine Schiffskarte nach Palästina zu erwerben, ohne Zertifikat, aber das kostet achthundert Reichsmark, woher soll sie die nehmen? Sie hat nicht die Mittel und den Mut, allein aufzubrechen. Wohin soll sie auch gehen? Uruguay, Shanghai? Sie macht sich keine Illusionen. Unbezahlbar. Nichts hält sie in Wien. Ihr Vater, der alte Moses Lewin, ein frommer Gottesfürchtiger, der entweder in der Synagoge oder über seinen heiligen Büchern saß, ist im Jänner 1939 gestorben. Er war während des Ersten Weltkriegs mit sieben Kindern aus Czernowitz geflüchtet. Zuerst hatte er seine Frau Klara verloren, dann seine Heimat. Die Deportation von Max nach Dachau brach ihm das Herz.

Adele mit den großen blauen Augen, den dunklen Brauen und den vollen, energischen Lippen, die sie ihren drei Kindern und einigen Enkeln und Urenkeln vererbt hat, auch meinem Sohn Philipp, resigniert. Sie muss ihre Wohnung verlassen und wird mit einem Koffer zu einer Frau Kaufmann in die Rotenlöwengasse eingewiesen. Eine Sammelwohnung. Sie wartet nicht mehr auf ein Wunder, nur mehr auf die Briefe ihrer Kinder. Ihre Nichte Sofie muss zunächst ihre Mutter Mina herausholen. Dann wird sie versuchen, der Tante zu helfen. Daran glaubt Adele nicht mehr. »Mein geliebtes, teures Bubeli«, schreibt sie Ende Juli 1941 an Martin, »wie bin ich glücklich, dass Du Deine Prüfung schon so gut bestanden hast mit dem Führerschein. Ich wünsche Dir recht viel Glück dazu, der liebe Gott sei immer mit Dir und behüte Dich. Mein Goldkind, ich bitte Dich, gib gut acht, fahre vorsichtig und aufmerksam.« Nachher kommt kein Brief mehr.

Im Herbst 1945 ersucht Martin sein schottisches Regiment, nach Wien versetzt zu werden, um nach meinen Großmüttern zu suchen. Ein halbes Jahr später trifft er ein, findet sie nicht und hofft, dass sie irgendwo überlebt haben. Schließlich erfährt er, dass Adele im Mai 1942 nach Izbica deportiert wurde und Sura drei Monate zuvor nach Riga. Keine Nachricht, unbekannter Aufenthaltsort. Wien ist eine wüste, leere Stadt. Zweihunderttausend Juden scheinen niemandem abzugehen. Ihr Hab und Gut ist aufgeteilt, in ihren Wohnungen und Häusern leben andere Leute, tempi passati, so ist das eben.

Der zwanzigste Wiener Bezirk, die Brigittenau, ist nicht wiederzuerkennen. Martin läuft durch ein Ruinenfeld. Die Straßen mit den ärmlichen Arbeiterquartieren sind menschenleer, die Fenster der noch halbwegs intakten Häuser mit Brettern verbarrikadiert. Die Friedensbrücke, über die er und Miriam so oft gelaufen sind, um auf der anderen Seite in den Donaukanal zu springen, ist inzwischen von Pionieren der Roten Armee geflickt worden. Er geht hinüber zur Pappenheimgasse, sucht das Bethaus des Großvaters, findet es nicht, dann in die Kluckygasse, wo die prächtige Synagoge mit den zwei Zwiebeltürmen stand, in der er seine Bar Mizwa gefeiert hat. Nichts mehr davon ist zu sehen außer ein leeres, von Schutthaufen übersätes Grundstück. Das Zinshaus in der Burghardtgasse 4, in dem er aufgewachsen ist, liegt in Trümmern. Im Bezirksamt weiß keiner der verhungert aussehenden Beamten, ob es hier noch Juden gibt. Und auch sonst ist niemand mehr da, den er kennt.

Viele Jahre später, im Festsaal meiner Schule, als ich in einem Weihnachtsspiel den unfreundlichen Herbergswirt gebe, begegnet ihm im Publikum sein früherer Mathematiklehrer. Ein großer, hagerer Herr, der mir nach der Vorstellung gerührt die Hand reicht. Ich wende den Blick ab. Jeder Kontakt zur Kindheit meines Vaters ist mir versperrt.

Kaum ist Martin in der Fasangarten-Kaserne, dem Headquarter der Britischen Armee, stationiert, holt er meine Mutter nach Wien. Sie haben sich im Sommer 1943 kennengelernt und im Frühjahr darauf geheiratet, bevor sein Regiment, die Royal Scots, 1944 *oversea* ging. Er hat den ganzen Feldzug mitgemacht, durch Belgien, Holland und Deutschland, ist verschüttet worden, hat die Rheinüberquerung überlebt und als Übersetzer gearbeitet. Er hat seinen Krieg gegen das Naziregime gewonnen. In diesen Jahren der Bewährung, wie er sie nannte, ist mein Vater Kommunist geworden, zum Missvergnügen von Max, der inzwischen sein Unternehmen neu gegründet hat, mit nichts in der Hand als derselben Geschäftsidee wie in Wien. Max versucht, den Bruder in London zu halten und mit ihm die Firma aufzubauen. Aber Martin hat eine andere Vision von Zukunft.

Friedl kehrt als Soldatenfrau im April 1946 zurück, im Gepäck die Aussteuer, die ihr Sura nach England mitgegeben hat, Bettwäsche und Tischtücher, und englisches Geschirr. Lainz

Friedl und Martin Maimann in Venedig, 1946.

mit seinen Hügeln, Wiesen und Wäldern, dörflich und elegant
zugleich, ist ein wahr gewordener Traum. Wie Martin ist sie in
einer räudigen Mietskaserne groß geworden und überglücklich,
in die Lockerwiese einzuziehen. Sie erhalten von der britischen
Militärverwaltung in der Egon-Schiele-Gasse eines der vierzig
arisierten Häuser, dessen Mieter, Herr Moriz, nach dem »Anschluss« hinausgeworfen wurde und in Südafrika überlebte.

Jahrelang fuhr die Mutter mit mir nach Lainz zu unserem Hausarzt Franz Graf, Obersanitätsrat, wirklicher Hofrat und zuständig für die Häfenbrüder im Polizeigefangenenhaus, zu denen er eine gewisse amikale Beziehung pflegte (das hieß, er duzte sie, nahm sich Zeit und hörte sich ihre Geschichten an, bevor er sie untersuchte), und zu unserem Zahnarzt Moritz, ein Doktor Eisenbart mit einem riesigen Tretbohrer hinter sich. Er schaute in den Mund, kratzte mit einem Haken herum, eine Schrecksekunde, dann klopfte er mir auf die Wange und sagte: »Zumachen.« Zu meiner Mutter: »Geben S' dem Kind nur schwarzes Brot zu essen. Hartes schwarzes Brot! Das ist das Beste. Keine Zuckerln!« Dann drehte er sich zu mir und deutete auf den Bohrer. »Brav Zähne putzen, ja? Zweimal am Tag mindestens! Besser dreimal. Und immer Hände waschen nach dem Klogehen.« Ich schlug verschämt die Augen nieder, er lachte dröhnend.

In die Nachbarschaft von früher ging die Mutter nie mehr, auch nicht, als sie ihre letzten Jahre bei mir verbrachte, einen Katzensprung von der Egon-Schiele-Gasse entfernt. Dort war wieder der nach dem Krieg delogierte und dann entnazifizierte Nazi eingezogen. Er hatte das Haus von der Gemeinde Wien zurückgefordert und bekommen. Es war nicht unbekannt, dass mein Vater Kommunist war und sein Abschied von der britischen Armee Jahre zurücklag. Da war eine Rückstellung schnell erledigt.

Ein grauer Nachmittag im Spätwinter, ich stehe mit meinem Vater in einem dichten Gedränge am Praterstern. Rundherum Häuser mit dunklen Fensterhöhlen, dahinter wie hohle Zahnstümpfe die Ruinen des Nordbahnhofs. Es ist kalt und neblig. Eine Stimme kommt aus einem Lautsprecher. Die Menschen schweigen, viele weinen. Der Vater beugt sich herunter. Ein großer Mann ist gestorben, sagt er leise. Wer? Er nimmt mich fester an der Hand. Josef Stalin. Zum ersten Mal höre ich den Namen.

3

STIEGE SIEBEN

Jeder erfindet sich früher oder später eine
Geschichte, die er für sein Leben hält.

MAX FRISCH

Elf Jahre wohnten wir im Gemeindebau. Die Wohnung lag im dritten Stock und war für damalige Verhältnisse geräumig und komfortabel. 56 Quadratmeter, Küche, ein grün gefliestes Bad mit Wanne (Sonderanfertigung), Klo, Vorzimmer und drei Zimmer mit Bretterboden, Terrazzo in den Nassräumen und in der Küche. Im Wohnzimmer stand ein hoher Ofen aus Gusseisen, daneben der Kokskübel und eine Schachtel mit Briketts, Unterzündholz und ein Stapel alter Zeitungen. Die Mama wickelte ein Brikett und etwas Holz in Zeitungsblätter ein, drehte lange Papierröhren zusammen und knickte sie, befüllte damit den Ofen durch die obere Klappe und warf brennende Streichhölzer hinterher. Knacken und leises Flackern. Dann schüttete sie den Koks dazu und rüttelte vorsichtig mit einem Haken den Feuerrost über der Aschentür. Ab und zu öffnete sie die obere Tür, um Luft zuzuführen. Auf der Ofenplatte stand ein Topf mit Wasser, das sich im Lauf des Tages erwärmte und eine schwache Dampffahne ausatmete.

Später ersetzte ihn ein Gasofen, der mit einem Schalter bedient wurde. Das herausströmende Gas und das kurze Fauchen, wenn die Flammen hinter dem Gitter aufwallten, gehören in das

Archiv der verschwundenen Geräusche. Im Kinderzimmer stand ein kleiner Koksofen mit einer schmiedeeisernen Abdeckung, auf die ich, wenn nicht gerade eingeheizt war, gerne stieg, um vor einem imaginären Publikum laut aus meiner jeweiligen Lektüre vorzulesen. Ohne »Ist der Ofen fest zu?« und »Ist das Gas abgedreht?« fiel die Wohnungstür nicht ins Schloss. Das Schlafzimmer der Eltern war ungeheizt und vollgeräumt. Gebrauchte Möbel aus den dreißiger Jahren, zwei Kästen, vor dem Fenster die Singerin, neben der Tür Mutters Psyche, ihr Frisiertisch mit Spiegel und einem Hocker davor und kaum Platz, sich umzudrehen. Das Doppelbett mit den dicken Tuchenten im Winter, wie kleine Schneehaufen. Abends wurde die Tür etwas geöffnet, um diese Eishöhle zu temperieren.

Vor den Fenstern weitete sich der Himmel, viel Grün, keine grauen Fassaden. Das war dem Vater das Wichtigste. Das Fenster im Kinderzimmer ließ er vergittern, weil er Angst hatte, wir könnten hinausfallen. Das schaute von unten arg aus, wie der Affenkäfig im Tiergarten Schönbrunn. Wenn ich es mir am offenen Fenster bequem machte, die Beine angezogen, ein Buch auf dem Schoß, vergaß ich den Anblick. Manchmal höre ich, dass wieder ein Kind aus dem Fenster gefallen und gestorben ist. Dann denke ich an Papa und sein Risikomanagement.

Die Eltern hatten weder das Geld noch die Möglichkeit, lange zu überlegen. In Wien herrschte große Wohnungsnot. So verschlug es sie nach Altmannsdorf wie auf eine Insel, an den südlichen Stadtrand, weit weg von ihren Freunden und deren Kindern. Die Wohnung, die ihnen als Ersatz für die Lockerwiese angeboten wurde, war eindeutig ein Abstieg nach der Lainzer Idylle. Aber sie war nagelneu, und nur das zählte.

Der Gemeindebau bestand aus sieben Stiegen um zwei Höfe mit der obligaten Sandkiste und zwei Klopfstangen neben den Mistkübeln. Drei Blöcke wie Kasernen hintereinandergestellt.

Im Keller Abteile für Kohle und Koks und eine Waschküche mit
großem Kessel. Daneben Bottiche zum Einweichen und Aus-
schwemmen, eine Rumpel und eine Wringe. Mama und ich
schleppten den Waschkorb auf den Dachboden. Im Sommer
drückte ich das Gesicht in die steif getrockneten Leintücher, die
durch die offenen Dachluken nach Wind, Sonne und Holzfir-
nis rochen, und zog tief ihren Duft ein. Das Wohnzimmer ging
auf eine große Gärtnerei hinaus, die mich magnetisch anzog.
Ich trieb mich schon früh in den Glashäusern herum, durfte
Blumentöpfe mit einer Kreppmanschette umwickeln, die fette
schwarze Erde umgraben und die Hühner füttern. Der freundliche Gärtner ließ mich machen, daraus wurde eine lebenslange Passion. Manchmal kam ich mit ein paar Eiern nach Hause,
mein erstes Honorar.

Die Küche blickte auf eine ausladende Genossenschaftssied-
lung, von dem bedeutenden Architekten Josef Frank entworfen
und ihren Bewohnern vor dem Krieg selbst erbaut. Wir kicher-
ten, wenn uns das erzählt wurde, denn bedeutend kam sie uns
nicht vor. Hinter den kleinen Häusern lagen lange schmale Gärten mit Obstbäumen, dazwischen verliefen Wirtschaftswege,
auf denen die Kinder herumstrawanzten. Waren die Herzkir-
schen reif, machten die Buben eine Räuberleiter, einer sprang
über den Zaun und fladerte ein paar Handvoll, packte sie in
ein verrottetes Taschentuch, verknotete es und warf es hinüber.
Dann wurde die zweite Räuberleiter gemacht, um den kühnen
Helden zurückzuholen. In der Siedlung wohnte auch mein
Schulfreund Wolferl Matschnig. Im Sommer öffnete er sein
Kasino, gut bestückt mit Roulette, Canastakarten und DKT –
Das kaufmännische Talent –, die heimische Version von Mono-
poly. Viele Nachmittage wurden dem Spielfieber geopfert. Wir
hätten mit echtem Geld nicht leidenschaftlicher zocken können.
Hauen und Stechen, Täuschen und Abwarten. Wenn es zu laut

wurde, kam Frau Matschnig herein und beruhigte die Gemüter mit Mannerschnitten.

Auf einer großen Wiese unweit meiner Volksschule standen ausrangierte Eisenbahnwaggons, in denen Obdachlose wohnten, Zigeuner, sagte man. Sie stehlen kleine Kinder, bleibt ja weg von dort! Daneben ein Ringelspiel, von zwei Ponys gezogen, und eine Schießbude, aber wir trauten uns nicht hin. Zu groß war die Angst vor den Kinderverzahrern. Ab und zu kamen zwei Musikanten in unseren Hof, ein Geiger und ein Sänger. Die Mutter wickelte dann zwanzig oder dreißig Groschen in ein Stück Zeitungspapier und warf sie vom Fenster hinunter. Der Sänger, ein Mann mit schwarzem Schnauzbart und einem dunklen Gesicht, zog den Hut und hob das Geld auf. Er hatte eine hohe, schneidende Stimme, und es klang unheimlich, wenn er sang: »Schön ist so ein Ringelspiel.« Er sang natürlich »Schee is so aa Ringlschpüüü«, denn der Wiener Dialekt besteht vor allem aus langgezogenen Vokalen. Auch der Messerschleifer kam regelmäßig vorbei, und ein Herr István, der Kleinmöbel anbot, das Stück um fünf Schilling. Zwei Schemel, in Wien Stockerl genannt, habe ich noch. Sie werden mich überleben.

Altmannsdorf mit seinen geduckten Häuserzeilen entlang der Breitenfurter Straße, die ihre Schäbigkeit bis heute bewahrt hat, den Hinterhöfen, Gärten, Wiesen und Feldern mit Hasen hatte durchaus seine Meriten. In der Hoffingergasse lag das Grabeland, ein überwuchertes Gemüsefeld aus der Kriegszeit, mit hohem Gebüsch und Kratern, Spielplatz für die Kinder am Tag und die jungen Liebespaare bei Nacht. Daneben erstreckte sich ein Dschungel, umgeben von einer hohen Mauer, mit See und Urwald und Lianen, wie wir hörten, und wildem Getier, wie wir mutmaßten. Ein Schloss gehörte auch dazu. Darin wohnte wie ein alt gewordenes Dornröschen die sagenhafte Baronin, die keiner je zu Gesicht bekam. Daneben der Khleslplatz mit Kirche, Pfarrhof, Wirtshaus und dem Tierschutzhaus. Wenn wir ein Stück altes Brot für die Pferde mitbrachten, durften wir hinein und uns die Hunde und Kätzchen ansehen. Nach der anderen Seite erstreckte sich Brachland, gesäumt von Straßen, die noch immer An der Froschlacken und An den Eisteichen heißen. Hier begann sich das Schöpfwerk auszubreiten, ein riesiger Sozialbau. Er hatte nicht den besten Ruf, wegen der wilden Buben, die dort wohnten.

Wir stromerten im Viertel umher, um zu schauen, was sich abspielt. Wenige Autos, dafür noch Pferdefuhrwerke. In der Hetzendorfer Straße betrieb ein Hufschmied sein Gewerbe. Das Tor stand offen, im Hof loderte die Esse, wenn er die Rösser frisch beschlug. In der Auslage des Motorradgeschäfts Ecke Elsniggasse standen Tritonroller mit Weißwandreifen, unerreichbar für die Buben, die sich davor drängten. Es gehörte dem mürrischen Herrn Gfrerer, immer ein schwarzes Netz über dem schütteren Haar. Ohne eine Miene zu verziehen, reparierte er kaputte Dreiradler und rüstete Roller mit Sitz, Pedalen und Kette auf. Gegenüber stand ein Bauernhof, aus dem das Muhen von Kühen und unruhiges Gegacker drang und im Sommer ein penetranter Schweinestallgeruch. Keuchte ein Fuhrwerk, hochbeladen mit Heu, die Breitenfurter Straße herauf, warteten wir, bis das Tor aufging. Allein wie der Kutscher unter vielen Flüchen den Gaul wendete und im Rückwärtsgang in den Hof dirigierte, war das Warten wert.

Wie überhaupt immer und überall gewartet wurde. In erster Linie auf die Straßenbahn, deren Fahrplan ein Mirakel war. Sie ging, hieß es, wie die Uhr der Simmeringer Wasserleitung. Simmering war noch viel mehr Vorstadt als Altmannsdorf, gerüchteweise gab es keine funktionierende Wasserleitung. Zuerst tröpfelte sie und stieß irgendwann mit einem Knall das Wasser aus. Dieses ungewisse Zeitmaß galt auch vor den Strandbädern an der Alten Donau, wenn der Ansturm losging. Das umständliche Prozedere an den sechs Kassen des Gänsehäufels, von denen grundsätzlich nur zwei geöffnet waren und vor denen sich ein Tausendfüßler aus mit Decken, Handtüchern, Taschen mit der Fourage und Luftmatratzen bepackten Vatis, Muttis, Tanten, Onkeln und Omas sowie Knäuel von quengelnden Kindern zentimeterweise vorwärtsbewegte, um den nach Alter, Tageszeit und vorgelegtem Ausweis unterschiedlich bemessenen Eintrittspreis vorgerechnet zu bekommen, ging fließend in das Anstellen bei der Schlüsselausgabe über. In geringeren Dimensionen dehnte und krümmte sich der Wurm, bereits in Badekleidung und Schlapfen, vor den Zapfstellen mit Milch, Bier, Wurstsemmeln und Eis. Kleinere Würmer standen vor der Trafik und den Toiletten. Für einen Amtsweg musste man ohnehin einen halben Tag einrechnen, und auch auf der Post dauerte es entsprechend, wenn der Beamte sich gerade einen Kaffee auf dem Gasrechaud wärmte oder ächzend aufstand, um nach einem Paket zu suchen. Warten auf den Briefträger, der, wenn er am Monatsanfang die Pensionen auszahlte, ziemlich lange brauchte, um die sieben Stiegen zu absolvieren, weil er häufig auf einen Schnaps und ein Tratscherl eingeladen wurde. Warten auf das Knacken in der Leitung, bis das Vierteltelefon endlich frei war.

Das ewige Warten darauf, dass etwas passierte, was das Einerlei unterbrach und dem Tag Sinn und Inhalt geben könnte, führte gelegentlich zu Spontanbekundungen von Herzensgüte und Empörung. Einmal wurde ich auf dem Heimweg von einem Hund angesprungen, der mir mit der Pfote einen tiefen Kratzer im Gesicht verpasste. Ich fiel hin und blieb halb besinnungslos liegen. Sofort versammelten sich mitfühlende Passanten, halfen mir wieder auf und hielten Hund und Herrl fest. Der Hund bekam eins auf die Nase und heulte, auf das Herrl prasselte der Volkszorn nieder. Einer lief zur Frau Vykoukal, die in ihrer Drogerie ein Telefon hatte und meine Mutter anrief, ohne sie zu erreichen, ein anderer holte die Frau Schediwy, unsere Hausmeisterin, und zwei Herren gingen auf die Polizei, die den hässlichen Köter samt seinem Besitzer verhaftete und uns unter großer Anteilnahme des Publikums auf die nächste Wachstube eskortierte. Dort ließ ich die erste Amtshandlung meines Lebens über mich ergehen, die aus der Aufnahme der Personalien durch den Herrn Inspektor und einer Bestätigung meiner Identität durch die Hausmeisterin bestand, schließlich war ich ein Kind und meinen Angaben nicht zu trauen. Dann warteten wir auf den Polizeiarzt.

Draußen vor der Tür passten die Leute auf den Hund auf, der, angebunden an eine Laterne, wütend auf und ab sprang und einen Höllenlärm veranstaltete. Drinnen lamentierte das Herrl, dass sein Wotan sonst immer brav bei Fuß gehe. Endlich traf der Polizeiarzt ein, ließ Wotan in den Kotter sperren und verständigte einen Veterinär, um ihn auf Tollwut untersuchen zu lassen. Dann versorgte er meinen Kratzer mit Jod, gab mir eine Tetanusspritze und ließ aus dem Gasthaus nebenan ein Himbeerkracherl mit einem Strohhalm bringen. Ich saß auf der Armensünderbank im Vorraum, trank in kleinen Schlucken und genoss mit wachsendem Interesse die Aufregung um mich herum. Inzwischen hatte die Hausmeisterin meine Mutter erreicht. Als die Mama etwas atemlos ankam, wurde sie von der wartenden Menge mit tröstenden und aufmunternden Zurufen empfangen.

Endlich war es so weit. Der Herr Inspektor spannte ein Formular mit drei Durchschlägen in die Schreibmaschine und nahm meine einsilbige Schilderung des Anschlags samt weitschweifigen Ergänzungen der anwesenden Zeugen auf. Mama unterfertigte das Protokoll, dann warteten wir auf den Tierarzt, der den Hund samt seinem geknickten Herrl in die Quarantäne des Tierschutzhauses verbringen ließ. Uns schickte er zum

Amtsarzt, um mir vorsorglich eine Tollwutimpfung verabreichen zu lassen. Und jetzt kam das Beste: Ein funkelnagelneuer Streifenwagen fuhr uns hin, und um mir und sich selbst eine Freude zu machen, schalteten die Beamten das Signalhorn ein. Als wir am späten Nachmittag heimkamen, hatte die gute Frau Schediwy die Wäsche aufgehängt und ein Stück Guglhupf, säuberlich in Papier eingeschlagen, vor unserer Wohnungstür deponiert.

Überhaupt, das Hausmeisterpaar Schediwy! Ohne sie wäre Anarchie ausgebrochen. Die Kinderhorden trafen sich im oberen Hof, der untere gehörte den Pensionisten. Zu den Mutproben zählte ekstatisches Schielen (verboten, weil dabei die Augen steckenbleiben würden), Turnen auf der Klopfstange (verboten, dazu war sie nicht da), heimliches Herumdrücken im Keller, wo die Buben sich gegenseitig und manchmal auch uns Mädeln ihr Zumpferl zeigten (schwer verboten). Keine zugekackten Wiesen, weil Hunde nicht erlaubt waren. Der Abfalleimer wurde im Coloniakübel ausgeleert, außer am Sonntag, weil am Tag des Herrn nicht gestattet. Die Pest der Graffiti-Schmierereien lag in ferner Zukunft. Geschrei war nur bis zu einer gewissen Lautstärke erlaubt, und ins Gras steigen überhaupt nicht. Wenn der grantige, von Branntwein umwehte Herr Schediwy herausstürzte, machten wir uns aus dem Staub. Seine kleine, vergrämte Frau mit den knotigen Beinen war eine herzensgute Seele. Ihr wurden die Schlüssel gebracht, um nach uns zu schauen, wenn die Mutter unterwegs war.

Ich bin in wilden Zeiten auf die Welt gekommen. Wien war übersät von Ruinen und schwer beschädigten Häusern, dennoch überschaubar im Vergleich zu den vielen völlig zerschmetterten Städten Europas. Die Menschen hatten zu essen, Verwaltung und Versorgung funktionierten halbwegs, das Land stabilisierte sich. Aber der Krieg hatte nicht einfach aufgehört. Es herrschte Nachkrieg. Endlose Flüchtlingsströme mäanderten quer über den Kontinent, auf der Suche nach einem sicheren Ort, Essen, einem Dach über dem Kopf. Weite Gebiete in Ostpreußen, Schlesien und Pommern waren verlassen, totes Land mit leeren Bauernhöfen. Hunderttausende Waisen streunten wie verwilderte Hunde durch Süd- und Osteuropa, stahlen und bettelten. Wenn sie Glück hatten, nahm sie eine Familie für eine Weile auf. Wenn nicht, gingen sie im Winter zugrunde.

Der stille Winkel am Stadtrand, in dem ich aufwuchs, war weit weg von diesem Schrecken. Meine Eltern vertrauten der Medizin und der Wiener Gesundheitspolitik. Ich erhielt jede Impfung, die angeboten wurde. Das war in meiner Volksschule nicht selbstverständlich. Manche Kinder hausten unter ärmlichsten Bedingungen, in Schrebergartenhütten oder Kellerwohnungen. Einige Buben trugen dunkle Hosen und Jacken aus uraltem Zeug. Ihre Eltern standen Kinderkrankheiten stoisch gegenüber. Sie waren unvermeidlich. Die Schule war ein Ort der Fürsorge, wo Kinder täglich einen Viertelliter Milch bekamen und unsere Lehrerin, die wunderbare Emma Hafner, ihnen außer Lesen, Schreiben und Rechnen auch Zähneputzen und das Händewaschen nach dem Klo beibrachte. Die Schulärztin untersuchte uns auf TBC, klebte einmal im Jahr ein quadratisches Pflaster auf die Brust und sah nach zwei Tagen nach, ob die Tuberkelprobe aufgegangen war. Weit verbreitet waren Masern, oft von schweren Mittelohrentzündungen begleitet, Röteln, Feuchtblattern und Mumps. Brach in einer Klasse Scharlach aus, war ungewiss, ob das Kind es überstand. Es wurde sofort in die Infektionsabteilung eines Spitals gebracht und blieb dort sechs Wochen unter strenger Quarantäne. Die Schule wurde geschlossen und desinfiziert. Der Geruch des hölzernen Klassenbodens, der regelmäßig mit Karbol eingelassen wurde, ist unvergesslich. Auch die Flasche mit Lebertran, ein Esslöffel täglich, um Rachitis vorzubeugen. Und die Angst der Eltern vor Polio.

Polio ist nicht heilbar. In den fünfziger Jahren paralysierte und tötete Polio Jahr für Jahr eine halbe Million Kinder. Die Zeitungen brachten Fotos von Kindern in der Eisernen Lunge, die regungslos in der riesigen Röhre liegen mussten, weil sie nicht selbständig atmen konnten. Dieses grässliche Ding, aus dem nur der Kopf des Kindes herausschaute, mit dem Spiegel darüber, damit es sein Gesicht sehen konnte! Lähmungen, die den kleinen Körper erstickten oder verkrüppelten! Als die Salk-Impfung zu haben war, bekam ich sie sofort ins Hinterteil, dreimal hintereinander.

Unser Milieu, das heißt: die kommunistischen Rückkehrer, wurde von zwei Kinderärztinnen betreut, die aus der Emigration mit der Überzeugung zurückgekommen waren, dass Impfungen und Hygiene die beiden Säulen der modernen Medizin sind: Olga Kurz und Gertrude Kreilisheim. Tante Olga war während des Krieges in London, Tante Gerti in New York. Sie hatte in Harlem an einer Kinderklinik gearbeitet und betrieb nach ihrer Rückkehr eine Kassenpraxis, absolvierte zehn Visiten am Tag und ging abends zu den Donauschiffern, um ihre Kinder zu untersuchen und zu impfen. Auch Tante Olga zirkulierte zwischen Kinderambulatorium, Praxis und Hausbesuchen. Sie war für ihre barsche Tonart bekannt und duldete keinen Widerspruch, wenn es um das Wohl der Kinder ging. Einmal schickte meine Mama sie zu einem Nachbarsbuben, der hohes Fieber hatte. Sein bellender Husten war bis auf den Gang zu hören. Tante Olga untersuchte das Kind, verständigte die Rettung und ordnete an, die Wohnung zu desinfizieren. Ihr Blick war düster, als sie nachher bei uns eine Tasse Tee trank. »Der Bub hat Diphtherie«, sagte sie, »und eine engstirnige Mutter. Sie hat das Kind nicht impfen lassen. Der Karli wird von allein damit fertig, hat sie gesagt. Hast du schon so was gehört? Der Karli wird sterben, wenn die Diphtherie ihm den Hals zuschnürt.« Dann rief sie das Gesundheitsamt an, um den Fall zu melden, warf den Wintermantel über und eilte weiter.

Mama verließ die Wohnung nur, um einzukaufen, den kleinen Bruder in den Kindergarten zu bringen und abzuholen, zum Friseur zu gehen und Besorgungen zu machen. Aber wenn sie mit Papa ausging, zu Empfängen oder ins Theater, verwandelte sie sich in eine Dame, frisch frisiert und erstklassig angezogen.

Die Eltern hatten einen Schneider, einen ungarischen Juden, der im Untergrund überlebt hatte. Manchmal begleitete ich Papa am Sonntagvormittag zu den Anproben. Herr Singer, ein großer, schweigsamer Mensch, umkreiste ihn langsam, mit Stecknadeln zwischen den Lippen, hob hier, zupfte da, hielt diesen und jenen Knopf an den Stoff. Er galt als schwierig, weil er sich wenig sagen ließ und ewig für einen Anzug brauchte. Der sonst so ungeduldige Vater nahm es gelassen hin. Menschen, erklärte er, die ein schweres Leben mit sich herumschleppen, sind halt schwierig.

Herr Singer nähte auch für Mama, Mäntel und Kostüme. Sie war eine schöne Frau und der sanfteste Mensch, den ich je kennengelernt habe, fügsam ihrem Mann gegenüber, ausgleichend und freundlich, zurückhaltend in ihren Ansprüchen, ohne ein lautes Wort, aber nicht unterwürfig. Ganz anders der Vater. Er war ebenso gefühlvoll und warmherzig wie autoritär und aufbrausend und hatte einen Hang zum Starrsinn, aber wenn es darauf ankam, strahlte er Ruhe und Entschlossenheit aus. Auf ihn war immer Verlass. Er war der Fixstern, um den sich ihr Leben drehte, ein ergebener Ehemann, der alles tat, um es ihr so angenehm wie möglich zu machen, nach seinen Maßstäben natürlich. Er trug sie auf Händen, und sie hielt sein wechselhaftes Temperament aus und dass er bestimmte, welche Kleider sie fürs Bessere trug.

Jeden Morgen stand sie als Erste auf, zündete die Gasflammen in der Küche an, damit es warm wurde, röstete den Toast, denn das Frühstück war englisch, machte Sandwiches für die Schule und wandte sich dann dem Haushalt zu. Ich hatte nie den Eindruck, dass sie unter ihrem Dasein litt. Ihre Wertschätzung als Hausfrau war hoch. Mama hatte eine tüchtige Helferin, die Oma Swoboda aus der Lockerwiese, mit schneeweiß gewelltem Haar und abgearbeiteten Händen, aus denen dicke Adern wuchsen. Sie übernahm das Bügeln und Sockenstopfen und übernachtete auf der Couch, wenn die Eltern ausgingen, hatte unsere Schlüssel und eine eigene Lade mit Nachthemd, Bettzeug und einem Waschbeutel. Gutgelaunt breitete sie eine alte Decke und ein Leintuch im Wohnzimmer über den Esstisch, um beim Bügeln Radio zu hören, das war ihr das Liebste.

Oma Swoboda beobachtete interessiert, wie sich unser Haushalt veränderte. »Scho wieda wos Neichs«, kommentierte sie, wenn etwas Modernes angeschafft wurde, eine elektrische Kaffeemühle, ein Druckkochtopf, ein Staubsauger – der Hoover –, den der Vater von einer Reise aus England mitbrachte. Bis der erste Kühlschrank einzog, fuhr einmal in der Woche der Eismann vor, läutete mit einer großen Glocke und brachte den Frauen, die aus dem Küchenfenster winkten, einen Block Eis, der in das oberste Fach des Eiskastens gelegt wurde. Das Schmelzwasser floss in die Lade darunter, die täglich ausgeleert wurde. Jetzt öffnete man eine Tür, legte die Wurst und den Käse hinein, schloss sie, und fertig.

Täglich wurde frisch gekocht. Alles machte die Mutter selbst: den Liptauer, die Powidltatschkerln, vielerlei Knödel, den Strudelteig, hauchdünn auf einem speziellen Tuch ausgezogen, den

Germteig für Nuss- und Mohnstrudel, den Kigl, einen mit Milch, Vanillezucker und gesprudelten Eiern überbackenen Nudelauflauf, Kompotte und Marmeladen. Das Kochen nahm fast den ganzen Vormittag in Anspruch. Aus einem Huhn, ein seltener Genuss, das sie vorsichtig ausnahm, weil sonst die Galle das ganze Hendl versaute, stellte sie mehrere Gerichte her: eine Suppe aus Wurzelgrün, Hals, Herz, Füßen und dem Magen, den sie gründlich auswusch; Leber und Halshaut für das gefüllte Hälsel; das Brathuhn, dessen Schwanzstück, das Pipickel, ebenso begehrt war wie die Beugerln. Nichts machte so viel Arbeit wie ein Huhn. Nackte bratfertige Hühner waren unbekannt.

Von seinen Geschäftsreisen nach Ungarn brachte der Vater im Herbst einen großen Becher mit Gänseschmalz und kompletter Leber mit, der zwischen die Fenster gestellt wurde. Eine Scheibe Schwarzbrot, die Rinde mit Knoblauch eingerieben, geröstet und mit Schmalz bestrichen, gehörte zu den Winterfreuden, dazu eine Schale Tee mit Zitrone. War er in London, quollen aus seinem Koffer viele Päckchen Typhoo Tea hervor, Custard für Vanillesauce und ein Glas Marmite, ohne das keine englische Seele überlebt, hauchdünn auf Buttertoast gestrichen. Bovril für die Suppe. Papa aß Suppe nie ohne ein Stück Brot, und sie musste dampfend heiß sein. Er konnte nicht anders, als sich jeden Tag zu freuen, dass es genug zu essen gab und keine Wanzen in der Wohnung.

Wer mit der Straßenbahn, dem 62er, stadteinwärts fuhr und bei der Philadelphiabrücke ausstieg, war fast schon in der Großstadt. Hier öffnete sich die Meidlinger Hauptstraße. Es gab Leute, die nie aus dem Bezirk herauskamen, auch im Sommer nicht, wenn die Stadt in ein zweimonatiges Koma fiel. Wozu auch, sagte die Zuckerlfrau mit den quellenden Oberarmen, bei der sich die Schulschwänzer herumtrieben, um für ein paar Münzen Schokobananen zu erstehen und vielleicht die eine oder andere zu stibitzen, was sie mit einem Klaps ihrer rosigen Finger verhinderte. Dabei stand ihr Mundwerk keine Sekunde still.

»Wann's wirklich so haaß is, dass die Schokolad auseinanderrinnt, sperr i zua, geh ins Theresienbad und häng die Fiaß ins Wossa. I hab hier ollas, den Markt, die Polizei, olle Ämter. Und erst die Kinos! I geh am liabsten ins Philadelphiakino, des hat Breitwand, geh'n Sie aa so gern ins Kino?« Die angesprochene Dame schüttelte den Kopf und zahlte ihre glasierten Maroni. »Wann i wirklich amoi mit mein' Bekannten zum Heurigen geh, fahr ma mit der Badnerbahn von der Bruckn weg nach Guntramsdorf. Wos brauch i den Wörthersee?« Sie ließ meine Pralinen in ein Papiersackerl fallen. Es wanderte daheim zu seinen Brüdern in die Küchentischlade. Meine Mutter pflegte diese Gewohnheit ihr Leben lang beizubehalten. Wegwerfen, was noch brauchbar war, kam nicht in Frage.

Auf Anpassung wurde streng geachtet. Als die Erstkommunion vor der Tür stand und die Haare der Mädchen mit Zuckerwasser und Papierrollen aufgedreht wurden, nähte mir die Mama ein Kleid aus weißem Piqué, fürs Bessere. Ostern wurde ausgelassen, aber der Muttertag festlich begangen, mit Tulpen und Torte, Nikolo mit einem Säckchen aus rotem Krepp, gefüllt mit Erdnüssen, Mandarinen und einem Krampus aus Schokolade. Dann das Warten auf Weihnachten. Nach wie vor liebe ich den Advent, die illuminierte City, das Geglitzer und Gedränge, der Nebel aus Punsch und gebratenen Maroni, die Kaffeehäuser und Restaurants, wo schon wochenlang vorgefeiert wird, der ganze Wahnsinn, bis er am Heiligen Abend verebbt. Das Glöcklein, das die Veranstaltung einleitete, der geschmückte Baum, die brennenden Kerzen. »Stille Nacht«, jede Stunde von einem anderen Chor im Radio vorgetragen, von Papa mitgesungen, zumindest die erste Strophe. Er spielte auch den Weihnachtsmann, verteilte die Geschenke, jedes wurde begutachtet, Spielsachen ausprobiert, Bücher durchgeblättert. Die Prozedur dauerte an die zwei Stunden, begleitet vom Radiogedudel, nachher das gebratene Gansl. Im Freundeskreis der Eltern ging es nicht anders zu.

Weihnachten hieß auch neue Sachen zum Anziehen. Ich kam nicht auf die Idee, dabei mitreden zu dürfen. Als ich zum ersten und letzten Mal ein Kindermodengeschäft von innen sah, war ich zwölf. Der edle Spender war Onkel Max, der uns zu einem Weihnachtsurlaub nach Nizza eingeladen hatte. Neben dem Eingang hing ein schicker Pepitamantel, vor dem ich stehen blieb. »Komm, such dir was aus«, sagte der Onkel. Drinnen Spiegel, Wandleuchten, volle Kleiderstangen. Eingeschüchtert von diesem Luxus, nahm ich das Erste, das die Verkäuferin anbot, ein Kleid mit einem Oberteil aus feinem dunkelblauen Schnürlsamt und einem weich fallenden Wollrock. Was fürs Bessere. Onkel Max nickte, zahlte, wir gingen. Mama war nicht glücklich. »Das wird dir in ein paar Monaten zu klein sein«, murmelte sie. »Schade, so ein schöner Mantel.«

Bei dieser Gelegenheit erhielt ich auch einige gute Stücke von meiner Cousine Monica. Einen tomatenroten Blazer, eine Bluse mit besticktem Kragen, einen Schottenrock, grün-schwarz kariert. Alles wie neu. Alles von Harrods, wie sie mir schnippisch mitteilte, do you know Harrods, Helly? Ich freute mich über die schönen Sachen, sagte thank you, Monica, und dachte, dumme Kuh, blas dich nicht auf, bist eh schon blad genug. Wir waren die armen Verwandten, und Tante Anni hatte Monica beauftragt, mir einiges aus ihrer abgelegten Garderobe herauszusuchen.

Die Tage in Nizza haben tiefe Spuren hinterlassen. Wir logierten im Grandhotel Ruhl, ein prachtvoller Palast aus der Belle Époque. Gemessenes Spazieren auf der Promenade, gedämpfte Geräusche, kein Gehupe. Am Nachmittag wurden wir

Kinder aufs Zimmer geschickt. Ich schlich hinunter in die Lobby, eine Halle, groß wie ein Fußballfeld, mit Marmorsäulen und zwei riesigen Kristalllustern, und grub mich in einen Sessel ein, um den eleganten Damen und Herren beim Kommen und Gehen zuzuschauen. Ein Garçon stellte mir mit einer kleinen Verbeugung eine Tasse Kakao auf das Tischchen. Kurz vor fünf, bevor das Stubenmädchen klopfte und mit einem Stoß frischen Handtüchern hereinkam, schlich ich zurück und legte mich ins Bett. Das Zimmer war größer als unsere Wiener Wohnung. Ein geräumiges Doppelbett, zwei samtbezogene Fauteuils, ein schwarz-weiß gefliestes Bad, eine Wanne mit geschweiften Füßen, die Dusche extra. Im Vorraum zwei Toiletten mit Waschbecken und einem Bidet. Was das war, hat mir die Mama so erklärt: Die Franzosen waschen sich den Popo, nachdem sie am Klo waren, weil sie sehr sauber sind.

Tante Annis Familie hatte eines der besten Etablissements in Marienbad geführt, bevor die Nazis kamen, Leitners Koscher Hotel und Restaurant. Sie erklärte mir, worauf es in einem guten Hotel ankommt: dichte Stores über weißen Vorhängen, tadellos geputzte Fenster, jeden Tag frische Bettwäsche, und ordentlich angezogen zum Frühstück. Es bestand aus Croissants, Butter, Erdbeerkonfitüre und heißer Schokolade, dickflüssig aus dem Silberkännchen in ein spezielles Heferl gegossen. Schon am Morgen trug der Maître d'hôtel einen Frack. Nach einer Woche fand ich diese Extravaganzen etwas anstrengend und freute mich auf das unkomplizierte Urlaubsglück in Italien, mit Sand in den Sandalen und nassem Badezeug ins Hotel stürmen und in Shorts am Mittagstisch sitzen. Als ich wieder nach Nizza kam, war das wunderbare Ruhl abgerissen und dafür ein abscheuliches Méridien hingeklotzt.

1956, als Österreich wieder frei von Besatzungssoldaten war, fuhren wir im Sommer das erste Mal an die italienische Adria, mit Badengehen am Wörthersee und Übernachtung vor der Grenze in Arnoldstein, denn der Weg war weit und strapaziös, noch ohne Autobahn. Aber dann. Das Meer, das Meer! Alles war golden, der Sand, das Licht, die Luft, der Horizont am Abend, der Mond, die Crème Caramel und die Pfirsiche zum Nachtisch.

Einmal machten wir von Caorle einen Ausflug nach Venedig, das die Eltern von ihrer verspäteten Hochzeitsreise in schönster Erinnerung hatten. Siebzig Kilometer, die sind in zwei Stunden leicht zu machen. Es ist Sonntag, wir brechen früh auf. Die Fahrt gestaltet sich zäh. Durch die Poebene kriechen wir zwischen vielen kleinen Fiats dahin, aus denen am Straßenrand sechs oder sieben Leute klettern, quer über die Straße laufen und sich in die Arme fallen. Dann beginnt die Küsserei. Der Vormittag zieht sich. Neugierige Blicke beim Lulugehen im Kukuruzfeld. Schließlich stellt der Vater das Auto in Mestre ab. Wir suchen den Bahnhof. Großes Gedränge vor dem einzigen offenen Schalter, denn das Personal ist auf Bummelstreik. Massen auf dem Perron, gereizte Stimmung. Als der Zug endlich kommt, quetschen wir uns gerade noch hinein. Endlich Venezia. Zum Staunen ist keine Zeit, es ist schon spät, auf zum Campanile! Die Linie 1 ist überfüllt, die Zweier geht nicht, auch sie wird bestreikt. Wir springen auf ein anderes Vaporetto, falsche Richtung, springen ab, verlieren uns zwischen Kanälen und Brücken. Die Zeit reicht gerade noch für ein Eis, ein Foto am Markusplatz, den Erwerb einer Porzellangondel, und ab nach Caorle.

Beherbergt waren wir in kleinen, einfachen Hotels, die über die Sozialtouristik gebucht wurden, ein Reisebüro der KPÖ. Das Essen war spannend. Steinhart gebackene Semmeln in der Früh, zu Mittag Minestrone, hinterher Spaghetti mit Sugo, darüber frisch geriebener Parmesan. Einmal in der Woche gebratenes Huhn mit Rosmarin. Papa spendierte täglich fünfzig Lire für ein Eis oder kandierte Trauben am Steckerl. Canditi! Gelati! Ein Signore bot ein schön gedrechseltes, honigfarbenes Tischchen an. Seine achteckige Platte war zu öffnen und mit feiner Einlegearbeit versehen. Papa konnte nicht widerstehen und kaufte es um einen Pappenstiel. Es sieht aus wie neu, steht in meinem Arbeitszimmer und bewahrt die Reste der europäischen Währungen auf, die heute niemand mehr braucht.

Entlang der Strandhotels waren Lautsprecher aufgestellt, aus denen die jeweiligen Sommerschlager krächzten. »Volare!«, »Tu vuo' fa' l'Americano!« Niemand keppelte mit den Bambini. Wie kleine Könige wurden sie hier behandelt und saßen in einem Kinderstuhl am Tisch. Einmal beobachtete ich einen Zweijährigen, wie er langsam und konzentriert die Stiege herunterkam und sich dabei fest am Geländer anhielt. Hinter ihm passte seine Mamma auf, unten stand der junge Papi und applaudierte ihm bei jeder absolvierten Stufe.

Manchmal stank es aus den Kanälen, manchmal fiel das Licht aus. Das Leitungswasser war verdächtig braun und warm wie Pische, aber Hauptsache: Italien! Irgendwo gab es immer frisches Wasser. In Cervia, wo es mir am besten gefiel, stand das Hotel in einem Pinienwäldchen, und auch die Straße mit dem Hydranten, von dem ich eine Kanne Wasser zum Zähneputzen holte, war von Pinien gesäumt, mit ihren sanft im Wind wiegenden Schirmkronen.

Nach dem Mittagessen war Siesta und abends Zapfenstreich um acht. Noch stundenlang hörte ich das Geschrei der Bambini draußen, aber da gab es keinen Widerspruch. Mit dreizehn durfte ich erstmals meinen Koffer selbst packen. Papa wunderte sich, warum er so schwer war. Ich hatte mir über den Sommer einen alten Jahrgang der *Bravo* ausgeborgt, meine Urlaubslektüre. Er ließ das zähneknirschend durchgehen. Ich studierte das

Outfit der weiblichen Stars, sah mir die Auslagen der Geschäfte an und verliebte mich in rote Sandalen mit Absatz. Wie den Papa herumkriegen? Unsere Strandnachbarn am Strand waren zwei junge, frisch vermählte Schweizer, mit denen er sich gerne unterhielt. Er liebte die Schweiz, dieses ordentlich aufgeräumte Land, das seiner Mentalität sehr entgegenkam. Ich mischte mich in die Unterhaltung ein. Wetten wir, dass ich alle 26 Kantone der Schweiz aufzählen kann? Aber geh, sagte er. Was kriege ich? Die Schweizer spitzten die Ohren. Er wiegte den Kopf. Was kostet mich das? Neue Sandalen! Na gut, sagte er, dann los! Ich ratterte die Kantone herunter, von Aargau bis Zürich. Die Schweizer lachten, applaudierten. Papa nahm es sportlich und kaufte mir die Sandalen. Danach war es vorbei mit dem Schlafengehen, wenn die Sonne noch am Himmel stand. Ich war kein Kind mehr und spazierte nach dem Nachtmahl mit meinem Wettgewinn herum.

Kaum merkbar senkte sich eine gläserne Wand zu meiner schwerelosen Kindheit. Noch bekam ich wenig mit von der Welt, obwohl ich schon früh die Zeitungen las, die daheim herumlagen. Die Eltern unternahmen nichts, mich mit ihren politischen Überzeugungen zu belästigen. Sie waren nicht sehr gesellig, es kam wenig Besuch, wir wohnten ja auch weit draußen, und wenn, wurde ich früh ins Bett geschickt. Lang aufbleiben, wenn Gäste da waren, und zuhören war nicht drin. Sie redeten über Politik, und ich wurde abgeschirmt, aber das fiel mir erst viel später auf.

Der Vater hatte ein großes Büro in der Innenstadt, hatte ein Auto, zuerst einen Peugeot, dann einen Opel Kapitän, und war oft im Ausland unterwegs. Seine Firma hatte etwas mit der KPÖ zu tun. Mir wurde eingeschärft, darüber Stillschweigen zu bewahren. Er war Kaufmann, Punkt. Auch über die Russen sollte ich mit niemandem reden. Papa sprach mit großer Wärme von den Russen. Ohne sie hätten wir den Krieg gegen die Nazis nicht gewonnen. Sie haben die größten Opfer gebracht, und jetzt ist ihr Land zerstört. Uns haben die Amerikaner geholfen, den Russen hilft niemand.

Einige der seltenen kulturellen Ausflüge waren mit den Russen verbunden. Ich erinnere mich an die Konzerte des Alexandrow-Ensembles der Roten Armee. Sie hefteten sich in den Unterstrom meiner Seele, wie später Tschaikowski und Schostakowitsch. Als ich Papa in seinem letzten Sommer eine Platte mit den alten Aufnahmen vorspielte, bekamen wir prompt nasse Augen, er, der nicht mehr lange zu leben hatte, und ich, weil ich das ahnte. Siehst du, sagte er. Wären die Russen nicht gewesen, wären wir alle nicht am Leben. Wir hörten »Krasnaja Armija« aus dem Bürgerkrieg, »Poljuschka Polje«, das Lied der Reiterarmee, »Ej Uchnjem«, das Lied der Wolgaschiffer. 1993 bin ich für eine magische Nacht nach Helsinki geflogen, um die »Total Balalaika Show« der Leningrad Cowboys mit dem Alexandrow-Ensemble nicht zu verpassen. Im Dezember 2016 stürzte es bei einem Flug nach Syrien in das Schwarze Meer. Keine Überlebenden. Das neue Alexandrow ist nur mehr ein Abklatsch.

Und ich liebte Oleg Popow, den Clown des Moskauer Staatszirkus. Ein junger Mann mit einem Kindergesicht, einem zarten Farbfleck auf der Nase und einer halblangen blonden Perücke, die seinen femininen Touch noch verstärkte. Dazu eine Hochwasserhose, rote Socken, eine karierte Schiebermütze und ein bezauberndes Lachen. Ein großer Artist und anarchischer Poet. Er spielte mit den Dingen, die um ihn herumschwebten, einer Besenstange, einer Zahnbürste, einem durchhängenden Seil, auf dem er herumsprang. In einer Nummer trat er mit einem weißen Hahn auf, den er in ein Nest auf einem langen Stock platzierte, diesen auf die Stirn setzte und damit eine Leiter hinauf- und hinunterstieg. Wir saßen nahe der Manege, gebannt sah ich ihm zu.

Die Russen liebte ich also. Zum Kommunismus äußerte sich der Vater sehr zurückhaltend. Wir kämpfen für eine bessere Welt, sagte er. Endgültige Lösungen gibt es nicht. Es wird lange dauern, bis es so weit ist, aber vielleicht wirst du ihn noch erleben. Warum waren dann so viele Leute gegen ihn? Er musste ein großes Geheimnis sein.

Noch verschleierter war unsere Herkunft. In meinem Zeugnis stand »Ohne religiöses Bekenntnis«. Viele Leute glauben, erklärte der Vater, dass es einen Gott gibt, aber wir glauben das nicht, deshalb gehören wir zu keiner Religion. Ich borgte mir eine Kinderbibel aus, mit vielen farbigen Bildern, um herauszufinden, was es mit Gott auf sich hatte. Adam und Eva, Kain, der Finstere, und Abel, der Schöne, Josef mit seinem bunten Rock, der böse Pharao und der Auszug aus Ägypten. Moses auf dem Berg Sinai, der brennende Dornbusch. Dann noch einiges über das Leben Jesu, der lange braune Locken und einen kurzen Bart hat, in seinem weißen Gewand Wunder vollbringt, ans Kreuz genagelt wird und drei Tage später in den Himmel fliegt. Aufregende Geschichten, die meine Phantasie beflügelten. Ich hätte gern dazugehört, vor allem zu Weihnachten. Jedes Jahr rief der Herr Katechet an und fragte, ob ich beim Kindergottesdienst mitsingen darf. Ich durfte und sang das Solo bei »Tochter Zion, freue dich, jauchze laut, Jerusalem«. Irgendwann dämmerte mir, dass mir etwas Wichtiges verschwiegen wurde.

Die Eltern bemerkten nicht, wie mir die Isolation der Vorstadt zusetzte. Es reichte, dass ich gesund war und gut lernte. Für meinen Widerspruch hatten sie wenig Verständnis. Dass ich einsam war und allein mit meinen Fragen. Dass ich nirgends hingehen konnte, wenn es Krach gab mit dem Vater, als ich anfing, gegen sein Dirigat zu bocken. Keine Freunde, die waren wie ich. Ich war neidisch auf die Kinder aus unserem Milieu, die Schule und Nachmittage teilten.

Ein einziges Mal reagierten die Eltern betroffen, als ich mir eines Morgens im Vorzimmer die Schultasche auf den Rücken schnallte und plötzlich ein Schwall von Verzweiflung und Kränkung hochstieg. Unter Strömen von Tränen stieß ich hervor, warum darf ich nicht in dieselbe Schule gehen wie alle anderen? Wieso bin ich nicht in der Stubenbastei? Warum, warum? Papa war sprachlos. Ja, wenn wir das gewusst hätten! Aber dafür ist es jetzt leider zu spät. Zu spät, warum? Ja, da hättest du in die Russischklasse gehen müssen. Außerdem ist die Stubenbastei viel zu weit weg. Er zog sein Taschentuch, ich schüttelte den Kopf und lief die Stiegen hinunter. Der Vorfall wurde nie wieder erwähnt.

Der Auslöser war ein Flash aus dem Sommerhimmel und lag Jahre zurück. Ich war neun, als Robert Fuchs, ein Jahr jünger, am Strand von Rimini lässig hinwarf: »Wir sind ja Juden.« Das war es also.

Im Rückblick gab es genügend Hinweise, die ein Kind nicht dechiffriert, wenn ihm nichts erzählt wird und es unangemessen ist, Fragen zu stellen. Auf Mamas Psyche standen die Fotos meiner Großmütter, ein sanftes Gesicht und ein herbes. Ich wusste, dass sie im Krieg umgekommen waren, aber nicht wo, wie und warum. Der Schmerz und die Schuldgefühle der Eltern waren offensichtlich, wenn ich Fragen stellte. Also fragte ich nicht weiter. Sie sind umgekommen. Wir hätten sie so gern herausgeholt, aber das ging nicht mehr. Die Freunde der Eltern waren alle in der Emigration gewesen, manche auch in einem KZ, das wusste ich, mehr nicht.

Mein Vater, der einen schönen Bariton hatte und am liebsten Sänger geworden wäre, gab auf langen Autofahrten einen Liederzyklus in fester Abfolge zum Besten. Voll Gefühlsüberschwang begann er mit Songs, die er in seinem schottischen Regiment gelernt hatte. Dann kam die Arbeiterbewegung dran, das Solidaritätslied, die Kronstädter Matrosen, Spaniens Himmel. Österreichisches wie »I bin a Steirerbua und hob a Kernnatur«. Das »Heidenröslein«. Alles im Young Austria gelernt. »Anu olim arza« aus seiner Zeit im Haschomer Hazaïr. Und als Draufgabe ein Scherzlied nach der Melodie von »Mein Vatern sei Häusl is mit Habernstroh deckt«:

> »Was hab'n denn die Ochsen,
> was hab'n denn die Küah?
> Hollarediritio direitio,
> was hab'n denn die Küah?
> Sie trau'n sich nicht in Stall herein,
> ka Mesuse an der Tür …«

Er sang korrektes Jiddisch, wie überhaupt jiddische Wendungen daheim üblich waren: Nebbich. Untam. Ejzes. Zores. Ganev. Chaser. Grebezn. Katschke. Schmonzes. Schmattes. Schmendrik. Schmock. Geseres. Toches. Ponim. Pintschinuntschikl. Masel tow. Mechaje. Tachles. Gojim naches. Mach nischt kejn Geride. Es schaut aus wi bei der Rebbezzn in Bett. Es spilt sich ab oif Tisch un Bänk. Oj we krach.

Es gab Zwischenwelten, in denen sich die Gefühle der Eltern manifestierten. Der Vater brachte von seinen Reisen Schallplatten mit nach Hause. »Chansons Folklorique Yiddish« von Theo Bikel. »Songs and Tunes from the Ghetto«. Das israelische Kabarettduo Dzigan und Schumacher und Sophie Tucker, die mächtige Blonde aus New York. Am Sonntag wurden Platten von Joseph Schmidt aufgelegt, dem Familienheiligen. Sein tragisches Ende in einem Schweizer Flüchtlingslager, immer wieder erzählt, eine Art jüdische Passionsgeschichte. Würde er noch leben, sagte Papa, wäre er so berühmt wie Beniamino Gigli.

Wir waren Juden. Wieso war ich nicht früher darauf gekommen? Eine Tochter Zion. Woher wusste es der Herr Katechet? Es musste dieses Wort sein. Ein Unwort. Niemand sprach es aus. Ich versenkte es tief in der Brust. Kinder nehmen die Welt, wie sie ist, und wissen genau, was erlaubt ist und was verboten. Es musste ein verbotenes Wort sein.

Danach waren die Kinderspiele im Hof vorbei. Ich begann, alles Gedruckte um mich herum aufzufressen. Der Vater sah es mit Befriedigung. Lesen stand ganz oben auf seiner Werteskala. Er selbst las, wann immer es ihm möglich war, oft während der Nacht, und deklamierte nach dem Sonntagsessen seine deutschen Helden, Schiller, Goethe, Mörike und Heine. Das war eine seiner Marotten. Vor ihm lag ein alter Band, »A Book of German Verse«, der ihn an die Front begleitet hatte. Unweigerlich kam der Moment, in dem er bei seiner Lieblingsballade ankam und mit ausgestreckter Hand ausrief: »Sieh da! Sieh da, Timotheus! Die Kraniche des Ibykus!«, und die Mutter und ich uns einen kleinen Seufzer erlaubten, weil es Zeit war, den Tisch abzuräumen und nach dem Geschirrwaschen in meiner Höhle zu verschwinden, zu meinem jeweiligen Schmöker.

Papa brachte aus Ostberlin viele Bücher mit nach Hause, darunter welche, in denen es um jüdische Menschen in den dreißiger Jahren ging. Er verließ sich darauf, dass ich alles Wichtige von selbst herausfinden würde. Immer trug ich ein Buch mit mir herum, den Zeigefinger als Lesezeichen dazwischen gesteckt, beim Essen, in der Straßenbahn, am Klo, in der Badewanne und vor dem Einschlafen im Bett. Daran hat sich wenig geändert. Unsere Schultische hatten Fächer für dicke Taschen und ebensolche Bücher, die einen langweiligen Unterricht verkürzten. Als ich im Kino die amerikanischen Klassenzimmer sah, diese lächerlichen Einzelpulte ohne Fach darunter, konnte ich mir nicht vorstellen, wie die Amis ihre Schulzeit durchstanden.

Mit zwölf griff ich in die Buchregale der Eltern. Ich las querbeet, unbegleitet und maßlos. Am Nachmittag lag ich auf dem Bett, die Tagesdecke aus schwerem, tintenblauem Schnürlsamt über die Beine gezogen, und las. Schnitzler, Zweig, Roth, Zola, Flaubert, Maupassant, Dumas, Dickens, Dreiser. Mark Twain, Jack London, Howard Fast. Maxim Gorki, Lion Feuchtwanger. Jorge Amado, »Gabriela wie Zimt und Nelken«, mein Türöffner in die Erotik. Und die Russen der Stalinära – Scholochow, Ostrowski, Polewoi. Das gedruckte Universum war groß und wild. Es drängte mich ungestüm nach immer neuen Geschichten.

Dann fiel mir ein schwarz gebundenes Buch in die Hand, »Die Bastionen fielen« von G. E. R. Gedye, über die Pogrome in Wien im März 1938. »Es war ein unbeschreiblicher Hexensabbat«, schrieb er, damals Korrespondent der *New York Times*. »Die erste Reibpartie sah ich auf dem Praterstern. SA-Leute schleppten einen bejahrten jüdischen Arbeiter und seine Frau durch die beifallklatschende Menge. Arbeit für die Juden, endlich Arbeit für die Juden! heulte die Menge.«

Die Mutter gab zögernd Auskunft. Meine Mama und ihr Mann sind aus der Wohnung herausgeholt worden, sagte sie, hinunter auf den Praterstern. Ich starrte sie an. Wieso weiß ich nichts davon! Sie zog ein weiteres Buch heraus. Hertha Ligeti, »Die Sterne verlöschen nicht«. Das ist die Geschichte von Lotte Brainin, du weißt, die Mama von Lisi und Nandi, sagte sie leise. Junge Kommunistinnen in Belgien, die versucht haben, Wehrmachtssoldaten politisch umzudrehen. Sie beginnt in Wien und endet in Auschwitz. Ich war wie vor den Kopf geschlagen. Der Krieg, bisher ein undeutlicher Schemen, schlug direkt neben mir ein.

Zur selben Zeit lernte ich die Familie Stiassny kennen. Sie war in den späten fünfziger Jahren aus Israel nach Wien gezogen. Bruno Stiassny war Kürschner, schon im Stiegenhaus hörte ich das Klopfen, wenn die Persianerfelle auf den großen Tapeziertisch gespannt wurden. Er hatte die Hitze in Tel Aviv nicht ausgehalten, außerdem brauchte dort niemand einen Pelz. Hanka, seine Frau, klein, still und sehr charmant mit ihrem polnischen Akzent, strahlte, wenn ich hereinkam. Bis an ihr Lebensende zauberte sie bei jeder Begrüßung ein strahlendes Lächeln auf ihr Gesicht. Ihr war alles andere als strahlend zumute. In den Sommerferien nahm sie mit Berta, dem jüngeren der beiden Kinder, rundlich, lustig, mit schwarzen Schneckerln auf dem Kopf und vielen Sommersprossen, den Zug nach Triest, bestieg ein Schiff und fuhr nach Haifa. Sie vermisste Israel sehr. Wien war kalt und fremd.

Unsere Eltern freuten sich über den Kontakt. Sie sind Juden, aber sie reden nicht darüber, hörte Berta von ihrer Mutter. Sie waren in Auschwitz, sagte meine Mutter, deshalb haben sie diese Nummer auf dem Unterarm, aber mach keine Erwähnung. Die Stiassny-Kinder wussten nichts davon. »Das war tabu«, sagt Berta. »Es wurde nie darüber gesprochen.« Sie war oft bei uns, und ihr Bruder Georg machte mir den Hof. Seinen pubertären Annäherungen wich ich aus, aber als Freund war er interessant. Wir gingen miteinander zu Charlie Chaplins »Der große Diktator«. Mama hatte mir erzählt, wie der Film in England bejubelt wurde, als *The Blitz* einen Feuersturm entfachte. Daheim stand ein Buch über Chaplin, in dem ich gelesen hatte, wie die reaktionäre Presse in Amerika über ihn herfiel, als sich herumsprach, dass er dabei war, die Nazis direkt herauszufordern.

Das Künstlerhaus-Kino war voll. Im Vorspann stand: »Jede Ähnlichkeit zwischen dem Diktator Anton Hynkel und dem jüdischen Friseur ist rein zufällig.« Im Saal kam Heiterkeit auf.

Chaplin als Hitler war unheimlich. Er parodierte ihn nicht, er porträtierte ihn. Mir wurde heiß und kalt. Die Jungen lachten unbekümmert über den verrückten Hynkel, am lautesten über seine Rede, in der er brüllt: »Hee! Der Wiener Schnitzel mit der Lagerbierten und der Sauerkraut?«, die Zähne fletscht und »Besick! Besack! Der Tschutn, uuh – der Tschutn!« knurrt (damit meinte er uns) und sich zwischendurch Wasser zur Abkühlung in die Hose schüttet. Die Älteren waren unsicher, wann und ob sie überhaupt lachen durften. Es ging um Juden, Nazis und Adolf, den sie wohl oft gesehen und gehört hatten, am Heldenplatz oder in der Wochenschau.

Als Georg nach einer Hüftoperation in ein Gipsmieder gepanzert und ans Bett gefesselt war, besuchte ich ihn. Wir redeten über Zionismus, Adolf Eichmann, der soeben vom Mossad in Buenos Aires geschnappt worden war, und von Israel. Georg erzählte glühende Geschichten über die Pioniere im Kibbuz und borgte mir »Exodus« von Leon Uris. Lies das, trug er mir auf, da erfährst du alles, was wichtig ist. Sein Buch steht immer noch bei mir. Er brachte mir bei, dass man als Jude den Kopf oben trägt.

In einem Fotoband fand ich Aufnahmen von alten Männern mit langen Bärten, runden Nickelbrillen und schwarzen Hüten, blasse Kinder mit ernsten Gesichtern, Buben, die sich über Bücher neigen, Frauen in wollene Umhänge gewickelt. »Das sind Chassiden«, sagte Mama. »Sie sind sehr arm und sehr fromm. Es gibt auch in Wien welche, aber man sieht sie nicht. Sie leben ganz unter sich.« Kurz darauf der erste Sederabend in einem großen Saal hinter dem koscheren Geschäft Eisler u. Rebenwurzel in der Singerstraße. Die Familie aus London war zu Besuch, ausgerechnet zu Pessach, keine gute Idee. Papa hatte einen Tisch reserviert. Ich genierte mich für unseren Aufzug, wir passten nicht hierher. Männer in Kaftanen, wie aus dem Fotoalbum herausgestiegen, die Frauen mit Perücken und in altmodischen Kleidern, die misstrauisch zu uns herüberschauten. Viele kleine Kinder, die unbekümmert herumliefen. Jeder Tisch hielt seine eigene Lesung der Haggada. Durch den Saal summten die Stimmen auf und nieder, die traditionellen Lieder wurden einmal dort, einmal da gesungen, die Herren schlugen mit der flachen Hand dazu den Takt auf den Tisch. Echad mi jode'a! Ich konnte den Blick nicht von ihnen wenden. Die Platte mit den symbolischen Speisen, Petersilie, ein kleiner Knochen, ein hartgekochtes Ei, Rettich, Grünzeug, geriebene Nüsse mit Äpfeln, eine Orange, Schälchen mit Salzwasser. Ein Korb mit Mazzes. Das Essen war kümmerlich, eine Hühnersuppe, gekochtes Huhn mit Karotten, fast kalt. Meinem Vater war die ärmliche Szenerie peinlich, aber öffentliche Seder fürs Bessere gab es nicht in Wien. Die Mutter schaute versonnen hinüber und bewegte die Lippen, sang fast unhörbar mit. Ein Lämmchen, ein Lämmchen.

Vierzig Jahre später drehte ich einen Film über die U-Boote in Wien während der Nazizeit. Darin sagte Edeltrud Posiles, die ein großes Netzwerk aufgebaut hatte, um drei Juden zu retten: »Ich kann den Wienern a gutes Zeugnis ausstellen. In meinem Bekanntenkreis sagen aber viele, man kann den Wienern nur a sehr schlechtes Zeugnis ausstellen. Es war ganz verschieden, wie man's eben getroffen hat.«

Wir hatten es nicht schlecht getroffen mit der Stiege sieben. Die Leute wählten rot und steckten am 1. Mai ihre Fähnchen mit den drei Pfeilen an die Fenster. Der Herr Schediwy zog seine Sonntagshose an und die Staatsflagge an der großen Fahnenstange hoch. Dann ging er mit seiner Frau zur Breitenfurter Straße, Maiaufmarsch schauen, Blasmusik hören. Er war ein Sozi, zumindest an diesem Tag. Einmal fiel eine Bemerkung über den Krieg, der ausgegangen war wie ein schiefgegangenes

Abenteuer. Er ließ uns wissen, was er über uns dachte. »Und mir hob'n dann den Scherbn aufg'habt«, sagte das verkniffene Säufergesicht zu meiner Mutter, als wir einmal den Waschküchenschlüssel holten. »Wann da Hitler net g'wesn wär', hätt' heit a jeder a Auto.« Die Mutter zog die Unterlippe zwischen die Zähne. Der alte Narr, sagte sie draußen.

4

DIE SIRENEN

Wir haben der Freiheit leuchtende Flamme
Hoch über unseren Häuptern entfacht.
Die Fahne des Sieges, der Völkerbefreiung
Die sicher uns führt in die letzte Schlacht.

WACŁAW ŚWIĘCICKI, WARSCHAWJANKA, 1883

Wer den Einfall hatte, in der Alten Ambulanz, einem Wirtshaus
auf dem Campus der Uni Wien, im Mai 2001 ein Treffen von
Menschen zu organisieren, die einander seit ihrer Kindheit
kannten, ist nicht mehr zu eruieren. Sie wuchsen im kommunistischen Milieu auf, fast alle sind jüdisch und im Zweiten
Weltkrieg oder kurz danach geboren. Zu dieser ersten »Kinderjause«, auch für die Erfindung dieser Trademark gibt es mehrere Anwärter, kamen an die hundert Leute. An Kleid und Sakko
hatten sie kleine Zettel mit ihrem Namen angeheftet, um der Erinnerung im Zweifelsfall ein wenig nachzuhelfen.

Sie erkannten und herzten sich, hatten Fragen und viel zu erzählen. Was machst du, mit wem bist du, hast du Kinder, leben
deine Eltern noch? Sie waren zwischen Ende vierzig und Anfang sechzig, viele hatten sich seit langer Zeit nicht mehr gesehen, niemand fremdelte.

Es ist der Abend eines strahlenden Maitages. Noch hat sich
der Mehltau von 9/11 nicht über den Optimismus gelegt, der die
Kinderjausner ein Leben lang getragen hat. Die düsteren Visio-

nen, die das Kino schon damals ausbrütet, Totalüberwachung, Regierungen, die friedliche Demonstranten erschießen, flächendeckende Paranoia, Terrorangriffe auf Metropolen, Endzeitstimmung in New York und eine Pandemie, die die Welt lähmt – keiner nimmt solche Katastrophenopern ernst. Vier Monate später lassen sich verzweifelte Menschen aus dem brennenden World Trade Center fallen.

Zehn Jahre ist es her, dass die Sowjetunion untergegangen ist. China befindet sich auf seinem eigenen Weg zum Kapitalismus, unter dem Roten Stern und dem stählernen Diktat der kommunistischen Partei, ein nie geahntes Hybrid zweier antagonistischer Systeme. Viele Kinderjausner haben ein oder zwei aktivistische Jahrzehnte eingelegt, sind moskautreue oder abtrünnige Kommunisten, Maoisten oder Trotzkisten gewesen. Manche wurden schon früh Sozialdemokraten oder Grüne, andere ungebundene Linke, von den Eiferern als Renegaten gebrandmarkt, mit denen man nicht spricht. Das ist vorbei. Manche glauben nach wie vor, dass der Kommunismus eine gute Sache war, nur schlecht angepackt, die meisten haben ihn hinter sich gelassen. Manche versenken sich in die Tradition und die Geschichte ihrer jüdischen Vorfahren.

Die Geburtsurkunden der Älteren stammen aus weit entfernten Orten. Ihre Eltern waren Österreicher, die meisten Wiener, manche noch in der Donaumonarchie zur Welt gekommen und zwischen 1945 und 1952 aus dem Exil zurückgekehrt. Sie hatten, so jung sie waren, bereits ein extremes Leben hinter sich, in Spanien bei den Internationalen Brigaden, in den alliierten Armeen oder in der Résistance gekämpft, das KZ überlebt, große Zweifel verwunden und ihre Hoffnungen genährt. Nach diesem Krieg musste die Welt eine neue werden, und diese Welt würde sozialistisch sein. Sie sahen sich als Funken der Flamme, von der die ehrwürdige »Warschawjanka« kündet, eine der großen Sirenen gegen die Barbarei. Die Parteiführung war in Moskau gewesen und rief alle zurück, aus Frankreich, Belgien, Skandinavien, Großbritannien, den USA, Lateinamerika, China, Australien, Afrika, Palästina, und die Versprengten aus Sibirien, die wie durch ein Wunder noch am Leben waren. Die Überlebenden aus den Lagern kamen nicht »zurück«, sondern sind »geblieben«, nämlich im Bannkreis des ehemaligen Reichs. Die größte Gruppe waren die »Engländer«.

1938. In Großbritannien gründet eine Handvoll geschulter Kommunisten nach dem Anschluss ein Netzwerk von Organisationen, das sich weltweit ausdehnen sollte, über Großbritannien hinaus nach Asien, Afrika, Kanada, Australien, die beiden Amerikas und Palästina. Diese Frauen und Männer, darunter fünf Absolventen der Leninschule in Moskau, der Kaderschmiede des Kommunismus, hatten die Mission, die Flüchtlinge zu sammeln, zu betreuen, ihre Interessen gegenüber den Behörden zu vertreten, Österreich in ihnen wach zu halten und sie zur Rückkehr in ein befreites Land zu bewegen. Unter dem Dach des Austrian Centre und seinen vielen Zweigstellen entstanden das Young Austria und das Free Austrian Movement. Sie wurden die erfolgreichsten Flüchtlingsorganisationen der deutschsprachigen Emigration. Die Restaurants boten Wiener Küche, in den Klubs trafen sich Gleichgesinnte, in den Lesezimmern lagen die Tageszeitungen auf. Konzerte, Vorträge, Sprachkurse, Tanzabende, die Kulturverbände, die Kleinkunstbühne Laterndl, die Berufsverbände aller Art – das Centre nahm sie alle in den Schoß. Es wurde zum Rettungsanker tausender Emigranten. Von Rückkehr wollten die meisten dennoch nichts wissen.

Am ehesten waren die Jungen zu begeistern. »Ich wurde also Kommunist und bereue es bis heute nicht, auch wenn ich jetzt nichts mehr mit der KP zu tun haben möchte«, erinnerte sich der große Schauspieler Otto Tausig. »In dieser Zeit aber war es das einzig Richtige. Die Kommunisten waren die aktivsten Antinazis, und sie waren konsequent für eine österreichische Republik.« Das Young Austria mit seinen tausend Mitgliedern wurde nach dem Krieg der Blueprint der Freien Österreichischen Jugend, zehn Jahre lang die größte Jugendorganisation des vierfach besetzten Landes.

Viele Frauen wären lieber geblieben, wo sie waren. Sie lebten in Sicherheit, hatten sich eingelebt, fürchteten die Rückkehr in ein zerstörtes Land und ahnten, dass sie viel schwieriger war, als ihre Gefährten sich das vorstellten. Dass der Hass auf Kommunisten und Juden eine explosive Mixtur ergab. Aber die Männer schlugen den Takt. Einige kehrten um, als sie herausfanden, dass die Erzählungen der Partei über die fiebrig auf die Befreiung wartende Heimat ein frommer Wunsch war oder bewusste Täuschung.

In Wien glaubte niemand, dass die jüdische Gemeinde je wieder auferstehen wird, auch nicht die Kultusgemeinde selbst. Sie sah ihre Aufgabe in der Fürsorge für die Überlebenden und einer geordneten Rückstellung des arisierten Eigentums. Das war ein schwieriges Unterfangen. Was wollen Sie? Rückstellung? Wir haben das ordnungsgemäß angeboten bekommen, verstehen Sie, erworben, für gutes Geld! Wenden Sie sich an die Behörden, was geht mich das an?

Unsere Eltern rückten zusammen und lebten wie auf einer Arche Noah. Sie übten gegenseitige Kontrolle und Verschwiegenheit gegenüber der Außenwelt. Fast alle wohnten in den Wiener Bezirken unter sowjetischer Besatzung, in Favoriten, Wieden, Leopoldstadt und Brigittenau, kolportierten am Wochenende die kommunistische Presse und steckten ihren Nachwuchs in gemeinsame Gruppen. Klagen waren tabu, Trauer um die verlorenen Liebsten wurde nicht geäußert, vor allem nicht den Kindern gegenüber, denen beigebracht wurde, stark zu sein und unerschrocken (so wie es auch in Israel war, übrigens). Sprang jemand aus dem Gleis, setzte es Ermahnungen, bei ärgeren Verstößen soziale Sanktionen. Das bedeutete Ausgrenzung und bei Halsstarrigkeit Parteiausschluss. Ehen wurden fast nur untereinander geschlossen, Urlaube und Freizeit miteinander verbracht.

Alle ordneten ihre Privatleben der Partei unter. Meine Eltern hatten keine Freunde von draußen. Alle blieben mehr oder weniger im Milieu ihrer Emigration, die Amerikaner, die Engländer, die Belgier, die Franzosen, die Russen, die Spaniaken (die Spanienkämpfer), die Exoten aus Lateinamerika, der Schweiz oder Schweden, die Überlebenden aus Buchenwald, Ravensbrück oder Auschwitz. »In unserer Kindheit«, sagt der Schriftsteller Robert Schindel, »war die Partei das Lagerfeuer, um das sich alle scharten. Das hieß aber auch, dass untereinander wenig geheim blieb. Die kommunistische Moral war nicht unähnlich der katholischen. Scheidung war fast unmöglich. Große Aufregung, wenn außereheliche Liebesgeschichten bekannt wurden. Und natürlich wurden sie bekannt.«

Vom Strandgut des Krieges hielten sie sich fern. Solidarität mit den Überlebenden aus Osteuropa gab es nicht, zumindest nicht offiziell. Das waren unkultivierte Elemente, die den Schwarzhandel beherrschten. Das Judentum war abgelebt, eine Religion wie jede andere und für Kommunisten unerheblich.

Vielen fiel es nicht leicht, diese Trennung zu vollziehen, meinen Eltern bestimmt nicht. Beide hatten ihre frühen Jahre in einer linkszionistischen Jugendgruppe verbracht. Meine Mutter beim Sportklub Makkabi, der Vater beim Haschomer Hazaïr. Das Judentum war nicht nur eine Religion. Sie wollten ein neues, freies Geschlecht werden. Mama kam bereits nach dem Februar 1934 dem Kommunismus nahe, als Vierzehnjährige. »In meiner Makkabi-Gruppe«, erzählte sie, »sind fast alle Kommunisten geworden. Wir haben die Kanonen gehört, die den Goethehof kaputt geschossen haben, den schönen, neuen Goethehof! Tagelang haben die Schutzbündler dort gegen die Faschisten gekämpft, es war alles vergebens. Wir wurden eine getarnte kommunistische Gruppe, haben uns im Sommer an der Donau getroffen und im Winter in unserem Kellerlokal, miteinander diskutiert, Flugschriften und illegale Zeitungen gelesen und von einem sozialistischen Palästina geträumt.«

Mama hat ihre Jüdischkeit tief im Herzen bewahrt und in ihren späten Jahren glücklich ausgelebt. Mein Vater hegte sein Judentum lange ein. Er wurde in England nicht nur Kommunist, sondern auch, wie geheißen, österreichischer Patriot. Wie alle Konvertiten wurde er ein unbedingt Glaubender. Als einer der Ersten meldete er sich bei der britischen Armee, um gegen die Nazis zu kämpfen. Sie hatten ihm alles genommen, was er liebte, die Mutter, die große Familie, die Freunde, die Brigittenau. *These bastards*, sagte er. Er hat diese Wut und die Angst, sie könnten wiederkommen, nie abgelegt.

Als Martin am Weihnachtsabend 1945 im tiefverschneiten Villach ankommt, ist er zweiundzwanzig. Die Straßen sind leer, als er, der Befreier, die Kaserne verlässt und seinen ersten Spaziergang in der Heimat unternimmt, in Uniform. »Niemand war unterwegs, nur eine alte Frau«, erzählte er mit gepresster Stimme. »Ich grüße erfreut: Guten Abend! Sie misst mich von oben bis unten und fragt: Woher kommen Sie? Aus Wien. Sagt sie: Verräter, dreht sich um und geht. Das war mein Empfang in Österreich.« »Und warum bist du dann geblieben?« Er schwieg. »Wir haben auf die Lernfähigkeit der Menschen gehofft«, sagte er schließlich. »Alles war auf ein großes Ziel ausgerichtet.« »Die Geschichte hat kein Ziel«, gab ich zurück. »Immer musst du widersprechen«, sagte er.

Das Tagebuch meines Vaters während seiner Internierung auf der Isle of Man verzeichnet viele Adressen in Wales, England und New York. Es ist November 1940, er ist soeben siebzehn geworden und ein *enemy alien*, ein feindlicher Ausländer, der wenig anderes zu tun hat, als ein bisschen Fußball zu spielen, täglich Briefe zu erhalten, zu beantworten und neue zu schreiben. Er wohnt in einer WG mit Freunden, in einem von den Behörden requirierten Haus. Seine Verlorenheit ist mit Händen zu greifen. Wohin mit seinem Leben? Er hat eine Lehre als Automechaniker absolviert, spricht und schreibt fließend Englisch und will weg, nach Amerika, gemeinsam mit seinem Bruder Max. Seine Cousine Sofie bemüht sich um das Affidavit, mit Erfolg. Ein Komitee in Swansea betreibt seine Entlassung, ebenfalls mit Erfolg.

Zwei Monate später ist er frei und in London. Sein Affidavit liegt auf dem amerikanischen Generalkonsulat. Er versucht, es an seine Mutter weiterzureichen, die dringend aus Wien wegmuss. Das ist unmöglich. Er will zurück nach Swansea, auch das scheitert. Es ist Krieg, mehrmals am Tag heulen die Sirenen. Er bleibt in London hängen und findet einen Job als Mechaniker in einer Garage. It seems to be a good garage, schreibt er. Seine Freunde aus der Internierung sind alle im Young Austria. Nichts einfacher als anzudocken. Er findet dort Orientierung, Zusammenhalt, Freundschaft und Liebe.

Nach dem Tod meines Vaters entdecke ich in seiner Bibliothek ein in Orange gebundenes Buch. Auf dem Cover steht in eleganten Lettern »Red Star over China by Edgar Snow«, London 1937. Darin ein Porträt des jungen Mao Tse-tung. Hochmütiger Blick, die Augen gegen die Sonne zusammengekniffen, der Mund fest verschlossen. Das Foto geht um die Welt wie das Buch. Es etabliert den Mao-Kult im Westen. Der rote Stern ist überall, auf Uniformen, Mützen und Fahnen. Why is a Red?, fragt Snow. Warum wird ein Bauernsohn aus wohlhabender Familie ein Roter? Ja, warum?

Snow erzählt die Geschichte von Peng Te-huai, einem jungen Rebellen, der während einer Hungersnot den Sturm auf ein Reislager organisiert, geleitet von seinem Gefühl für Gerechtigkeit. Aus ihm wird ein führender Militär des Partisanenkriegs. So weit Edgar Snow. Später wurde Peng der erste Verteidigungsminister der Volksrepublik China. Dann kritisierte er Mao Tsetungs verrücktes Experiment »Großer Sprung vorwärts«, der in der größten Hungerkatastrophe der Geschichte endete und zwischen vierzehn und fünfzig Millionen Menschen das Leben kostete. Peng verlor alle Funktionen. Während der Kulturrevolution wurde er verhaftet, gefoltert und starb im Gefängnis, aber das hat mein Vater und wohl auch Edgar Snow nie erfahren.

Papa liebte die Balladen von Friedrich Schiller, in denen die Bösen abstürzen oder zu den Gerechten wechseln, wie der Tyrann Dionysos in der »Bürgschaft«. Er wurde ein Kommunist wie Peng Te-huai. Recht und Gerechtigkeit, das waren die Eckpfeiler seines Lebens. Wo er glaubte, im Recht zu sein, ließ er nicht locker. Daran ist er gescheitert, wie Peng. Ich hatte mit ihm viel Streit, aber nie an seinem Sinn für Gerechtigkeit gezweifelt. Die Sirenen, denen Odysseus entkommen ist, indem er sich Wachs in die Ohren stopfte, hielten meinen Vater lange auf Kurs. Kommunismus, das war die gerechte Sache, der leuchtende Stern. Er hat diese Utopie so fest im Blick gehabt, dass er seine tiefen Zweifel in Zaum halten konnte. Seit den späten sechziger Jahren rissen sie an ihm, ohne dass er sie preisgab. Meine Provokationen wehrte er souverän ab.

Als der Prager Frühling von den russischen Panzern niedergewalzt wird und sich die Moskowiter in der Partei durchsetzen, macht er kein Hehl daraus, auf welcher Seite er steht. Dennoch bleibt er, wo er ist. Er ist der österreichische Pionier des Ölhandels mit dem Osten. Damit finanziert er die KPÖ und ihren Apparat. Er hätte sich mit seiner Expertise selbständig machen können, er tut es nicht. Er will keinen Bruch. Aber er unterstützt die Zeitschrift der Parteirebellen, das *Wiener Tagebuch*, mit großzügigen Spenden. Er gibt die Hoffnung auf einen Wandel nicht auf. Die Sowjetunion ist für ihn die einzige Schutzmacht gegen einen neuen Nazifaschismus.

Er war schon lange fertig mit dem Kommunismus, als das Ende der Sowjetunion ihn trostlos zurückließ. In seiner letzten Nacht sang er mit ungebrochener Stimme schottische Soldatenlieder, als wäre der Kampf noch nicht zu Ende.

»Sag, wie gut kannten sich unsere Väter?«, frage ich Timothy Smolka. Wir sind uns früh begegnet, wann, wissen wir nicht mehr, später war er der Kinderarzt meines Sohnes.

»Sicher kannten sie sich gut«, sagt Timmy. »Ihr habt ja vis-à-vis gewohnt, in der Lockerwiesensiedlung, und wir in der Seelosgasse, im Haus meines Großvaters.«

»Der Peter Smolka, erzählte meine Mutter, ist zwischen den Briten und den Russen hin und her gegangen.«

»Auch bei uns wurde von euch erzählt«, sagt Timmy. »Die Kneplers haben von euch berichtet. Georg Knepler und seine Frau Florence.«

»Dein Vater und Georg Knepler kannten sich noch aus Wien. Ihr Freundeskreis ist später sehr bekannt geworden. Sie haben sich an der Front der Weltrevolution gesehen.«

Timmy lächelt skeptisch. »Jedenfalls haben sie einen großen Preis dafür gezahlt.«

Auftritt Peter Smolka. Sein Leben ist geprägt von großem Tempo und raschen Schritten. Mit sechzehn gründet er die Paneuropa-Jugend, wo er den jungen Bruno Kreisky kennenlernt.

Gemeinsam starten sie das Magazin *Der neuen Jugend*, es überlebt zwei Jahre.

In dieser Zeit wendet sich Smolka der Linken zu. Die Übernahme des väterlichen Betriebs lehnt er ab, weil er kein Kapitalist werden will. Mit zwanzig heiratet er Lotty Jäckel aus einer Textilfamilie, keine gute Partie für seine standesbewussten Eltern. Wenn du heiratest, sagen sie, stehst du auf eigenen Füßen. Genau das, was der junge Smolka will. Er beobachtet voll Argwohn den Aufstieg der Nazis. Für ihn als Juden gibt es hier keine Zukunft. Selbstbewusst, wie er ist, bewirbt er sich bei der *Neuen Freien Presse* als Korrespondent für London und erhält den Job. Im April 1933, einen Monat nach Hitlers Machtergreifung, übersiedelt er mit Lotty nach London.

Smolka war der geborene Netzwerker und verkehrte als Journalist mit vielen Leuten, darunter auch mit Kim Philby. Wann immer von Smolka die Rede ist, kommt sie auf seine Beziehung zu Philby, dem späteren Spion des Jahrhunderts.

Harold »Kim« Philby, als Sohn eines Diplomaten in Indien geboren, begeisterte sich wie viele britische Upperclass-Studenten für den Marxismus. Im Herbst 1933 zog es ihn nach Wien, um, wie er meinte, die kämpfenden Roten zu unterstützen. Er traf auf eine strauchelnde Partei. Die Kaffeehäuser vibrierten von Gerüchten über einen blutigen Schlag der Dollfuß-Regierung gegen die einst mächtige Sozialdemokratie. Er lernte über den Musiker Georg Knepler eine junge Frau kennen, Lizzy Friedmann, die ihn mit der Fotografin Edith Suschitzky, seit einigen Wochen mit dem britischen Mediziner Alexander Tudor-Hart verheiratet, zusammenbrachte. Alle drei verknüpften ihr Schicksal mit dem der Sowjetunion. Es ging um das Überleben des sozialistischen Experiments. Philby war fasziniert.

Als die Gerüchte wahr wurden und Dollfuß die Sozialdemokratie im Februar 1934 in wenigen Tagen zerschlug, heirateten

Lizzy und Kim in aller Eile und konnten nach London ausreisen, ebenso Georg Knepler. Die Freundesgruppe war wieder zusammen. Knepler wurde Sekretär des Austrian Centre. Als Philby in die Partei eintreten wollte, mischte sich Edith Tudor-Hart ein und stellte ihn dem GPU-Agenten Arnold Deutsch vor, der ihn für den sowjetischen Nachrichtendienst anwarb. »Es war ihre Idee, Kim zu rekrutieren«, berichtet der Schriftsteller Peter Stephan Jungk über seine Großtante. »Er konnte Moskau in weit bedeutenderer Weise dienen.«

Philby war ein idealer Kandidat. Brillant, aus bestem Haus, zweiundzwanzig, ein Alter, in dem man nach großen Aufgaben fiebert.

Sein Land zu verraten, dazu gehört auch eine gewisse Lust am Verrat und an der Gefahr. Der Preis war hoch. Er musste sich von allen Freunden lossagen, auch von Lizzy, zumindest nach außen, und eine politische Kehrtwendung vollziehen. Das war der Start des Spionagenetzwerks der »Cambridge Five«, dem außerdem Anthony Blunt, der auch von Edith rekrutiert wurde, Donald Mclean, Guy Burgess und John Cairncross angehörten. Alle hatten in Cambridge am Trinity College studiert und sich dort zum Marxismus bekehrt, ließen sich von MI6, dem britischen Auslandsgeheimdienst, anwerben und begannen, ein Doppelleben zu führen.

1936 reiste Philby als Korrespondent der Londoner *Times* nach Spanien in den Bürgerkrieg und startete das ganz große Spiel. Es gelang ihm, in den innersten Zirkel von General Franco vorzudringen. Lizzy übersiedelte nach Paris, fuhr regelmäßig nach Südfrankreich, traf sich mit Philby in Biarritz und überbrachte seine Reports einem russischen Führungsoffizier. Während des Krieges war Philby für die britische Spezialeinheit SOE aktiv, die Funk- und Abhörgeräte auf dem Kontinent einsetzte. Danach wurde er Verbindungsoffizier in Washington. Zahlreiche Interna von MI6 und der CIA landeten in Moskau. Das Leben, ein Abenteuer.

Peter Smolka lernte Philby über Lizzy kennen, eine Freundin seiner Frau Lotty. Timmy Smolka erinnert sich an seine häufigen Besuche im Haus der Eltern. Auch sein Vater wandte sich dem Kommunismus zu. Aber er war ein völlig anderer Typ. Sein Ego unterwarf sich keiner Partei und keiner anderen Disziplin als seiner eigenen. Schon äußerlich polarisierte er. Eine undurchsichtige und schillernde Erscheinung, sehr groß, sehr beleibt trotz seiner Jugend, mit dröhnender Stimme, pushy, gescheit und witzig. Einer, der schon körperlich nicht zu übersehen war und sich gewandt in allen Milieus bewegte. Wo seine politischen Sympathien lagen, war allgemein bekannt. Das hinderte ihn nicht, für bürgerliche Zeitungen zu arbeiten.

Nach zwei Jahren zog er einen großen Fisch an Land. Im Auftrag der Londoner *Times* fuhr er in die Sowjetunion, um über die Besiedelung des Polarkreises zwischen Atlantik und Pazifik zu berichten. Er verfasste nach seiner Rückkehr ein Buch mit vielen Fotos. Effiziente Propaganda im angloamerikanischen Reporterstil. »Forty Thousand Against the Arctic« erschien 1937 gleichzeitig in London und New York und wurde ein Bestseller. Das qualifizierte Smolka zu höheren Weihen.

Im Sommer 1941 wurde er unter dem Namen Peter Smollet britischer Staatsbürger und in das Informationsministerium gerufen. Brendan Bracken, Eigentümer der *Financial Times* und politischer Weggefährte von Winston Churchill, hatte soeben das Ministerium übernommen. Der umtriebige Journalist aus Wien war ihm schon länger aufgefallen. Er bot ihm an, die neugeschmiedete Allianz zwischen Churchill und Stalin durch eine massive Medienarbeit zu begleiten. Stalin hatte zwei Jahre zuvor Hitler den Rücken für einen Blitzkrieg gegen Polen und Westeuropa frei gehalten. Aber im Sommer 1941, nach dem Überfall der Wehrmacht auf die Sowjetunion, drehte sich die Allianz um. Churchill brauchte für den neuen Kurs die Unterstützung der Öffentlichkeit.

Smolka stand dafür die größte Propagandaorgel des Empire zur Verfügung. Die BBC produzierte in den nächsten Jahren hunderte Sendungen über den russischen Kriegsschauplatz. Smolkas Partner war Guy Burgess, damals Senior Producer der BBC und einer der Cambridge Five. Die Stimmung der Briten begann sich zu drehen. Nach dem Sieg von Stalingrad organisierte Smolka im Februar 1943 in der Royal Albert Hall einen »Salute to the Red Army«. Auf den Fotos ist eine pompöse Inszenierung zu sehen, die von einer riesigen roten Fahne mit Hammer und Sichel beherrscht wird. Viele Städte wie Cardiff, Manchester und Bristol ehrten die Rote Armee mit Versammlungen und Konzerten. Diese emotionale Allianz zwischen Briten und Russen war ein propagandistisches Meisterstück. Die Krone bedankte sich nach dem Krieg bei Smolka mit dem Order of the British Empire, Peter Smollet OBE.

Ob und wie er in das Netzwerk von Kim Philby eingebunden war, bleibt offen. Er hielt tausend Fäden in Händen, kannte jeden, auf den es ankam, und bewegte sich zwischen den Playern rund um Churchill und Stalin, entlang der dünnen Linie eines Zweckbündnisses, das in Zeiten des Krieges politische Gegner zusammenhält. 1944 flog er über Teheran nach Moskau, um Gespräche in der britischen Botschaft über die Nachkriegsordnung zu führen. Nebenbei traf er auch die österreichischen Kommunisten im Hotel Lux. Es gab und gibt viele Gerüchte über ihn als Doppelagent, aber keine Beweise.

Mein Vater brachte in den sechziger Jahren einen dicken Wälzer nach Hause, den »Briefwechsel Stalins mit Churchill, Attlee, Roosevelt und Truman 1941–1945«. Die Botschaften, die fast täglich hin und her gingen, dokumentieren die enge Waffenbrüderschaft zwischen Russen und Briten. Papa stellte den Band neben »Die Lebenden und die Toten« von Konstantin Simonow, ein Lyriker, der den Krieg als Frontberichterstatter der *Prawda* erlebt hat. Seltsam, was der Lesehunger einer Fünfzehnjährigen alles verschlang. »Wohl hatten alle gespürt«, schrieb Simonow, »dass ein Krieg in der Luft lag, und als er schließlich kam, war er dennoch wie ein Blitz aus heiterem Himmel. Offenbar ist es nicht möglich, sich auf ein so großes Unglück vorzubereiten.« Churchill sah diesen Schlag weit voraus. Er schickte 1940 den linken Labour Sir Stafford Cripps als Botschafter nach Moskau, um das Bündnis mit Stalin vorzubereiten. Cripps wurde zur Schlüsselfigur der Allianz zwischen Churchill, Roosevelt und der Sowjetunion. Als er nach London zurückkehrte, kommentierte er in der BBC den Kriegsverlauf in Russland und avancierte zum beliebtesten Politiker des Landes.

In den Anfängen meiner Radiozeit durfte ich eine Woche lang im Tonarchiv der BBC herumstöbern. Es bestand damals aus einigen schäbigen Zimmern, in denen Schachteln voll Schellacks mit Liveaufnahmen herumstanden, alle ungeordnet. »Help yourself«, sagte der freundliche Archivar und reichte mir ein Paar Kopfhörer. Ich hörte viele Aufnahmen ab und fand auch eine von Sir Stafford. Er beschrieb warmherzig und unpathetisch die Männer und Frauen, denen er in Moskau begegnet war, ihren Opfermut, ihre Zähigkeit, ihren Krieg als Kampf des Guten gegen das Böse. Wem war es eingefallen, Cripps über *Russia at War* erzählen zu lassen? Smolka war auch mit ihm in Verbindung. Ebenso mit den großen Emigrantenorganisationen der österreichischen Kommunisten. In seinem Haus war ein ständiges Kommen und Gehen.

Als er 1945 als Besatzungsoffizier nach Wien zurückkehrt, ist er dreiunddreißig, nimmt wieder seinen früheren Namen an und schlägt ein neues Kapitel auf. Erst beschlagnahmt er die arisierte Villa seines Schwiegervaters in Lainz, dann knüpft er Kontakte mit dem britischen Nachrichtendienst und arbeitet wieder als Korrespondent für den *Daily Express* und die *Times*. »Irgendwann war er der Meinung«, erzählt sein Sohn Timmy, »dass man die Heimat aufbauen müsse, und dass er dazu vonnöten war. Er scharte seine kommunistischen Freunde um sich, darunter viele Juden, die behaupteten, keine Juden zu sein. So ähnlich, wie es auch in meinem Elternhaus war.«

Zugleich war Smolka in die Produktion eines großen Klassikers der Filmgeschichte verwickelt.

Der britische Regisseur Carol Reed drehte im Herbst 1948 in Wien »Der dritte Mann«, den ersten Thriller über den Kalten Krieg, produziert vom ungarisch-britischen Filmmogul Alexander Korda. Als Koproduzent kam David O. Selznick an Bord und brachte Joseph Cotten mit, in der Rolle des erfolglosen Schriftstellers Holly Martin. Orson Welles spielte den skrupellosen Schieber Harry Lime, der mit gepanschtem Penicillin handelt und sich im russischen Sektor verborgen hält. Dazu engagierte Korda die österreichischen Bühnenstars Annie Rosar, Paul Hörbiger, Ernst Deutsch und Hedwig Bleibtreu. Das Drehbuch schrieb Graham Greene. Aber wie kam Greene auf diese Idee? Er war nie in Wien gewesen. Darüber gehen die Meinungen auseinander. Ich bevorzuge folgende Version, sie hat Charme und Plausibilität.

Eingefädelt wurde die Produktion von Brendan Bracken, vormaliger Chef von Smolka. Im März 1946, zehn Monate nach Kriegsende, hatte Churchill eine düstere Vision des kommenden Kalten Krieges entwickelt: »Von Stettin an der Ostsee bis hinunter nach Triest an der Adria ist ein Eiserner Vorhang über den Kontinent gezogen worden.« Bracken fand, dass eine vierfach besetzte Frontstadt wie Wien der richtige Ort für einen

Thriller war, um die dramatischen Vorgänge in Mitteleuropa ins Kino zu bringen. Er kontaktierte den Produzenten Alexander Korda und machte ihn mit Peter Smolka bekannt, der extra nach London eingeflogen wurde. Korda hatte während der dreißiger Jahre für den britischen Geheimdienst gearbeitet und war sehr interessiert, in Wien einen Film zu produzieren, denn er hatte hier noch Geld aus der Vorkriegszeit liegen. Die drei Experten knobelten den Plot aus. Die Penicillin-Geschichte, der Aufhänger des Films, war Smolkas Idee. Ein Offizier des Intelligence Corps hatte ihm von einem Schieberring erzählt, der großes Geld mit gestrecktem Penicillin machte.

Auch Graham Greene, der mit dem Drehbuch beauftragt wurde, hatte lange Geheimdiensterfahrungen. Als er zu Recherchen nach Wien anreiste, traf er Smolka, der ihm einige Drehorte zeigte und vorschlug, die finale Verfolgungsjagd in das weitverzweigte Kanalsystem zu verlegen. Er kannte es gut. Timmy erzählt, dass sein Vater 1932 mit einem Strotter durch die Kanäle gezogen war, um sie nach Wertsachen zu durchsuchen. Smolka publizierte danach die Reportage »Gold liegt unter der Straße«. Er steckte Greene auch ein Manuskript zu. Später tauchten wesentliche Motive daraus im Film auf. Dass nur Greene als Autor genannt wurde, war Smolka recht, denn die Russen kamen in diesem Drehbuch nicht gut weg. Greene dankte Smolka auf seine Weise. In einer Szene springt Major Colloway mit Holly Martin in ein Taxi und sagt zum Fahrer: »Take us to Smolka's«, eine Bar in der City. Die lakonische Regie von Carol Reed, die expressive Kamera von Robert Krasker, die Zither von Anton Karas und die Wiener Kanalisation machten den Film zum Mythos.

Als er in die Kinos kam, saß Smolka im Rollstuhl. Er war früh an progressiver Multipler Sklerose erkrankt und musste den Journalismus aufgeben. Äußerlich ungerührt, übernahm er nun doch die rückgestellte Metallwarenfabrik seines Vaters, spezialisierte sich auf Sportartikel und erzeugte nach einigen Jahren unter der Marke Tyrolia eine Skibindung, die weltweit den Alpinsport revolutionierte.

1950 der zweite Schlag. In Prag wurden Rudolf Slánský sowie dreizehn führende Parteifunktionäre unter dem Verdacht von Spionage verhaftet, darunter elf Juden. Einer von ihnen, Eugen Löbl, nannte beim Verhör auch Peter Smolka, den er aus dem englischen Exil kannte. »Von Stund an«, erinnert sich Timmy, »wurde mein Vater von seinen Freunden geschnitten. Ruth Mayenburg kam weinend zu meinen Eltern und bat um Verzeihung, dass sie den Kontakt zu ihnen abbrechen müsse.«

»Und die Kneplers? Haben die nicht bei euch gewohnt?«

»Ja, drei Jahre lang. Auch die ließen ihn fallen. Meinem Vater ging es psychisch furchtbar schlecht. Die Eltern glaubten an einen schrecklichen Irrtum. Sie wurden *aux canailles* (zu Schurken) erklärt. Nach dem Ungarnaufstand haben sie sich von der KPÖ gelöst.«

1973 verkaufte Smolka seine Firma. Er war völlig bewegungslos, aber sein Kopf war klar und brauchte eine neue Aufgabe. Bruno Kreisky war dabei, als Bundeskanzler sein Land mit einem ambitionierten Reformprogramm zu modernisieren, aber wer wusste das in der Welt? Smolka schlug Kreisky vor, vierteljährlich ein Magazin in englischer Sprache über das moderne Österreich zu publizieren und international zu verteilen. Kreisky gefiel die Idee und finanzierte *Austria Today*. Ende 1980, nach Smolkas Tod, zollte er in einem emotionalen Nachruf seinem alten Freund tiefen Respekt. »Seine menschliche Größe wurde uns allen klar, als diese schreckliche Krankheit ihre Klauen um ihn legte und nie wieder losließ. Die Art, wie er sie jeden Tag ignorierte und damit besiegte, war beispiellos und einfach überwältigend.«

Ich bin Peter Smolka Mitte der siebziger Jahre begegnet und

habe diesen Gentleman, der wie ein steinerner Gast im Rollstuhl saß, in lebhafter Erinnerung, die Energie, die er ausstrahlte, die Stimme, die tonlos aus seinem mächtigen Kopf drang. Wir unterhielten uns über seine Jahre in London, Lyons Teestuben, die Höflichkeit der Leute, was einem so einfällt, wenn von England die Rede ist. »Sogar die Bobbys haben Manieren«, sagte ich. »Kein Vergleich mit unserer Polizei. Jedes Mal, wenn mich eine Streife anhält und ich angebellt werde – Fahrzeugkontrollä! Führerschein und Fahrzeugpapierä! –, kriege ich eine Scheißangst.«

»Geh, Mäderl«, sagte er. »Stell sie dir in der Unterhose vor. Ich sage dir, sie sind so mies.«

Lizzy Friedmann tauchte nach Kriegsende in Ostberlin unter, heiratete erneut und kehrte erst spät nach Wien zurück. Edith Tudor-Hart, heute als eine der großen österreichischen Fotografinnen gefeiert, verbrachte lange, einsame Jahre. In ständiger Angst, verhaftet zu werden, verbrannte sie die Negative ihrer Fotos und fristete ein karges Leben, verlassen von ihrem Ehemann Alexander und ihrer großen Liebe Engelbert, dem Bruder des späteren Justizministers Christian Broda. Engelbert Broda war aus dem englischen Exil nach Wien zurückgekehrt und startete hier eine erfolgreiche Karriere als Physiker. Dass ihm in England Atomspionage nachgesagt wurde, tat seinen Aktivitäten in der Friedensbewegung keinen Abbruch. Weder er noch Lizzy oder Edith wurden je enttarnt.

Die Cambridge Five besetzten noch lange hohe Positionen im Secret Service, bis sie aufflogen, Kim Philby als Letzter. Er flüchtete 1963 aus Beirut nach Moskau, was in Großbritannien einen Schock auslöste. Dass er außerhalb seiner Heimat als Spion des Jahrhunderts gefeiert wurde, weckte die heftige Abneigung von John le Carré, selbst als Diplomat und Agent für MI6 tätig. »Wer sich nicht mit diesem Geschäft auskennt«, hielt er später in seinen Memoiren fest, »wird kaum begreifen, welches Ausmaß Philbys Verrat hatte. Allein in Osteuropa gerieten dutzende, wenn nicht hunderte von britischen Agenten in Gefangenschaft, wurden gefoltert und erschossen.« Noch im selben Jahr schrieb Le Carré »Der Spion, der aus der Kälte kam«, sein erster Welterfolg. Er quittierte den Dienst und verfasste aus seiner intimen Innensicht des Kalten Krieges einen Bestseller nach dem anderen. Er stellte die Frage, ob der Zweck die Mittel heiligt, und wandte sich zunehmend gegen die Methoden, zu denen der Westen im Kampf gegen den Kommunismus griff und damit seine Werte verriet.

Anfang September 1989, zwei Monate vor dem Fall der Berliner Mauer, gab Le Carré dem Schweizer Fernsehen ein denkwürdiges Interview. »Das Zerbröckeln der Sowjetunion ist nicht zu unserem Vorteil«, warnte er. »Einfach zu sagen, wir haben gewonnen, ihr habt verloren, zum Teufel mit euch, ist sehr gefährlich. Ich würde den Amerikanern sagen: Stark bleiben, und immer noch die Pistole in der Tasche halten, vorläufig. Die Amerikaner müssen eine Finger-weg-Politik machen. Nicht versuchen, Polen in unser Lager zu locken, und dafür sorgen, dass Gorbatschow die Möglichkeit hat, eine östliche Föderation der Staaten zu bilden.«

John le Carré verfolgte die Entwicklung in Putins Russland mit großer Unruhe. Er starb Ende 2020.

5

DIE KINDERJAUSE

Ja, Zuckererbsen für jedermann,
sobald die Schoten platzen.
Den Himmel überlassen wir
den Engeln und den Spatzen.
HEINRICH HEINE, DEUTSCHLAND.
EIN WINTERMÄRCHEN

Mitten in der Wiener City, nahe den Resten der alten Stadt-
mauer, befindet sich das Gymnasium Stubenbastei. Die Schule
schlug nach 1945 einen erstaunlichen Sonderweg ein. Sie bietet
seit dem Krieg als einzige Schule in Wien die Möglichkeit, acht
Jahre lang Russisch im Hauptfach zu erlernen. Für die kommunistischen Remigranten eine große Attraktion. Russisch lernen!
Der Sozialismus würde in naher Zukunft siegen und Russisch
eine Weltsprache werden. Und die Stubenbastei hatte einen guten Ruf. Sie bot die Möglichkeit, die Kinder aus dem eigenen und
einem bürgerlich-städtischen Milieu in der Schule zusammen-
zubringen. Die Russischklasse, jeweils eine pro Jahr, stand auch
den Mädchen offen. Über zehn Jahrgänge saßen also Kinder aus
sehr unterschiedlichen Familien in einer Klasse, darunter auch
solche mit NS-Vergangenheit.

Die Kinderjausner der Stubenbastei, viele noch in der Emigration geboren, andere in den ersten Nachkriegsjahren, empfanden sich durchaus als privilegiert, nicht nur, weil sie unter

sich waren und in manchen Klassen dominierten, sondern auch weil, wie die Dokumentarfilmerin Elizabeth Toni Spira sagte, »die Mädchen sich als groß, stark und mächtig« empfanden. Sie hatten eine starke Kohäsion untereinander. Wenn man gemeinsam bei den Sturmvögeln war, wie die Gruppen der Sechs- bis Zehnjährigen hießen, dann in der Jungen Garde und schließlich jahrelang in der Freien Österreichischen Jugend (FÖJ) oder im Forum der Mittelschüler, die einander ein- oder zweimal in der Woche trafen, entstanden oft lebenslange Bindungen. Bis 1969 haben an die hundertfünfzigtausend Jugendliche einen wesentlichen Abschnitt ihrer Sozialisation in der FÖJ erlebt, vor allem im Großraum Wien und in den Industrieregionen. Die wenigsten besuchten eine höhere Schule. Die meisten FÖJler absolvierten eine Lehre oder standen bereits im regulären Arbeitsprozess. Zwischen ihnen und den Kindern der Rückkehrer gab es außerhalb von Wien nur wenig Kommunikation. 1969 brach die FÖJ mit der KPÖ, es entstand die FÖJ/Bewegung für Sozialismus, die in den Gewerkschaften und in der grünen und linksalternativen Szene aktiv wurde.

Ein wesentlicher Kitt der Emigrantenkinder waren die gemeinsam bewohnten Viertel in den Wiener Russenbezirken. Der Maler Robert Lettner erinnerte sich an etwa dreißig Kinder im Heim Schüttelstraße in der Pratergegend. »Wenn wir als die vom Schüttel gekommen sind, haben alle dichtgemacht, weil wir a Goschen gehabt haben und über jeden drübergefahren sind. Da wurde keine Rücksicht genommen. So dieses Gefühl: Besser gebildet, auch sprachlich, und vom Weltbild her.« Der Kanon war: Wir sind nicht hier, um unser kleines, privates Glück zu leben. Wir haben einen Auftrag. Allen die Welt und jedem die Sonne. Karriere ist nicht wichtig, Geld ist nicht wichtig. Wichtig ist Lernen und Wissen.

Für Lettner war der Umzug seiner Eltern von Salzburg nach

Wien die Erlösung aus großer Bedrängnis. Salzburg, das war Enge, Isolation, die amerikanische Zone, der Kalte Krieg. Einer wie er, dessen Vater Parteisekretär war, fühlte sich gebrandmarkt. »Jeder hat's gewusst. Man hat uns gekannt und mit den Fingern auf uns gezeigt«, erzählte er. »In der Schule haben die ehemaligen Nazis unterrichtet. Da sind uns noch Soldatenlieder eingelernt worden. Ich hab in Salzburg einen Akt gehabt, wie meine Eltern. Sie sind als Feinde betrachtet worden. Als Menschen, die das Land verraten haben, weil sie in Frankreich im Widerstand gewesen sind. Es war mir nicht fremd, mich fremd zu fühlen. Wenn ich auf der Polizei war, wegen eines Passantrags zum Beispiel, hat sich der Beamte das Geburtszeugnis angeschaut. Aha. Geboren in Frankreich 1943. Na ja, was ist er? Entweder a Jud oder a Kommunist oder beides. Bevor ich in Wien gelebt hab, war immer das Gefühl da, wie schlag i mi durch? Es war überlebensnotwendig, in diese Stadt und in diese Gruppe zu kommen, wo dreißig Kinder aus demselben Milieu waren.«

Ein eigenes Netzwerk bildeten die Polizeikinder. Die Kommunisten in der Wiener Polizei hatten in der sowjetischen Besatzungszone einige hohe Offiziere, die alle aus der Haft oder der Westemigration zurückgekommen waren, und mit etwa dreitausend Mitgliedern eine eigene Kulturorganisation. Sie spendierten ihrem Nachwuchs spezielle Privilegien. Sehr beliebt waren die prunkvollen Weihnachtsfeiern der Roten Armee in der Wiener Hofburg. Die Sommerwochen in Senigallia an der italienischen Adria oder die Ferien in Gaden, mit täglichem Fahnengruß und zackiger Disziplin nach dem Vorbild der sowjetischen Pionierlager haben die Kinderjausner in weniger verklärter Erinnerung.

Populär waren die Skiwochen zu Weihnachten, die die FÖJ organisierte. Einmal ließ ich mich auf so ein Abenteuer ein. Meine mich sehr behütenden Eltern erlaubten es, nicht ohne mir knappe, aber eindeutige Mahnungen mit auf den Weg zu geben – du bist fünfzehn, no Sex please! Von Sex war keine Rede, es warteten andere Gefahren. Der Zug blieb stundenlang im Schneesturm stecken und brauchte einen Tag und eine halbe Nacht, um nach Wörschach ins Ennstal zu kommen. Am nächsten Morgen stiegen wir in das Tote Gebirge auf, zwischen hüfthohen Wächten, begleitet von einigen Bauernburschen, die vor uns die Spur zogen. Die Liezener Hütte gehört dem Alpenverein und liegt fast zweitausend Meter hoch. Wir zählten zwischen vierzehn und dreiundzwanzig Lenze. Die Hälfte der kühnen Alpinisten hatte vom Hochgebirge keine Ahnung, einige standen das erste Mal auf Brettln, nur drei oder vier waren erfahrene Tourengeher. Es war eine grobe Plackerei, mit dem Rucksack am Buckel und den ausgeborgten Seehundfellen auf den Skiern, die sich dauernd wellten und lösten. Ein engelhafter Bursche nahm mir den Rucksack ab und fixierte die Seehundfelle mit Leukoplast. Nach neun Stunden kamen wir an und warfen erschöpft die Anoraks und die nassen Goiserer ab.

Die mit grauen Schindeln verkleidete Hütte, die heute noch genauso aussieht wie damals, verfügte über zwei ungeheizte Matratzenlager, zwei separate Zimmer mit Tisch, Sitzecke und einem Herd, auf dem gekocht wurde, und zwei Klos. Irgendwo haben wir uns auch gewaschen. In den eiskalten Nächten wickelten wir uns zuerst in die Schlafsäcke und dann in die schweren Hüttendecken. Nach Weihnachten trafen einige baumlange Jungs vom Alpenverein ein. Sie hatten die andere Hälfte der Hütte gemietet und bekamen rasch heraus, wer wir waren. Die beiden Kapitäne einigten sich auf strikte Zonengrenzen. An den ersten Abenden lieferten wir uns wechselseitig Kampfgesänge, sonst blieb alles friedlich. Unsere Verpflegung bestand mehr oder weniger aus gekochtem Reis und gebratenem Leberkäs. Abends rochen wir durch die dünne Holzwand die Menüs der

Nachbarn, Schnitzel und Zwiebelrostbraten. Meine Skikünste beschränkten sich auf den kleinen Hang neben der Hütte. Nach dem Dreikönigstag fuhren wir durch den Hochwald ab. Ich verlor unterwegs den seidengesteppten Schlafsack, den mir die Eltern zu Weihnachten geschenkt hatten, und den Rucksack dazu, den ich unterwegs ablegte, um mir die Mütze hineinzustopfen. Hopp hopp, kullerte er den Steilhang zwischen den hohen Tannen hinunter und wurde nie wieder gesehen. Ich sah ihm fassungslos nach und heulte mich abends im Gasthof in den Schlaf. Was wird der Papa dazu sagen! Aber der wusste es bereits, als er mich am Westbahnhof abholte. Unser Gruppenführer hatte ihn angerufen, und Papa war froh, dass ich heil und gesund war.

Fünfunddreißig Jahre später wanderten wir im Sommer noch einmal hoch, »um Hellys Rucksack zu suchen«. Unterwegs wurde uns klar, welches Glück wir gehabt hatten. Das Terrain war akut lawinengefährdet. Es hätte uns alle erwischen können. Die Gruppe verbrachte ein heiteres Wochenende und holte mich aus einer tiefen Traurigkeit. Drei Wochen zuvor war mein Vater gestorben.

Für Jugendliche, die kaum Gelegenheit hatten, von zu Hause wegzukommen, war das Sommerlager am Keutschacher See der Höhepunkt des Jahres. Es lag auf einer Bergwiese, die slowenischen Bauern gehörte. Ich lernte hier Lehrlinge aus Wiener Betrieben kennen. Einer von ihnen, Josef, klug und schlaksig, mit dunkler Haut und schwarzgewellten Haaren, ein Besatzungskind, »Ami-Bimbo haben's mich in der Schule gerufen«, begleitete mich zum Schwimmen und abends ans Lagerfeuer. Nach dem Turnus schickte er mir einen Brief mit seinem Foto, lässig im Gras hingefläzt, vor den Viermannzelten aus alten tschechischen Militärbeständen. Auf der Rückseite eine Botschaft: »Hier entstand mein größter Wunsch – Dir gehören.« So was bekommt man nur mit siebzehn geschenkt. Ich schrieb ihm nie zurück, was ich heute bereue. Was wurde aus ihm? Ich habe ihn nicht wiedergesehen.

Zu den Highlights gehörten der See-Karneval und die Wahl der Miss Keutschach (nicht unumstritten). Und die jungen Leute aus dem Osten, darunter Peter Fischer, genannt Pefi, Maschinenbauingenieur aus Berlin. »Für mich war die Reise nach Keutschach die erste Gelegenheit, Menschen aus dem Westen kennenzulernen«, erzählt er. »Ich war damals dreiundzwanzig. Das jenseits der Mauer geschlossene Grundstück namens DDR war mit vielen ideologischen Überzeugungen verknüpft. Aber mit den Österreichern entwickelte sich eine herzliche Verbundenheit. Einige hatten meinen Stallgeruch und entpuppten sich als mir vertraute Typen. Und Kärnten, das war die große touristische Welt.«

»Na ja, Keutschach …«

»Für uns war es großartig. Diese Plakate von Piz Buin, mit den braungebrannten Damen im weißen Badeanzug.«

»Wo war eigentlich Evchen?«

»Die war schwanger mit unserem Ältesten und kam nicht mit.«

»Und was war noch?«

»Wir haben einen Ausflug an den Wörthersee und nach Klagenfurt gemacht und sind dort vom Bürgermeister empfangen worden. Zehn FDJler aus Berlin! Wir sind uns vorgekommen wie Staatsgäste! Vorher waren wir Blut spenden. Nach einigen Wochen kam ein Brief mit dem Blutspenderausweis und einer Ehrennadel. Auf dem Umschlag stand: An Herrn Ingenieur Peter Fischer. Mensch, Ingenieur!«

»Sie haben dir wahrscheinlich eine Freude machen wollen.«

»In der DDR hätte mich niemand mit diesem Titel angesprochen, das war völlig unbekannt. Und noch was. Wenn wir auf einer nicht asphaltierten Straße gegangen sind und ein Auto entgegenkam, ist es stehen geblieben, damit wir nicht in eine Staubwolke kommen. Das wäre in der DDR niemandem eingefallen. Angenehm auch die entspannte Atmosphäre. Keine Ansprachen, keine Vorträge, kein Fahnengruß, kein fixes Programm. Einfach Ferien. Wer wollte, fuhr auf Ausflüge mit, sonst gingen wir baden unten am See. Ganz andere Gespräche als daheim. Und wir spielten Volleyball.«

»Richtig. Ich kann mich an das Turnier gegen die Westdeutschen vom Campingplatz erinnern. Das habt ihr gewonnen.«

»Das größte Abenteuer war aber die Wanderung auf die Karawanken.«

Leuchtende Tage. Die Märchenwiese, eben wie ein Waschbrett, von hohen Fichten umschlossen, von Blumen übersät, an ihrem Ende die Bodentalhütte, die bis 1970 der FÖJ gehörte, dahinter die Rijautzaspitze. Das Hüttenbuch enthält über viele Sommer die Namen der Tourengeher auf das Ferlacher Horn und die Vertatscha. Die Ostler, die noch nie ein Gebirge zu Gesicht bekommen hatten, gingen tapfer mit. Unsere Bergführer nahmen einige Angsthasen ans Seil und schleppten sie hinauf. Oben angekommen, platzten sie beinahe vor Stolz.

»Ich habe immer noch einige Zweige von den Latschenkiefern in einer Schachtel«, erzählt Pefi. »Jahrzehntelang verströmten sie ihren Harzgeruch, wenn ich den Deckel öffnete. Wir waren über der Baumgrenze! So hoch war ich noch nie.«

»Ja, die Vertatscha ist über zweitausend Meter hoch.«

»Nur das Essen war mager. Wir waren ständig hungrig. Aber in der Hütte bekamen wir frisches Brot mit einer dicken Scheibe Speck. Nie wieder so guten Speck gegessen.«

Die FÖJ hatte auch zwei Freibäder gepachtet, eines am Neufelder See, das erst 2021 an den Fürst Esterházy zurückgegeben wurde, und eines an der Alten Donau, mit einem Holzhaus samt

Matratzenlager und jeden Sommer dicht bevölkert. Es wurde von zwei älteren Genossen geführt, Mamsch und Papsch genannt, die aufpassten, dass der Sittenverfall nicht zu heftig ausfiel. Das kleine Paradies musste 1965 zurückgegeben werden, weil der Pachtvertrag nach zwanzig Jahren ablief. Dummerweise hatte die FÖJ nicht damit gerechnet, dass die Sowjets irgendwann abziehen könnten. Die Stadt Wien ließ sich nicht erweichen. Fotos, die dokumentierten, wie voll es war, nützten nichts. Dieser Verlust, ein Wechselgeld des Kalten Krieges, tat wirklich weh. Das Anwesen wurde an einen Ruderverein verpachtet, der, glaube ich, noch heute drinsitzt.

Alle diese Terrains waren offen. Es entstanden Beziehungen, die für eine ansehnliche soziale Durchmischung sorgten. In den Sechzigern, als ich in die FÖJ kam, gab es in manchen Bezirken zwei bis drei Gruppen mit bis zu dreißig Jugendlichen, die sich wöchentlich trafen. Neben den obligaten politischen Schulungen wurde Tischtennis gespielt, im Ringerl, bei dem zwei Mannschaften um den Tisch rannten und sich harte Matches lieferten. Wir fuhren zum Pfingstlager, machten Ausflüge und Bergtouren und wurden in die Sowjetunion, nach Ungarn und in die DDR eingeladen. Es gab nur wenige Möglichkeiten für Jugendliche, sich zu treffen und für wenig Geld wochenlang zu zelten und zu reisen, und der zwanglose Umgang zwischen Burschen und Mädchen war eine große Attraktion. Freier Sex war noch nicht angesagt. War ein Kind unterwegs, musste geheiratet werden. Aber es gab keine Sittenwächter. Kontrollen in Zimmern und Zelten habe ich nicht erlebt.

Mitunter kam es zu gemeinsamen Aktionen mit den jungen Sozis, trotz der Versuche des Parteivorstandes der SPÖ, sie zu unterbinden. Seit den frühen sechziger Jahren führte die Wiener FÖJ einen zähen, oft mit Schlägereien verbundenen Kleinkrieg gegen die Neonazis, an dem sich auch Mitglieder der Sozialistischen Jugend (SJ) beteiligten. Der familiär weitergetragene Antifaschismus und die Traditionen des Roten Wien waren ein starkes Band. Am 1. Mai standen die SJler im Blauhemd am Ring und riefen mit erhobener Faust »Freundschaft, Genossen!«. Wir, ebenfalls im Blauhemd, hoben die Faust und riefen zurück: »Wir grüßen das Spalier! Freiheit, Genossen!« Nach der Abschlusskundgebung vor dem Parlament trafen wir uns auf dem Weg in den Prater, ein weiterer Fußmarsch, denn die Straßenbahnen fuhren erst am Nachmittag. Die Fahnen und Transparente, der Zug, der von Bezirk zu Bezirk länger wurde, das Singen der alten Lieder, das Buben-und-Mädel-Ereignis, der Prater mit Autodromfahren, dem Topferl-Ringelspiel und der Gaudi im Spiegelkabinett – der 1. Mai war ein Kontaktfeuerwerk.

Viele Freundschaften und einige Ehen sind damals entstanden. Die Ehen blieben fast alle auf der Strecke, aber für Freundschaften gelten andere Gesetze.

6

PICASSOS TAUBE

Humpty Dumpty sat on a wall,
Humpty Dumpty had a great fall,
All the King's horses and all the King's men
Couldn't put Humpty together again.

ENGLISCHER KINDERREIM

Zum Sonntagsfrühstück gab es daheim weichgekochte Eier, und wenn meines ausgelöffelt war, drehte ich die Schale um, zeichnete mit Buntstiften auf der einen Seite ein lachendes und auf der anderen ein wütendes Gesicht und sagte den Vers auf, den mir Mama über den zerbrechlichen Eiermann beigebracht hatte. Dann klopfte ich fest mit dem Löffel drauf, und da lag er, der Humpty Dumpty, zerbröselt im Eierbecher. Irgendwann war ich für den Spaß zu groß und begann mich für die Welt außerhalb der Kinderstube zu interessieren. Der Einstieg war der 1. Mai auf der Wiener Ringstraße. Ich ging an der Hand der Mama im Zug der Kommunisten mit, mit einem Fähnchen in der Hand, auf dem eine weiße Taube flatterte.

In meinem Arbeitszimmer hängt ein kleines Plakat von Pablo Picasso. Ich fand es in einem Antiquariat und erkannte es sofort. Sie schwebte auch bei uns an der Wand, diese auffliegende Taube über einem Regenbogen, und kündigte den vierten Weltfriedenskongress an, diesmal in Wien, im Dezember 1952. Noahs Taube kehrte mit einem Olivenzweig auf die Arche zurück. Dieses alte Friedenssymbol für die kommunistische Friedensbewegung zu kapern war ein genialer Einfall. »Picasso zeigte uns an die hundert Entwürfe für sein Plakat«, schrieb Ilja Ehrenburg in seinen Erinnerungen. »Er wusste, dass seinem Vogel der Weltflug bevorstand.«

Er begann 1950, als im Goldmosaiksaal des Rathauses von Stockholm ein Text von Ilja Ehrenburg verlesen wurde, in dem es hieß: »Wir fordern das absolute Verbot der Atomwaffe. Wir sind der Ansicht, dass die Regierung, die als erste die Atomwaffe gegen irgendein Land benutzt, ein Verbrechen gegen die Menschlichkeit begeht und als Kriegsverbrecher zu behandeln ist. Wir rufen alle Menschen der Welt, die guten Willens sind, auf, diesen Appell zu unterzeichnen.« Mit dem Stockholmer Appell startete der erfolgreichste politische Feldzug des Kommunismus. Er sprach die Angst der Menschen vor einem dritten Weltkrieg an. Millionen unterschrieben ihn. Die weiße Taube flog in meiner Kindheit bei jeder Kundgebung mit und thronte auf der riesigen Weltkugel, die am 1. Mai über die Ringstraße gezogen wurde. Sie flog allerdings nur gegen die amerikanische Bombe. Ich lernte ein neues Lied: »Go home, Ami, Ami, go home / Spalte für den Frieden dein Atom!« In Sydney Pollacks Film »The Way We Were« von 1973 verteilt Katie Morosky, jüdisch und kommunistisch, in der letzten Szene Flugblätter vor dem Central Park und ruft »Ban the bomb«. Meine Mutter schrieb mir nach Paris: »Wir haben uns am Wochenende den Film angesehen. Er hieß hier Cherie Bitter, hat uns sehr gefallen und an unsere Jugend erinnert.«

In der Bundesrepublik organisiert sich in den Kirchen, in den Gewerkschaften und in der SPD eine Massenbewegung gegen die Stationierung von Atomwaffen in Westeuropa und kämpft mit Mahnwachen und zivilem Ungehorsam gegen die Polizei. Dann trägt die amerikanische Neue Linke den Protest

Mama und ich am Frauentag, 8. März 1952

gegen den Vietnamkrieg in die Kasernen, ruft »Hell no! We won't go!«, organisiert die öffentliche Verbrennung von Einberufungsbefehlen und die Flucht von Deserteuren nach Kanada und Schweden. Das Antiwar Movement prägt durch seinen Zorn, seinen Sound und seinen Widerstand meine Generation, zehn Jahre lang, bis dieser schändliche Krieg endlich vorbei ist. John Lennon singt »Imagine«, die radikalste Utopie des Aufruhrs: Stellt euch vor, es gibt keine Länder, keine Religion, keinen Himmel und keine Hölle und nichts, wofür es zu sterben gilt. Stellt euch vor, alle Menschen leben im Frieden, und die Welt wird eins sein.

Anfang der Achtziger marschieren Millionen gegen die Aufstellung von neuen, mit Atomsprengköpfen bestückten Raketen vom Typ Pershing II in Westeuropa. Jahrelang baut die Zivilgesellschaft mit ihren Sitzblockaden und Menschenketten ein starkes Druckmittel auf. Sogar im neutralen Österreich strömen im Mai 1982 in Wien 70 000 junge Leute zusammen. Zweihundert

Initiativen haben wochenlang unter dem Motto »Den Atom-
krieg verhindern! Abrüsten!« mobilisiert. Am Abend ökume-
nisches Friedensgebet im Stephansdom. Ich gehe hin. Unerwar-
tetes Gedränge, Tausende im Dom. Die Pummerin läutet, ihr
langsames, feierliches Bumm … Bumm … bringt alles zum
Schwingen. Die Menge verstummt.

Hoch über dem Dom flattert Picassos Taube, aber vergebens.
Die geplanten Pershings und Marschflugkörper werden auf die
europäischen Nato-Staaten verteilt. Auch die Sowjetunion be-
harrt auf ihren SS20-Raketen. Erst Michail Gorbatschow ändert
den Kurs, schlägt die vollständige Abschaffung aller strategi-
schen Atomwaffen vor und unterzeichnet mit Präsident Reagan
den Vertrag zu ihrem weltweiten Abbau.

2692 Mittelstreckenraketen wurden verschrottet. Damit ist es
vorbei. Putins Angriffskrieg gegen die Ukraine setzt eine welt-
weite Aufrüstung in Gang.

Im April 1955 fliegt die Taube von Wien nach Moskau und
kommt mit dem Staatsvertrag zurück. Österreich wird innerhalb eines halben Jahres seine vier Besatzungsmächte los und
militärisch neutral. Der Staatsvertrag ist ein starkes Signal, ein
Glücksfall mitten im Säbelrasseln. Immerwährende Neutralität
nach Schweizer Vorbild heißt der Passus, der den Sowjets am
wichtigsten war, die Amerikaner beunruhigte und längst ein
Teil der österreichischen Identität ist. »Wir haben den Staatsvertrag nicht durch geschicktes Verhandeln bekommen und schon
gar nicht dadurch, dass wir unsere Trinkfestigkeit unter Beweis
gestellt haben«, erzählte Bruno Kreisky, damals als Staatssekretär in Moskau, »sondern weil eine objektive Situation entstanden ist, die uns günstig war, und die haben wir ausgenützt.«

Am 15. Mai 1955 warte ich mit dem Vater am Rand des dichten Spaliers vor der Einfahrt zum Schloss Belvedere, in der

Hand ein rot-weiß-rotes Fähnchen, um den alliierten Ministern und Botschaftern zuzuwinken. Die Kolonne von schwarzglänzenden Limousinen rollt vorbei. Im Schlosspark drängen sich tausende Menschen. Papa hat ein Büro in der Prinz-Eugen-Straße, wir gehen hinauf in ein großes Zimmer mit vielen Gästen. Die Fenster sind weit offen, es ist ein strahlender Tag. Undeutlich hören wir die wogende Menge im Park. Vom Schwarzenbergplatz ziehen Ströme von aufgekratzten Leuten herauf. Wir warten. Dann der gewaltige, langgezogene Aufschrei. Außenminister Leopold Figl ist auf den Balkon getreten und streckt den Menschen unten im Park den unterschriebenen Vertrag entgegen. Unten auf der Straße fallen sich wildfremde Leute um den Hals. Papa hat feuchte Augen. Jetzt beginnt eine neue Zeit, sagt er.

Seine Freude wurde in der KPÖ von nur wenigen geteilt. Moskau hatte seit Beginn des Kalten Krieges versucht, Österreich durch einen Sondervertrag aus einem Bündnis mit der Nato herauszuhalten. Brav trat die KPÖ für Staatsvertrag und Neutralität ein, obwohl niemand in der Führung glaubte, dass die Rote Armee je abziehen würde. Sie wurde vom Staatsvertrag komplett überrascht. In den sowjetisch verwalteten Betrieben, die in das Eigentum der Republik übergingen, aber auch in der Polizei flogen die Kommunisten reihenweise hinaus oder wurden degradiert, Miet- und Pachtverträge gekündigt.

Im Juni stehen Papa und ich auf dem Perron des Westbahnhofs, um die britischen Truppen zu verabschieden. Wieder Tränen, als die Soldaten in ihrer khaki Sommeruniform, knielange Hosen und schräges Käppi, ein letztes Mal ihre Liebste küssen, uns die Hände schütteln und Papa, der ihnen ein gefühlvolles *Farewell* entbietet, auf die Schulter klopfen, bevor sie sich in den Zug schwingen.

Die neue Zeit ließ sich gut an. Als Toni Sailer, der Blitz aus

Kitz, im Jänner 1956 am Lauberhorn und Hahnenkamm gewinnt, wird vor den Olympischen Spielen in Cortina d'Ampezzo der erste Fernsehapparat angeschafft. Der goldene Toni mit seinem Lederhelm und den weißen Schnüren, die seine Skihose unter den Knien zusammenhalten, begeistert die junge, noch zögerliche Nation. Ein ungewohnter Patriotismus erfasst unseren Vater, als es dem neuen Volksliebling die Beine auseinanderreißt und er trotzdem die holprige Abfahrt gewinnt. Die Österreicher sind die Stars in Cortina. Wir gewinnen viermal Gold, dreimal Silber und viermal Bronze.

Im Juli ist großes Familientreffen in London. Papa sieht nach siebzehn Jahren seine Schwester wieder. Als wir in Heathrow aus dem Flieger steigen und zum Flughafengebäude gehen, läuft er los und auf meine Tante Miriam zu, die am Eingang auf ihn wartet und sich in seine Arme wirft. Hinter ihr steht strahlend mein Onkel Schmuël. Tränen, Schluchzen und Lachen. »Siebzehn Jahr, Mädi! Siebzehn Jahr ...« Im August fahren wir zum ersten Mal nach Italien, mit den Füchsen, Herbert und Marina Fuchs und ihren Kindern Robert und Evi. Drei Monate später sehen wir im Fernsehen die zerschossenen Häuser von Budapest und den Flüchtlingstreck über die Grenze nach Österreich. Volksaufstand in Ungarn.

Ich komme mit einer seltsamen Aufgabe heim. »Die Frau Direktor war heute in der Klasse«, berichte ich. »Sie hat gesagt, in Budapest schießen die Russen die Häuser zusammen. So viele Tote und Flüchtlinge, und wir alle müssen helfen.« Die Mutter sagt nichts. Ich zögere. Zum ersten Mal nimmt mich die Politik in die Zwickmühle. »Die Frau Direktor ersucht alle Mütter, ein zehn mal zehn Zentimeter großes Quadrat zu stricken. Daraus wird dann eine Decke zusammengenäht, für die Flüchtlinge.« Die Mama kramt schweigend zwei Wollreste hervor, violett und rosa, schlägt die Maschen an, strickt das Ding, kettelt es ab und

gibt es mir. Dann sagt sie: »Hoffentlich gibt es keinen Krieg.«
»Und warum schießen die Russen?« »Die Ungarn schießen
auch«, sagt die Mama, »auf die eigenen Leute. Auf unsere Leute. Hängen sie an den Bäumen auf. Die Russen wollen keinen
Krieg. Sie haben genug vom Krieg. Sie wollen Frieden.«

Die Welt war wie der Humpty Dumpty im Eierbecher, mit
einem freundlichen und einem bösen Gesicht, je nachdem, wie
man ihn drehte. Frieden, das war die kommunistische Chiffre.
Die westliche hieß Freiheit. Die Amis und ihre Freunde sagten,
wir haben die Demokratie und die Freiheit. Wir sagten, sie werden die Welt anzünden. Sie sagten, ihr seid die Diktatur. Wir
sagten, ihr seid die Finsternis. Wir haben Picassos Taube und
ihr die Höllenbombe.

Der Gegenwind war heftig. Im kommunistischen Milieu begann sich die Angst zu verbreiten, dass Amerika die Sowjetunion in einen neuen Krieg treiben will. In dieser Paranoia gab es
keinen Raum für Zwischentöne. Als im Oktober 1962 der Atom-
krieg greifbar nahe war und unsere Klassenvorständin davon
sprach, dass »uns morgen die Bombe auf den Kopf fallen kann,
wenn die Russen nicht Vernunft annehmen«, war ich kein Kind
mehr. Die Sowjetunion hatte Atomraketen und 40 000 Mann in
Kuba stationiert, ein paar Seemeilen von Miami entfernt, als
Antwort auf die Aufstellung von US-Atomraketen in der Tür-
kei. Präsident Kennedy drohte mit einem Ultimatum. Bei einer
Veranstaltung der KPÖ im Wiener Hotel Wimberger war die
Angst greifbar zu spüren. Die Beschwörungen der Parteiführung, dass John F. Kennedy ein verdammter Kriegstreiber war
und Nikita Chruschtschow ein Friedensengel, versanken im
Schweigen der Jungen wie ein Stein im Wasserkrug. Wo konnte
die Bombe fallen, wenn nicht hier, im Herzen Europas? Im letzten Moment zog der sowjetische Premier sein Arsenal von der
Zuckerinsel zurück.

Wenig später streckten die Kinderjausner ihre Antennen nach vielen Richtungen aus. Inzwischen hatten sie Stanley Kubricks Film »Dr. Seltsam oder wie ich lernte, die Bombe zu lieben« gesehen und begriffen, dass sie von beiden Supermächten bedroht wurden. Sie saßen im Kaffeehaus und beredeten, eingehüllt in Schwaden von Zigarettenqualm, die neuen Propheten Marcuse, Horkheimer, Adorno, Antonio Gramsci und Leszek Kołakowski. Zum letzten Mal begeisterte sich eine junge Generation für den Marxismus. Alles schien möglich, Öffnung, freier Fluss der Debatten, Entspannung, Synergien zwischen den Systemen. Gilbert Bécaud sang »Nathalie«, ein zärtliches Liebeslied für eine Moskauer Studentin, die mit ihm über den Roten Platz geht und von der Oktoberrevolution erzählt. Als dieses Chanson 1965 die Hitparaden stürmte, verstanden wir es als Symbol des Tauwetters, ein neues Aufeinander-Zugehen.

Aber es taute nur kurz. Als Andrei Sinjawski und Julij Daniel, zwei russische Schriftsteller, Flugblätter gegen die staatliche Zensur verteilten, verschwanden sie im Gulag. Für so ein Delikt, erzählten die alten Genossen, wurden sie unter dem Austrofaschismus einige Wochen eingesperrt. Die Maidemonstrationen in Moskau änderten sich nicht. Eine geisterhafte Schar von alten Männern auf dem Dach des Lenin-Mausoleums. Tausende junge Männer in Uniform, ihre Stiefel knallen auf den Roten Platz. Hinter ihnen Atomraketen auf schweren Transportern. Ein kurzer Frühling in Prag, über den die sowjetischen Panzer im August 1968 hinwegrollen. Picassos Taube macht sich auf ins Nirgendwo.

In der Friedensbewegung der Achtziger war die Taube wieder da. Überall ließ sie sich nieder, auf Plattencovers, T-Shirts, Taschen, Tüchern, Grafittis, in der Kunst und auf vielen Fahnen. Aber die Sowjetunion wankte. Michail Gorbatschow versuchte, ihren Zerfall durch Glasnost und Perestroika zu retten. Den Ostblock, der nie ein Block war, sondern sieben sehr verschiedene Staaten, konnte er nicht retten, das wusste er. Im September 1989 warnte er Erich Honecker: »Wer zu spät kommt, den bestraft das Leben« (so hat er es nicht gesagt, aber so ähnlich). Leider kam auch Gorbi zu spät.

Kurz danach, am 9. November, als ich spätabends nach Hause komme, läutet das Telefon. »Servus Helly«, sagt Raimund Löw, damals ORF-Journalist. »Dreh bitte den Fernseher auf und sag mir, was du siehst.«

»Wieso, wo bist du?«

»In Bali. Wir haben hier nur Kurzwelle. Dreh auf! Sie tanzen auf der Mauer.«

»Was?« Ich schaltete ein und riss die Augen auf.

»Wahnsinn! Was ist passiert?«

»Die DDR hat die Grenzen aufgemacht. Die Mauer ist gefallen! Unglaublich, was? Wir dachten, das wird nie geschehen.«

Frühmorgens fuhr ich zum Flughafen und nahm den ersten Flieger nach Westberlin. In den Cafés am Kurfürstendamm saßen übernächtigte Ostberliner und tunkten Rosinenbrötchen in den Kaffee. Sie lachten, weinten, redeten durcheinander, schrien fast, konnten es noch immer nicht glauben. In der Nacht darauf stand ich am Pariser Platz, als die Mauer durchbrochen wurde und die ersten Trabis unter dem Jubel der Menge herüberfuhren. Ich hatte meinen Sony-Walkman und ein kleines Mikro dabei und machte Aufnahmen für meine erste Radioreportage. Drei Wochen später war friedliche Revolution in Prag, im Dezember ein grausamer Sturz der Diktatur in Rumänien. Die DDR fand sich in einem wiedervereinten Deutschland wieder. Die Sowjetunion musste Afghanistan verlassen und zerfiel. Der Kalte Krieg war vorbei. Für die russische Nomenklatura eine unverzeihliche Niederlage, ein Triumph des Westens ohne Blut,

Waffen und Krieg. Eine demütigende Implosion. Die Folgen haben wir lange übersehen. Adieu, ihr schönen Jahre.

Im Winter 2022 fliegt Picassos Taube wochenlang zwischen Washington, Berlin, Paris, Kiew und Moskau hin und her und stürzt am 24. Februar ab. Wladimir Putin setzt die Nachkriegsordnung außer Kraft und erklärt der Ukraine den Krieg. Die geopolitische Krise entfaltet sich innerhalb weniger Wochen. Der Westen reagiert völlig anders, als Putin erwartet hat, zeigt Einigkeit und antwortet mit Sanktionen, Geld, Waffen, moralischer und medialer Unterstützung. Und Aufklärung durch Satelliten. Die Ukrainer haben sich entschlossen, einen Volkskrieg gegen die russischen Invasoren zu führen. Ihre Moral und ihr Mut sind überwältigend. Putin droht mit taktischen Atomwaffen und überzieht die Zivilbevölkerung mit schweren Luftangriffen, um die ukrainische Infrastruktur zu zerstören.

Niemand weiß, was er plant. Er sieht sich als Erbe von Lenin und Stalin, träumt von einem Imperium zwischen Lissabon und Wladiwostok, einer Zerschlagung des Westens, der Freiheit, der Demokratie, der offenen Gesellschaft. Wenn er wirklich glaubt, was er in seinen Reden proklamiert, lebt er in einer Phantasiewelt. Europa lebt jetzt mit Krieg, einem Identitätskrieg, wie der Politologe Ivan Krastev sagt, und die Ukraine kämpft um ihr Überleben und ihr Recht, in Frieden und ihren Grenzen zu leben, nach ihrer eigenen, westlich geprägten Fasson. Millionen Menschen sind bereits in die EU geflüchtet, sieben weitere in die Westukraine. Die jungen, gut ausgebildeten Russen verlassen ihr Land. Es gibt hier für sie kein Bleiben und keine Zukunft. Und wir, die Nachgeborenen? Was an Verbundenheit aus Kindertagen übrig war, ist zerstört. Der Krieg wird dauern, keiner weiß, wie lange. Hunderttausende sind bereits tot, auf beiden Seiten. Diese Zeitenwende war in unserem Leben nicht vorgesehen. Aber Picassos Taube wird wiederkehren. Above us only sky.

7

TRANSIT. TUMULT

We are stardust, we are golden,
And we've got to get ourselves
back to the garden.

JONI MITCHELL, 1969 IN WOODSTOCK

Es war einmal ein monumentales Verlags- und Druckereihaus, der Globus, erbaut 1954 am Höchstädtplatz in Wien-Brigittenau. Im Gegensatz zum alten Vorwärts-Verlag an der Wienzeile, dem Hochamt der Sozialdemokratie (Parteivorstand, Verlag, Redaktionen und Druckerei in einem), war der Globus größenwahnsinnig und spiegelte das Wunschdenken der Kommunisten, irgendwann das Ruder zu übernehmen. Kaum eröffnet, zogen die Sowjets ab. Im siebenten Stock saßen das Zentralkomitee, das Politische Büro der Partei und die Chefredaktion der *Volksstimme*. Darunter Redaktionen, Verlagsbüros und das Archiv. Nach hinten erstreckte sich das Betriebsgebäude mit der Druckerei, hochmodern und der profitabelste Betrieb des Globus. In den späten neunziger Jahren verkaufte die KPÖ den »Gigant der Wahrheit« um einen Pappenstiel an die Stadt Wien. Heute entsteht dort ein neues Wohnquartier, unter teilweiser Nutzung des alten Gemäuers.

Unten im großen Festsaal, wo früher die Parteikonferenzen stattfanden, drehte der ORF, bevor der Globus verscherbelt wurde, die »Nette Leit Show«. Zeremonienmeister war der liebenswürdige Sadomasochist Hermes Phettberg, eine Ikone der Wiener Subkultur. Eröffnet wurde sie durch die Fanfaren aus »Also sprach Zarathustra«, die Bühne rot überstrahlt wie ein Puff, und beendet durch den Auftritt der Brüder Poulard, die als französelndes Duo im grauen Arbeitsmantel das immer gleiche Lied mit Textvariationen sangen: »Bon Soir! / Weißt du, wer Albert Einstein war / Ein kluger Mann mit weißem Haar / der sicher nicht dein Vater war / Salut, Pipi, wir nehmen Mantel und Tutu / und freu'n uns auf ein Déjà-vu …«

Die Talkshow war Kult und lebte vom Genius loci. Der Globus war ein mythischer Ort der verblichenen Weltrevolution und ihrer österreichischen Bannerträger, die weit weniger witzig gewesen waren als Phettberg und seine Gäste. Darunter Marcel Prawy, der dank seiner Beredsamkeit, seiner Leidenschaft für die Oper und seines Gedächtnisses ein Fernsehstar wurde und angetreten war, den Österreichern die Liebe zu Amerika einzuimpfen.

Geboren als Marcell Horace Frydmann Ritter von Prawy, war er in der Nazizeit als Privatsekretär des polnischen Tenors Jan Kiepura mit diesem nach Amerika geflüchtet. Später erklärte er Kiepura, jeden Einwand überhörend, zum größten Tenor aller Zeiten. Jedenfalls hatte Kiepura strahlend blaue Augen und den Vorzug, nicht jüdisch auszusehen. »Wie kommen Sie auf diesen kleinwüchsigen Kantor«, zischelte Prawy mit freundlichster Miene (er konnte das), als ich ihn über den Tenor Joseph Schmidt interviewte, der aus Czernowitz stammte und weder schön noch groß gewachsen war. »Sind Sie auch von dieser rumänischen Mafia?« Ich überhörte das.

Prawy war einer jener Juden, die zu Publikumslieblingen wurden, weil sie so taten, als wäre hier nichts vorgefallen. Seine amerikanische Staatsbürgerschaft hat er allerdings nie aufgegeben. Er wusste, warum. Als er »Porgy und Bess« in Wien inszenierte, war Feuer am Dach. »A Negeroper, des hamma braucht«, kommentierte ein Fahrgast in der Straßenbahn. »Da is wieda die richtige Bagasch z'sammkumman! Der Prawy! Auch durch'n Rost g'falln.«

Prawy holte trotz aller Widerstände das amerikanische Musiktheater nach Wien und pflegte in seinem Deutsch einen leichten New Yorker Akzent. Sein an einen chinesischen Buddha erinnerndes Lächeln war schwer auszuhalten, aber mir gefiel der kunstvolle Wortschwall, unterstützt vom flatternden Reden der Hände und Einlagen am Klavier mit Sprechgesang. Er konnte dem sperrigen Thema Oper eine Stunde lang erstklassige Unterhaltung abgewinnen, unterspickt mit Wissen und Klatsch und ohne einen einzigen Hänger. Dass er als ehemaliger Kulturoffizier der US-Army in diese tiefrote Baracke am Höchstädtplatz kam, nötigte mir Respekt ab. Er war damals bereits seine eigene Legende und absolvierte den Auftritt mit Witz und Eleganz. Sein Wortgefecht mit Phettberg riss das Publikum hin. Wie dieser ein großer Exzentriker, philosophierte er über die gemeinsame Manie, alles Papierene in Supermarktsäcken aufzubewahren. Prawys Musikarchiv lagerte in zweitausend Säcken vis-à-vis der Staatsoper in seinem Appartement im Hotel Sacher, auch Hotel Sackerl genannt. »Wo ist der geistige Sinn, die geistige Ordnung Ihrer Sackerln?«, fragte er Phettberg. »Ein Sackerl hat Ihr Lebensgefährte, Ihr Familienmitglied zu werden, jeden Tag mit etwas anderem gefüllt und beschrieben.« Ein großer Entertainer und Vollprofi. Ohne zwei Stunden Vorlauf in der Maske ging er vor keine Kamera.

Mit vierzehn war ich zum ersten und letzten Mal in diesem Saal gewesen, bei einer FÖJ-Landeskonferenz. Seither pflege ich eine Aversion gegen Konferenzen jeder Art. Das blockierte entschieden meine akademische Karriere. Während der Meetings meiner Studentenzeit schlief ich regelmäßig ein. Der Widerwille gegen langatmige Diskussionen von Grundsatzpapieren hielt mich ab, mehr als unbedingt notwendig mitzumachen. Flugblätter verteilen, ins Teach-in gehen, dabei sein, das war's. Ich schloss mich ohne großes Animo der VdS an, der reformkommunistischen Vereinigung demokratischer Studenten. Mir wurde noch das tiefe Misstrauen gegen die Sozialdemokraten eingeimpft. Das sind schlimmere Kommunistenfresser als die Schwarzen, sagte meine Mutter.

Andere waren mutiger. Eva Schmidt-Kreilisheim ging zum Verband Sozialistischer Studenten (VSSTÖ) und ist heute noch begeistert von dem frischen Wind, der dort wehte. Undogmatisch und gescheit, was die jungen Genossen (und sehr wenige Genossinnen) zu sagen hatten. »Ich kam aus einem liberalen, offenen Haus und war geistig nicht in die kommunistische Jugend eingebettet«, erzählt sie. »Bei uns war viel mehr von Kunst als von Politik die Rede. Ich suchte meine Leitfiguren woanders und fand sie bei den sozialistischen Studenten. Dort habe ich mein Ich entwickelt.« Eva war von dem Wandel fasziniert, der die jungen Intellektuellen in der SPÖ erfasst hatte. »Ich war in der Stubenbastei, Jahrgang 1945. Zwei Drittel der Klasse kamen aus einer kommunistischen Familie, das war natürlich großartig. Meine stärkste Prägung war aber, dass ich im Exil geboren wurde, in New York. Der Freundeskreis meiner Eltern war in der amerikanischen Emigration gewesen. Ich war und bin eben auch Amerikanerin und habe meine Herkunft immer als randständig wahrgenommen. Das Jüdische kam erst viel später dazu.«

Wie ein Sturm fegten die provokanten Inszenierungen der Wiener Aktionisten durch die beschauliche Kunstszene. Zunächst die Materialaktionen von Günter Brus und Hermann Nitsch in der Galerie nächst Sankt Stephan, die mich ratlos zurückließen. Im April 1967 wurde das Zock-Fest angekündigt, im Gasthaus Zum grünen Tor in Wien-Lerchenfeld. Der Architekturstudent Bertram Mayer, mit dem Bazillus der Pop-Art infiziert, überredete seine katholische Studentenverbindung Austria, als Veranstalter aufzutreten. Fünfhundert Gäste drängten sich in den geräumigen Saal. »Niemand wusste, worauf wir uns einließen«, erzählte Mayer, der den Abend protokollierte. »Zock hatte eine kräftige Sprache.«

Gerhard Rühm eröffnet den Abend. Der Maler Otto Mühl zertrümmert als Omo Super eine alte Küchenkredenz, assistiert von den vier Mühl-Hunden in weißer Unterwäsche samt Beinkleidern (in Wien Gattehosen genannt). Mühl steckt sich ein Hendl in die Hose, dessen Kopf beim Bund heraussieht. Bettfedern fliegen, Farbpulver stäubt über das Publikum, in dem sich zunehmend Unruhe ausbreitet. Es geht zu wie beim Preisboxen. Der Philosoph Oswald Wiener, mit verchromtem US-Stahlhelm auf dem Schädel, lässt sich eine Schüssel mit Semmelknödeln vom Ober servieren, liest aus seinem Text »zock an alle« und wirft nach jedem Absatz einen Knödel ins Publikum, das die Knödel zurückwirft. Die Stimmung beginnt sich aufzuladen. Pfiffe, Lachsalven. Die Mühl-Hunde robben auf allen vieren unter den Tischen im Saal herum. Timo Huber: »Wir heulten wie die Wölfe und zwickten die Damen in die Beine.« Der Galerist Kurt Kalb schlägt auf die Saaleinrichtung ein. Gekreische, zerbrochene Biergläser.

»Ich habe meinen Augen und Ohren nicht getraut«, erzählt Katja Rainer. »Ich erinnere mich an splitterndes Holz, an zerschlagene Sessel und dass Leute auf die Tische geklettert sind.« Hermann Nitsch wird nervös, dass ihm die Show gestohlen wird, seilt in aller Eile ein geschlachtetes Lamm von der Balustrade ab, leert einen Kübel roter Farbe darüber. Tumult im Saal. Der Künstler und Zock-Erfinder Peter Weibel kann sein Manifest nicht mehr verlesen. Eine Polizeistaffel mit Schäferhunden stürmt herein, wer sie verständigt hat, kommt nie heraus.

Die Mühl-Hunde Timo Huber, Bertram Mayer, Hermann Simböck und Michael Pühringer, die später als Architekturgruppe Zünd-Up eigene Wege gingen, schnappten sich das Nitsch-Lamm. Timo Huber erzählt, dass es eine Zweitverwertung fand.

»Wir haben das Lamm in die Wohnung von Bertram mitgenommen und in das Waschbecken gelegt. Am nächsten Tag fand die Zimmerwirtin Frau Holler, 75 Jahre alt, uns im Tiefschlaf sowie ein farbgesättigtes totes Lamm. Sie hat uns aufgeweckt, das Tier mit uns abgewaschen und gebraten, während wir den Wein besorgt haben. Dann haben wir drei Tage lang Lammbraten gegessen. Von Otto Mühl haben wir uns bald darauf verabschiedet. Seine autoritäre Art hat uns nicht gefallen.«

»Wovon habt ihr eigentlich sonst gelebt?«

»Von Ölsardinen mit einem Spiegelei, dazu ein Semmerl.«

Es gab keine öffentliche Erregung. Das Boulevardblatt *Express* veröffentlichte eine augenzwinkernde Reportage. Erst ein Jahr später setzten dieselben Akteure mit »Kunst und Revolution«, besser bekannt als Uni-Ferkelei, einen Knalleffekt, schockierend für ein braves Mädchen wie mich, und leider völlig humorbefreit. Der Journalist Michael Jeannée bringt ihn in die Öffentlichkeit und tritt einen bösartigen Skandal los. Brus, Mühl und Wiener werden verhaftet und in U-Haft genommen. Brus erhält sechs Monate strengen Arrest, verlässt vor Strafantritt Österreich und geht wie Wiener ins Exil nach Westberlin. Mühl kassiert vier Wochen Arrest. Nitsch geht nach München. Der Wiener Aktionismus zerbricht.

Zock war der Auftakt des Wendejahres 1967, als in Deutschland, Italien, Japan und in den USA die Studentenrevolte schon begonnen hatte. In Österreich blieb es ruhig. An den Universitäten regierten Professoren, die die Nazizeit überstanden hatten. Un-

Demonstration der Vereinigung demokratischer Studenten, Wien, 1. Mai 1968

ter ihren Studierenden rumorte es, aber nur hinter den Kaffee-
haustüren. Jeden Mittwoch versammelten sich in der Aula der
Universität Wien die Burschenschafter in vollem Wichs um den
Siegfriedskopf, ein antisemitisches Heldendenkmal. Im Herbst
öffneten sich die Türen. Vorneweg war die Kommune Wien. Ihr
Kern rekrutierte sich aus Kommunistenkindern zwischen siebzehn und vierundzwanzig. Aus der Bundesrepublik stieß Günter Maschke dazu, einer der Köpfe der deutschen Studentenbewegung, der auf der Flucht vor dem Wehrdienst war.

Gesprächsrunde nach fünfzig Jahren.

Georg Hoffmann-Ostenhof (GHO): »Wien war eine dunkle,
graue Stadt, die noch nicht renoviert war. Die Einschusslöcher
aus dem Vierunddreißigerjahr waren noch da!«

Eva Ribarits (ER): »Man hat von vorn bis hinten noch den

Faschismus gespürt, über den so eine Art Tuchent darübergestülpt wurde. Und es gab kaum eine Möglichkeit, frei zu atmen.«

GHO: »In der Beislszene gab es das Café Hawelka, einen Griechen, das Hellas, und ein versifftes Lokal namens Café Sport. Punkt. Wer aufgewacht ist, war im Hawelka. Da waren die Künstler, da ist Elias Canetti gesessen und die jungen Kommunisten, die gerade von der KPÖ abgefallen sind, da ist der Hundertwasser vorbeigekommen. Das war meine Heimat. Von 1964 bis 1968 hab ich dort faktisch gelebt. Wenig studiert, aber viel gelebt.«

Robert Schindel (RS): »Enttäuschte junge Kommunisten, Sozialdemokraten und sogenannte Spontis haben sich im Herbst 1967 an der Uni Wien zu einem *Love-in* zusammengerottet. Dabei wurde mit schwarzen Rosen geworfen und Psalmen aus der Bibel zitiert, um die klerikal-katholische Obrigkeit zu verwirren.«

GHO: »Ich bin im Café Hawelka gesessen, am selben Tisch wie Robert Schindel. Der kam gerade aus Berlin und hat gesagt: Dort ist soeben die Kommune 1 gegründet worden, und genau das muss man hier auch machen.«

RS: »Damit ist es losgegangen, und innerhalb kurzer Zeit, vom Herbst 67 bis Juni 68, bis zu der sogenannten Uni-Ferkelei, war die Hochblüte der Kommune Wien, in der sich der radikalste und intensivste Teil der wienerischen Studentenbewegung ausgedrückt hat.«

ER: »Die Kommune war eine lose Gruppe und hat nicht bedeutet, dass man tatsächlich zusammenlebt, sondern sich diesem Lebensgefühl verpflichtet fühlt. Das waren nicht mehr als dreißig bis fünfzig junge Menschen.«

Katja Rainer (KR): »Die Männer haben das große Wort geführt und die Frauen mit glänzenden Augen Dabeisein erlebt. Die Diskussionen hab ich nicht verstanden, aber ich bin mir nicht sicher, dass die anderen sie verstanden haben. An Robert Schindels Lippen zu hängen war schon identitätsstiftend.«

RS: »Wir waren eine politische Formation mit dem Schwerpunkt individuelle und sexuelle Befreiung, Emanzipation, auch der Frauen, von den gesellschaftlichen Zwängen. Kampf gegen das Establishment inklusive aller Parteien.«

KR: »Es gab ein abbruchreifes Haus im zweiten Bezirk, am Praterstern, pro Etage eine Wohnung. In der mittleren Wohnung hat ein Zigeunerkönig gewohnt, eine Roma-Familie, der zwei Frauen und sechzehn Kinder hatte. Die Wohnung darunter war eine Kommune. Wir haben ein Handbuch hergenommen, wie Kommunen zu sein haben, und Gesetze aufgestellt: Man darf nur zu seinen Eltern gehen, wenn wir das alle beschließen. Man darf kein eigenes Zimmer haben, man muss immer rotieren, man darf nicht im selben Bett schlafen wie in der Nacht zuvor.«

ER: »Ich kann mich an einen Arbeitskreis über Sexualität erinnern, wo wir, etwas krampfig, auch über die eigene Masturbation gesprochen haben, und welche Phantasien man hat. Unsinnig, sich so etwas in Arbeitskreisen zu nähern. Es war halt Programm.«

KR: »Sehr wichtig war für mich die Sexualität. Ich bin schon in die Pillenepoche hineingeraten. Was bisher nur die Männer konnten, konnten jetzt auch die Frauen. Das ist nicht mit Glück zu verwechseln, nicht einmal mit sexueller Erfüllung. Aber es hat sich doch sehr neu angefühlt. Dass man nicht zweimal mit demselben Sexualpartner schlafen darf, haben wir aber nicht geschafft.«

ER: »Und je mehr man sich der Sexualität und der Liebe hingibt, und auch der Beweglichkeit, desto mehr treten die Dramen in Erscheinung. Eifersuchtsdramen und Liebesdramen. Keiner hat's gern. Aber es geht nicht ohne. Oder betrügen lassen – nein,

Georg Hoffmann-Ostenhof und ich, Frühling 1977

über das will ich gar nicht reden. Man lässt sich betrügen, und man betrügt selbst, das ist immer schmerzhaft.«

RS: »Am Firmament tobte der Vietnamkrieg und die Franco-Diktatur. Wir haben uns als frische, junge Revolutionäre gefühlt, jung und frisch waren wir ja auch.«

Wenn sich in meiner Veteranenschaukel, dem Restaurant Amarcord am Naschmarkt, die früheren Genossen treffen, um zu essen, zu trinken, zu reden und ein bisserl zu streiten, herrscht heiterstes Einverständnis über den Eifer, mit dem sie einmal die Welt verändern wollten. Zum Glück ist ihnen das nicht gelungen. Natürlich ging es vor allem um ein freieres Leben. Um neue Politik, neue Kunst, den Rock und die Weltrevolution.

Ich studierte ab dem Herbst 1968 vieles gleichzeitig und wandte mich im linken Meinungsstreit dem Trotzkismus zu. Im Herbst 1972 gründeten Raimund Löw, Georg Hoffmann-Ostenhof, Hermann Dworczak, John Bunzl und ich die Gruppe Revolutionärer Marxisten, die stolz als österreichische Sektion der IV. Internationale auftrat. Als ich ein Jahr später nach Paris ging, erlebte ich die Realität einer radikalen Linken, die unter Präsident Pompidou verboten war und sich argwöhnisch bekämpfte. Politik war ein hartes Geschäft und die Angst vor Spitzeln groß. Ich schlief auf der Couch von Simon Baruch, ein Freund und investigativer Journalist der Wochenzeitung *Rouge*. Simon war selten daheim. Ich blieb mir selbst überlassen und lernte, was das ist, die Fremde. Paris war ein zäher Boden. Die Borniertheit der Eingeborenen war unglaublich. Autriche? Ist das nicht die Walachei? *C'est la merde la bas, n'est-ce pas?* Ich hatte einen charmanten Freund, José Esteban, der sich nach seiner französischen Liebe namens Lydia sehnte, die ihn gegen einen vietnamesischen Genossen getauscht hatte und der mich manchmal am Sonntag in seine katalanische Community mitnahm, wo die Frauen in der Küche standen, während die Männer einen Pastis nach dem anderen kippten und Lieder aus dem Spanischen Bürgerkrieg anstimmten, »Ay Carmela«.

Jeden Tag ging ich in die Sorbonne, um mein Französisch zu verbessern, und nachher ins Kino, am Samstag in den Louvre, dessen riesige Säle wie leergefegt waren, kämpfte mit der Einsamkeit und schrieb lange Briefe nach Hause. Mein besorgter Papa besuchte mich im Winter, und zum ersten und letzten Mal hatte ich ihn für mich allein. Er war zartfühlend und verständnisvoll. Ich erzählte von meinen Tagen und Nächten, zeigte ihm die touristischen Highlights, wir gingen ins Kino und in die Buchhandlung der französischen Trotzkisten, wo wir zwei *copins* trafen, denen ich mitteilte, »c'est mon Papá«. Sie beäugten ihn neugierig und fragten ohne Umschweife: »Where have you been during the war«, und als er anwortete: »In the British Army«, schüttelten sie erfreut seine Hand, weil ihre Väter in der Résistance gewesen waren. In einer Kneipe an der place de la Bastille quetschten ihn die beiden Jungs über seine Armeezeit aus. Papa gefiel das unerwartete Programm. Nachher fuhren wir mit der Metro ins pompöse Café de la Paix, wo es die besten Steaks der Stadt gab. Es war einfach wunderbar. »Such dir ein anderes Quartier«, riet er mir zum Abschied. Ich zog zu Catherine Bloch-Michel, einer Soziologin, die mir ein Zimmer vermietete und mich an ihrem Freundeskreis teilhaben ließ, und alles wurde gut.

Im Herbst 1974 war ich zurück in Wien und schloss mich einer Wohngemeinschaft an. Die Burggasse im siebenten Bezirk quert ein altes Industrieviertel, das früher Brillantengrund hieß, weil die Fabrikanten reich wurden und sich die großen Wohnungen leisten konnten, die hundert Jahre später kaum zu vermieten waren. Noch war der Trend zum Gründerzeitdomizil nicht ausgebrochen. Die Leute zogen lieber in moderne Wohnungen am Stadtrand und stellten sie mit ebenso hässlichem Mobiliar voll. Unsere 350 Quadratmeter mit Aufzug, zwei Eingängen, zwei Klos, einem Badezimmer und einer Küche war um siebentausend Schilling (500 Euro) für Miete, Heizung, Strom und Wasser pro Monat zu haben, Telefon extra. Das entsprach einem durchschnittlichen Nettoeinkommen. Der Hausherr war froh, die riesige Wohnung an sauber gewaschene junge Leute loszuwerden: Alfred, Traudl, Micky, Gogo, ich und Felix, der zwei Zimmer mit seiner Versandbuchhandlung teilte, und diverse Gäste. Die großzügigen Zimmer wurden mit selbstgebauten Bücherregalen und Kastenbetten aus Sperrholzbrettern vom Bastelmax vis-à-vis eingerichtet. Einige edle Kleinmöbel requirierten wir in einem sehr bourgeoisen Dachboden nahe der Universität. Gegen Abend kamen Freunde aus anderen WGs vorbei. Ich erinnere mich an eine Irlandfete, bei der fünfzehn Leute auf Alfreds Bett saßen, guten Whiskey tranken (aus Papas Fundus abgezweigt), Lieder vom Aufstand 1916 hörten, die IRA hochleben ließen und den Refrain ihrer Hymne mitsangen: »Come out ye Black and Tans / Come out and fight me like a man / Show your wife how you won medals down in Flanders / Tell her how the IRA / Made you run like hell away / From the green and lovely lanes of Killashandra.«

Wie fast überall haperte es mit dem Küchendienst und der Hygiene. Wenn die Burschen den Abwasch übernahmen, stapelte sich das dreckige Geschirr so lange, bis kein Glas und kein Teller mehr sauber war. Leider respektierten gelegentliche Übernachtbesuche nicht die privaten Handtücher im Bad. Als ein allgemeines Kratzen einsetzte, weil es zwischen den Fingern, in den Schenkelbeugen und anderswo entsetzlich juckte, fuhr ich nach Lainz zu meinem Hausarzt Doktor Graf. Er warf einen kurzen Blick auf meine Hände und sagte: »Krätze. Wie viele seid ihr? Sieben bis zehn? Handtücher, Bettwäsche, Unterwäsche,

Mit meiner Freundin Vivian Goldschmidt, Winter 1975

Hemden und Hosen einsammeln und sofort auskochen. Geh in die Apotheke und besorge für jeden eine Flasche Jakutin und einen Kübel Schmierseife.« Er schrieb eine Handlungsanweisung. »Zweimal täglich von den Ohren bis zu den Zehen mit Jakutin einschmieren. Nicht waschen! Nach fünf Tagen die Schmierseife auftragen und am Körper trocknen lassen. Dann heiß und ausgiebig duschen. Kein Sex! Und alle, die in letzter Zeit bei euch genächtigt haben, verständigen. Krätze gehört zu den Seuchen. Die Biester verbreiten sich schnell.« »Biester?« »Milben.«

Politisch engagierte ich mich im Chilekomitee. Seit mehr als einem Jahr herrschte in Chile die Militärjunta des Generals Augusto Pinochet, der das Linksbündnis von Salvador Allende brutal zerschlagen und tausende Morde auf seinem nicht vorhandenen Gewissen hatte. Wir trafen uns in der Wohnung meiner Freundin Vivian Goldschmidt mitten im proletarischen Ottakring, um eine Kampagne vorzubereiten. Die Meetings zogen sich bis tief in die Nacht. Einmal tauchte eine alte Nachbarin auf und brachte uns warmen Apfelstrudel, weil »ihr Kinder seid's ja so fleißig, bis zwei Uhr früh seh ich bei euch Licht«. Manchmal übernachtete ich in Vivians Kabinett oder in ihrem großmütterlichen Ehebett. Wir erzählten uns vergangene und derzeitige Liebesgeschichten, hörten Radio und pinkelten in die Badewanne, wenn das Gangklosett zugefroren war. Flugblattverteilen vor einer Fabrik um sechs Uhr früh, das Mantra der Siebziger-Linken, verweigerte ich nach einem ersten Versuch. Es war mir peinlich, die in wollene Tücher eingewickelten Arbeiterinnen vor ihrer Schicht über die Notwendigkeit des Widerstands gegen den zwölftausend Kilometer entfernten Diktator Pinochet aufzuklären. Eine ältere Frau nahm das Flugblatt, steckte es in ihre Tasche und sah mich belustigt an. »Wenn ihr mit uns fertig seid's«, sagte sie, »geht's ihr zum Bäcker um frische Semmeln, dann heim frühstücken und wieder ins warme Bett, net wahr?« Sie hatte recht, und ich schämte mich. Dennoch. Dieser bitterkalte Winter, der strahlende Frühling und der heiße Sommer von 1975 mit Freunden in Portugal, wo sich die europäische Linke ein Jahr nach der »Nelkenrevolution« in Lissabon traf, und nachher in Spanien, wo wir uns in Madrid und Barcelona bei José Esteban einquartierten und erlebten, wie das ganze Land voll Angst und Hoffnung auf die Agonie des Regimes von Diktator Francisco Franco schaute – die letzte Auszeit vor einem langen Arbeitsleben.

Inzwischen waren viele Kinderjausner beim Maoismus und seinem Ableger, dem Kommunistischen Bund (KB), abgetaucht und grüßten mich nicht mehr. Sie hatten sich glücklich aus dem knöchernen Überrest der Partei ihrer Eltern befreit und gingen nun zu den Erben des Stalinismus. Warum bloß? »Ich habe ein schönes Bild gehabt von der Revolution«, sagt Katja Rainer. »Fa-

natismus ist faszinierend. Er entgrenzt, man ist mehr, als man
ist. Pleasure can go with any feeling.« Ich stichle: »Die Wärme
der Inquisitionsfeuer.« Wir lachen. »Eines Tages hatte ich das
Gefühl, was tu ich hier?«, sagt Katja.

Im Wiener Messepalast endete eine Festveranstaltung zu
dreißig Jahre Israel in einem Skandal. Unbemerkt mischten sich
etwa ein Dutzend Maoisten unter die tausend Festgäste. Als der
israelische Botschafter auf die Bühne kam, wurden Eier und Pa-
radeiser geschmissen und Transparente gegen das »imperialis-
tische Israel« entfaltet. Geschrei, Empörung, Tumult. Robert
Schindel, der bei der Aktion eingeplant war, ging weg und trat
aus dem KB aus. »Es war eine perfide Situation. Ich bin dort zu
Sinnen gekommen. Wir waren Kinder einer autoritären Ideologie, und die hing mir und den anderen nach. Nicht einfach, sich
frei zu machen.«

Was ist geblieben? »Ich bin sicher noch links und weiterhin
keine Freundin des kapitalistischen Systems. Aber eine Anti-
kommunistin, und ich weiß auch, warum«, sagt Eva Ribarits.
»Natürlich bin ich ein bisschen so wie die Katholiken, die aus
der Kirche ausgetreten sind. Es fehlt mir immer noch die Gelassenheit im Umgang mit dem Thema. In meiner Maoistenzeit
war Politik das Zentrum meines Lebens. Das hat geheißen,
Schulungen organisieren, Artikel schreiben, Zeitungen verkaufen, Reden schwingen. Als Kommunist, das bekam ich schon als
Kind mit, gehört man zur Avantgarde. Und die Avantarde war
eben jetzt in China. Eine große Rolle hat dabei die Kulturrevolution gespielt. Wir verstanden sie als Jugendrevolte, das machte
ihre Anziehungskraft aus. Ähnlich wie die Bhagwan-Bewegung,
die sich über die ganze westliche Welt verbreitet hat.«

»Warum habt ihr, soeben dem Kommunismus der Eltern
entronnen, euch dieser totalitären Ideologie unterworfen?«

»Der Maoismus kam aus China. Er versprach Neues, das war

Gustav Freudmann, Robert Fitzthum, François Naëtar, Wilhelm Missauer
(v.l.n.r.), Kommunistischer Bund, Zelle Großfeldsiedlung. 1975

aufregend und voller Energie. Es endete in totaler, selbstaufer-
legter Gehirnwäsche. Es bleibt die stärkste narzisstische Kränkung, dass ich fünf Jahre dabei war. Darüber bin ich immer
noch nicht hinweg.«

Die Politrockgruppe Schmetterlinge arbeitete damals an einem anspruchsvollen Projekt über die Klassenkämpfe seit dem
16. Jahrhundert. Ich erinnere mich an ein nicht enden wollendes
Meeting, bei dem ich meinen Senf dazugeben durfte. Irgendwann erhob sich das Bandmitglied Willi Resetarits mit einem
Seufzer und verschwand. Das Werk umfasste schließlich einen
kurzen Lehrgang der Geschichte von unten, streng nach Marx
und Lenin, szenisch und musikalisch schwungvoll umgesetzt.
Die »Proletenpassion« eroberte im Sturm das linke Publikum.
Die Band tourte damit viele Jahre durch die österreichischen
und deutschen Städte. »Wenn wir in der Bundesrepublik mit

dem Lied der Partei anfingen, entstand Tumult im Saal«, erzählte Resetarits. »Im Publikum saßen Leute, die gerade eine Partei gespalten oder aufgelöst hatten oder dabei waren, eine neue zu gründen. Wir unterbrachen, bis wieder Ruhe einkehrte, und fingen von vorn an, immer wieder, bis zur nächsten Aufregung, unverdrossen.«

Es ist schwierig, heute den Jungen zu erklären, was die Bilder vom Vietnamkrieg mit unserer Generation gemacht haben. Wie sehr dieser Krieg uns radikalisiert hat. Die USA weiteten den Krieg aus. Um den Ho-Chi-Minh-Pfad, eine Nachschublinie, die von Nordvietnam nach Süden in das Mekong-Delta führte, zu zerstören, bombardierte die größte Militärnation der Welt jahrelang zwei Bauernländer, die versucht hatten, neutral zu bleiben, Kambodscha und Laos. Üppige Reisfelder verwandelten sich in Wüsteneien. Unerträgliche Bilder flackerten über den Fernsehschirm. Die Zivilbevölkerung wurde mit Napalm in lebende Fackeln verwandelt. Als sich herausstellte, dass es nicht gelang, die Transporte zu stoppen, ging die U.S. Air Force dazu über, ganze Regionen mit dem hochgiftigen Entlaubungsmittel Agent Orange zu besprühen. Noch heute werden Kinder geboren, die schwere genetische Schäden aufweisen.

Im Februar 2008, fünfzig Jahre nach der Tet-Offensive, als die Amerikaner in den News mitbekamen, wie ihr Land diesen Krieg verlor, fuhren mein Mann Gerhard Scheubmayr und ich nach Indochina. Als wir den Mekong hinunter mit dem Fast Boat nach Phnom Penh fuhren und einige Tage später mit dem Slow Boat nach Süden, immer entlang des undurchdringlichen Dschungels und durch die ineinander verschlungenen Kanäle seines Deltas, konnten wir nicht nachvollziehen, wie das Pentagon jemals geglaubt hatte, diesen Krieg gewinnen zu können. In Vietnam trafen wir auf hunderte junge Amerikaner, die mit ihren Rucksäcken durch das Land zogen, in die Schächte des Ho-Chi-Minh-Pfades hinunterstiegen, schweigend im Kriegsmuseum von Saigon von einem Bild zum anderen gingen, fotografierten, filmten, Notizen machten und sich mit der Vergangenheit ihrer Väter konfrontierten.

Ich hatte die letzten Zuckungen des Indochinakriegs im Sommer 1974 erlebt, diesseits und jenseits des Mekong. Als ich in Bangkok ankam, war der Flughafen voll mit GIs, die ihren Sold in Spielhöllen und Bordellen abliefern wollten. Ich sah sie nie allein, als fürchteten sie einen Hinterhalt, und dachte an meinen Cousin Kenny Laufer, der als Nervenbündel aus Vietnam zurückgekehrt war. Zwei Jahre verbrachte er im Hubschrauber. »Er will nie wieder in ein Flugzeug steigen«, erzählte seine Mutter Sofie, Papas Cousine. »Er will überhaupt nicht mehr weg aus New York.«

Das Haus des Deutschen Entwicklungsdienstes DED, der einem Hamburger Freund und mir Logis bot, stand am Rand eines lebhaften Viertels. Einfache Holzhäuser, zwischendurch wand sich ein schmaler Pfad. Nirgendwo lag Gerümpel herum. An einer riesigen Baustelle standen runde Blechverschläge, in denen die Frauen nach Arbeitsende verschwanden und geduscht, schön frisiert und in bunte Sarongs gekleidet nach Hause gingen, ihr Arbeitszeug zusammengerollt unter dem Arm. Wir ließen uns in einem Teehaus nieder, der Chef brachte uns heiße, dampfende Tücher für Gesicht und Hände, bevor er Tee und Reisbällchen servierte. Europa lag zwanzig Stunden hinter mir und versank so schnell wie die Sonne.

Eric kannte Thailand gut, er hatte bereits mehrere Einsätze für den DED absolviert. Drei Tage Zeit, um uns in der Stadt herumzutreiben und die Kanäle entlangzufahren, wo junge Buben auf die schmale Leiste der Bootswand sprangen, sich mit den Füßen wie eine Eidechse anklammerten, mit einer Hand festhielten und mit der anderen einen Imbiss anboten. Im Wat Pho besuchten wir den Goldenen Buddha, auf dessen Fußsohlen seine hundertacht geistigen Zustände aus Perlmutt eingearbeitet sind. Zwischen den Mönchen, die durch den Tempelbezirk wandelten, huschten Männer, die im Vorbeigehen den Touristen etwas zuflüsterten. »Sie machen Angebote«, sagte Eric. »Haschisch, Opium, Mädchen. Hier, an diesem heiligen Ort. Die Amerikaner machen alles kaputt.«

Am nächsten Morgen nahmen wir den Bus nach Norden. Er zuckelte zwischen Rikschas, Mopeds und bejahrten Autos dahin und blieb zu Mittag an Buden mit flachgedrückten, gebratenen Enten und Bündeln von getrockneten Glasnudeln stehen. Die Straßenküchen bestanden aus einem Gasrechaud, darauf ein Topf mit heißer Suppe und ein zweiter mit siedendem Wasser. Essnapf und Löffel wurden mit einer Bambuszange angefasst und nahmen vor dem Servieren ein heißes Wasserbad. Alles sehr sauber. Der Fahrer, ein junger Laote, lehnte am Bus und wartete geduldig auf seine Passagiere, die im Teehaus einen Lunch einnahmen oder die Toiletten aufsuchten. Er hustete und spuckte verstohlen in ein Taschentuch. »Ich habe es auf der Lunge«, sagte er, lächelte entschuldigend und sah fatalistisch seinem frühen Ende entgegen.

Schwarze Wolken am Tropenhimmel. Wir verließen den Bus in Lampang, umgeben von einem Gebirge, auf dessen Gipfel kleine Tempel standen. Der Rikschamann eilte entlang des Flusses zu einem idyllisch gelegenen Haus. Das Dach stieg spitz empor und war mit grünen Kacheln belegt, im Garten blühten Bougainvillea. Hier lebte ein Bekannter von Eric, der uns unter der überdachten Veranda erwartete. Eine junge Frau erschien mit einem Tablett, darauf Schalen, eine Teekanne und ein Teller mit kunstvoll geschnittenen Früchten. Sie hatte leuchtend grüne, etwas schräge Augen. »Meine Tochter«, sagte der Hausherr.

»Sie wird euch die Gästezimmer zeigen.« Ohne Vorwarnung rauschte ein dichter Regen herunter, fünf Minuten später stiegen rosa Nebel auf. Aus den Regenwäldern waren flötende Lockrufe zu hören. Dort wohnten die Berggeister.

Das chinesische Viertel summte vor Emsigkeit. Ein süßlicher Faden durchzog die Nachtluft. Rund um Lampang erstreckten sich weite Felder mit Mohn. In den unreifen Kapseln verbargen sich Träume, die geduldet wurden, wenn die Leute nicht öffentlich ihre Pfeife anzündeten. Im ersten Stock eines Restaurants bestellten wir unser Essen. Als ich Hände waschen ging, wies man mir eine schmale Treppe. Neben der Toilette ein schwerer Brokatvorhang. Ich stand unentschlossen davor, dann schob ich mich hinein. Ein langgestreckter Raum mit niedrigen Tischen, auf denen kleine Lämpchen standen. Zwischen Paravents breite Bambusbetten, auf denen die Kunden sich ihren Träumen hingaben. Es war still, niemand sprach. Zwei junge Frauen erwärmten Kügelchen an den Lampen, füllten sie in langstielige Pfeifen und bedienten die Gäste. Der Rauchsalon. Eine Opiumhöhle für Wohlhabende. Von unten drang leise das Klicken des Abakus, der chinesischen Rechenmaschine.

»Seit China den Opiumanbau verboten hat«, erzählte unser Gastgeber am nächsten Morgen, »ist er hierher ausgewichen. Der Mohn wächst gut in den Hügeln, und die Anbaugebiete sind schwer zu kontrollieren. Jeder kann sich seinen Stoff besorgen. Illegal natürlich, aber die CIA unterstützt das. Opium ist eine Waffe gegen die Kommunisten. Damit wird viel Geld verdient, das die Königstreuen in Laos gut brauchen können.«

Die Grünäugige meldete einen Besuch. In der Tür stand ein junger Thai und flüsterte mit ihr. »Aha«, sagte Eric, »unser Chauffeur. Er wird uns an den Mekong bringen.« Unsere Reise war gut vorbereitet, um die Details kümmerte ich mich nicht. Wir erledigten eine humanitäre Mission, die nicht ungefährlich war. Beide hatten wir aus Europa eine Box mit Antibiotika, Infektionsmitteln, Schmerztabletten und Chinin mitgebracht, Eric hütete außerdem eine Schachtel mit Spritzen und Anästhesiephiolen, die ihm der DED anvertraut hatte. Wenn wir an die falschen Leute gerieten, konnte es ungemütlich werden. Laos war ein schwer bombardiertes Land, jede Hilfe war willkommen, aber es herrschte immer noch Krieg. Das Visum hatte ich in Wien besorgt und die Medikamente von unserem Familienarzt geschnorrt, dem ich das Versprechen abnahm, meinem Vater nichts davon zu erzählen.

Die Fahrt in einem alten Jeep in das Grenzgebiet von Burma, Laos und Thailand führte über kleine Nebenstraßen. Bauern mit hochgeschürzten Hosen und Schweißtüchern über dem Kopf öffneten und schlossen die Kanäle der Reisfelder. Ihre smaragdenen Wellen breiteten sich über sanfte Täler und Hügel aus. Der Fahrer schob eine Musikkassette in den Recorder. Carlos Santana spielte »Samba Pa Ti«, hier, mitten im Goldenen Dreieck. Rock, Latin und Jazz begannen, die Kontinente zusammenzunähen, fern der Metropolen und der Kriege, die Indochina seit Jahrzehnten verwüsteten.

Am Mekong, lehmig braun, träge dahinfließend, warteten wir ein Weilchen auf unseren Fährmann. Er brachte uns hinüber nach Ban Houayxai, dem Grenzort. Die beiden Zollbeamten, ein Royalist in blauer Uniform und ein Pathet Lao im schwarzen Dress ohne Abzeichen, warfen einen Blick auf unsere Visa, um sie abzustempeln, und keinen in unser Gepäck. Der Waffenstillstand zwischen dem wankenden Königreich Laos und den kommunistischen Pathet Lao war fragil. Was Lenin einst als Doppelherrschaft bezeichnet hatte, begegnete uns überall. Kein Amt, kein Checkpoint und keine Polizeistreife, die nicht doppelt besetzt waren. Auch im Jeep, der uns in das Siedlungsgebiet der Schwarzen Karen brachte, saßen hinter uns zwei bewaffnete Sicherheitsleute, der eine blau gekleidet, der andere schwarz. Wir waren im königstreuen Gebiet, wo die Zonengrenze lag, war unklar. Vom Chief wurden wir bereits dringend erwartet, seine Frau hatte einen Malariaanfall und hohes Fieber. Er inspizierte zufrieden die Medikamente und ließ ein kleines Fest richten. Sein Volk war in Laos durch den Krieg in den Dschungel gedrängt worden. Wir bekamen als Begrüßungsdrink ein Glas Cola, vermischt mit Dosenmilch. Das war eines der kulinarischen Rätsel unseres Trips, es begegnete uns noch öfter. Wir kosteten vorsichtig, der Chief lachte und sagte, »c'est okidoki«. Er hatte einen Dolmetscher dabei, der vorzüglich Französisch sprach, und wollte sich mit uns unterhalten. Aber da er hartnäckig fragte, was wir über die Kommunisten dachten, verlief das Gespräch im Sand. Schließlich überließ ich Eric das diplomatische Pingpong und wurde im Frauenhaus in das Baderitual Südostasiens eingewiesen: ein Paravent aus Bambus, dahinter ein Hocker, Seife, ein Kübel kaltes und eine Kanne heißes Wasser und ein Plastikgeschirr, in dem beides gemischt und über den Körper gegossen wird. Seither habe ich jedes verdreckte Badezimmer mit dieser Methode bezwungen.

Zwei Tage später quartierten wir uns in Ban Houayxai bei einem Amerikaner ein, der ein Waisenhaus eröffnet hatte. William war einer der Piloten gewesen, die in einem nie erklärten Krieg der CIA zehn Jahre lang Laos mit Bomben übersät und eine Million Menschen umgebracht hatten, ein Drittel der damaligen Bevölkerung. Er setzte uns in seinen Jeep, zeigte uns einige Dörfer entlang des Mekong, von denen nur die Brandwunden im Wald übrig geblieben waren, und erzählte, was für verrückte Hunde, *mad dogs*, er und die anderen Piloten gewesen waren. Er hatte sich aus Vietnam abwerben lassen, um ein aufregenderes Kriegerleben zu führen, und weil er den inneren Widerstand in der Truppe nicht aushielt. »Die wollten alle nur nach Hause«, sagte er. »Der Krieg war ihnen egal, oder noch schlimmer, zuwider.« Das Leben ohne Uniform und jenseits der Haager Kriegskonvention gefiel ihm besser. Seine Chance, von den Pathet Lao abgeschossen zu werden, war hoch, der tägliche Adrenalinschub auch. »Wir brauchten kein Dope«, sagte er, »uns genügten die Einsätze.« Jetzt war er ein gläubiger Christ geworden, tat Buße und wollte der Zivilbevölkerung helfen, so lange die Kommunisten ihn ließen. Er brachte uns zu den Frauen am Fluss, für die er hölzerne Webstühle gekauft hatte. Sie zeigten mir lächelnd ihre Stoffe und gaben mir für die Dollars, die ich mithatte, wunderschöne Schals und Seiden, einiges trage ich noch immer.

Andere Piloten waren ziemlich durchgeknallt. Zwei von ihnen hatten sich am Mekong ein Holzhaus bauen lassen und verbrachten ihre Tage mit dem Drehen und Rauchen von Joints. Während sie einen rauchten, drehten sie in der Hosentasche den nächsten. »Wir haben genügend Dollars«, erklärten sie, »um für die nächsten zwanzig Jahre die Lady zu bezahlen, die jeden Tag herkommt und unseren Reis mit Gemüse kocht.« Zwei andere wollten sich mit dem Fahrrad bis nach Vientiane durchschlagen, quer über die Berge und durch den Dschungel, mit nichts bewaffnet als einem Messer. Einige rasierten sich den Kopf, traten in einen buddhistischen Orden ein und zogen mit den Mönchen um fünf Uhr früh durch die Straßen, in der Hand die Bettelschale. Erstaunlich, wie viele Leute warteten, um sich vor ihnen zu verneigen und die Schalen mit Obst, Gemüse und Reis zu füllen. Ein würdevolles Ritual im Morgennebel, in völliger Stille.

Keiner der Amerikaner wollte je wieder in die Staaten zurück. Sie wussten, dass die Kommunisten das Land übernehmen würden, aber das schien sie nicht zu kümmern. Als wir uns mit unseren Rädern in Richtung Regenwald wagten, kamen einige schwarzgekleidete Herren heraus und ersuchten uns in höflichem Französisch, wieder umzudrehen.

Ein Franzose, der seit langem in Laos lebte und aussah wie der Zwillingsbruder von Ernest Hemingway, flog eine der beiden verbliebenen Maschinen der Royal Air Laos zwischen Ban Houayxai und Luang Prabang hin und her. Alle anderen waren bereits abgeschossen worden. Es machte ihm Spaß, uns ein bisschen Angst einzujagen, als er beiläufig erzählte, dass er knapp unter den tiefliegenden Wolken fliegen müsse, auf Sicht und ohne Radar. Der Landweg über die Berge war unpassierbar, in ihm verbarg sich eine Guerilla, die gegen die Kommunisten kämpfte, und der Wasserweg über den Mekong auch, wegen der Flusspiraten. Seine alte DC-3 brauste über die holprige Piste und hob knapp vor dem Mekong ab. Die Kabine war voll mit gleichmütigen Laoten, die ihre Kinder, Hühnerkäfige und kleinen Hunde bei sich hatten, also regten wir uns auch nicht auf. Die zwei Stewardessen hatten nichts anderes zu tun, als in ihren stilvollen Seidengewändern hinten zu sitzen und die Reste der königlichen Fluggesellschaft zu repräsentieren.

In Luang Prabang übergaben wir die Box mit den Narkotika einer Krankenstation, besichtigten die alte Königsstadt und bezogen ein etwas heruntergekommenes Kolonialhotel, in dem wunderbar gekocht wurde, Laofood French Style. In der Bar trafen wir auf *la belle aux yeux verts*, die schöne Grünäugige, im grün-goldenen Futteralkleid und in Gesellschaft eines in schwarze Seide gekleideten Herrn. Sie fixierte uns ohne Interesse und sah dann woandershin. In wessen Auftrag waren wir eigentlich unterwegs?

Zurück in Thailand, fuhren wir nach Chiang Mai, damals eine kleine, ruhige Stadt, und checkten in einem Resort namens Je t'aime Guesthouse ein. Es lag am Pingfluss, der die Stadt von Norden nach Süden durchmisst. In einem Garten mit Kokospalmen und Mangobäumen standen acht oder zehn Teakhäuser auf Stelzen und ein Bungalow, in dem gefrühstückt wurde. Jedes Haus beherbergte zwei Zimmer mit Matratzen am Boden, darauf Leintücher und Wolldecken, darüber das Moskitonetz. Zwischen den Zimmern die Toilette und ein Badezimmer. Vorne die Veranda. Wir zahlten umgerechnet jeder dreißig österreichische Schilling oder vier Deutschmark pro Tag, Frühstück inbegriffen.

Das Anwesen gehörte einem Künstler, der eine Schar von jungen Trampern um sich versammelte. Die Gäste waren interessant und weitgereist. Eines Abends trafen wir uns nach dem Dinner auf der Veranda eines amerikanischen Paares. Mit großen Augen sah ich zu, wie der Ami einen Joint baute, ihn anzündete, tief inhalierte und dann herumgehen ließ. Ich war ein absolutes Greenhorn, aber kneifen galt nicht. Ich ließ eine Runde aus, um mitzubekommen, wie es ging, dann zog ich kurz und mutig an und wurde sofort high. Für den Rest des Abends saß ich neben mir, schaute mir zu, wie ich den Gesprächen zu folgen versuchte, die heiter und völlig unsinnig waren, und verbrachte die Nacht, eingewickelt in eine Decke, versunken in die Milchstraße, bis im blaugrauen Zwielicht die Hähne krähten.

Ein Jahr später drangen furchtbare Nachrichten aus Kambodscha in den Westen. Die Amerikaner hatten das Land fluchtartig verlassen, nachdem sie es fünf Jahre zuvor in ein Schlachtfeld verwandelt hatten. In dieser Zeit hatten sich die maoistischen Roten Khmer zu einer kampfstarken Guerilla entwickelt, die nach ihrem Sieg den Massenmord an der eigenen Bevölkerung startete. Er endete vier Jahre und zwei Millionen Tote später. Die Menschen wurden durch Hunger und Sklavenarbeit umgebracht oder mit Gewehrläufen erschlagen, ihre Kinder an Baumstämmen zerschmettert. Es ging gegen die Gebildeten, die

Städte, die ethnischen Minderheiten. Pol Pot setzte seine grausame Vision einer neuen Gesellschaft um, die aus dem Blut und der Asche der alten entstehen sollte. Als ich in einem Teach-in den Ökonomen Ernest Mandel, führendes Mitglied der trotzkistischen Internationale, dazu befragte, überging er das. Nachher ging ich nach vorne und sprach ihn noch einmal an. »Was willst du«, antwortete er, »das ist eine Bauernrevolte. Dort war jahrelang Krieg. Außerdem sind die Nachrichten unzuverlässig.« Er bagatellisierte den Genozid, weil er nicht in das glorreiche Bild der Revolution in Indochina passte. Die Maoisten gingen noch viel weiter. Sie verteidigten wortreich das Pol-Pot-Regime. Auch die UNO hielt daran fest, die Roten Khmer saßen noch jahrelang in der Generalversammlung.

Schließlich beendete Hanoi die Schlächterei durch eine militärische Intervention und installierte eine provietnamesische Regierung. Als der Film »The Killing Fields« 1984 in die Kinos kam, hielten ihn noch immer viele Linke für eine große Lüge. »Wenn wir lange genug beschwindelt worden sind«, schrieb der Astrophysiker Carl Sagan, »neigen wir dazu, jeden Beweis des Schwindels abzulehnen. Wir sind nicht mehr daran interessiert, die Wahrheit herauszufinden. Der Schwindel hat uns gefangen genommen. Es ist einfach zu schmerzlich, zuzugeben, dass man uns hereingelegt hat. Wenn man einem Scharlatan einmal Macht über sich gegeben hat, bekommt man sie fast nie wieder zurück.«

Ich verabschiedete mich von der organisierten Linken und gehörte nur mehr zur Groucho-Marx-Fraktion. In meinem dreißigsten Jahr war der Frühling vorbei. Mein Sommer dauerte sehr lang. Manchmal träume ich, dass er noch nicht zu Ende gegangen ist.

8

DER ARCHIPEL DER KINDER

Die Kinder des Kriegs sind keine Kinder.
Sie haben das Alter der Steine,
des Eisens und des Bluts.

CHARLES AZNAVOUR

Im Sommer 1939 wird Ernst Papanek auf die Präfektur von Versailles gerufen, um eine Beschwerde der deutschen Botschaft entgegenzunehmen. Papanek, österreichischer Sozialist, Pädagoge, Jude, leitet ein Kinderheim in Montmorency nördlich von Paris. Die Deutschen protestieren, dass unter den Kindern nicht wenige aus dem Deutschen Reich und *sans papiers* sind, staatenlos und damit Illegale. Papanek und der Polizeipräfekt wissen beide, dass die Botschaft recht hat. Sie führen ein ernstes Gespräch, ohne Anzeichen eines gegenseitigen Einverständnisses.

Papanek zeigt angemessene Bestürzung. »Um wie viele Kinder geht es, Monsieur le Préfet? Wenn Sie es wünschen, kann ich Ihnen die Daten bis morgen zur Verfügung stellen.«

»Ja, schicken Sie mir die Zahlen«, sagt der Präfekt. »Und ich werde auch eine genaue Namensliste brauchen.«

Dann steht er von seinem Schreibtisch auf und schüttelt Papanek die Hand zum Zeichen, dass das Gespräch zu Ende ist. Er weiß, dass er weder Namen noch Zahlen bekommen wird, nicht am nächsten Tag und nicht in der nächsten Woche, einfach niemals. Beide können sich nicht vorstellen, dass Frankreich die Kinder den Nazis jemals ausliefern wird. Der Präfekt diktiert ein Memorandum, legt es in eine Mappe und hofft, sie nie wieder öffnen zu müssen.

Frankreich ist die Fluchtburg Europas. Eine Viertelmillion spanische Republikaner, zehntausende Italiener, an die 120 000 geflüchtete Juden, dazu noch die Russen, die nach der Oktoberrevolution gekommen sind. Fast alle staatenlos. Die Polizei hat anderes zu tun, als sich um die Anliegen der Deutschen zu kümmern.

Papanek und seine Ehefrau Lene haben das heiß begehrte Affidavit für sich und die beiden Söhne in der Tasche. Da erreicht ihn ein Anruf der OSE, einem jüdischen Kinderhilfswerk. Sie bietet ihm an, in Montmorency, nördlich von Paris, ein Heim für deutsche und österreichische Flüchtlingskinder zu eröffnen. Lene bricht in Tränen aus. Sie will so schnell wie möglich weg aus Europa. Aber noch ist Frieden. Papanek unterschreibt für sechs Monate. Dann ändern die Novemberpogrome alle Pläne. Die OSE beginnt, jüdische Kinder herauszuholen. Die OSE schnorrt ziemlich viel Geld von einer Handvoll reicher jüdischer Franzosen und mietet eine Reihe von Schlössern. Nicht wenige Aristokraten sind froh, ihre alten Kästen loszuwerden. Papanek wirbt einen großen Stab an und baut ein Netz von Kinderheimen auf.

Im Frühjahr 1940 überrennt die Wehrmacht Westeuropa und löst ein Chaos aus. Als Papanek am 4. Juni das Radio aufdreht, hört er Churchill sagen »We shall never surrender«, und weiß, dass Frankreich verloren ist. Er muss seine hundertfünfzig Kinder aus Montmorency sofort in den Süden bringen, in die unbesetzte Zone, unter den Bomben der Luftwaffe, über die von Flüchtlingen blockierten Straßen. Papanek fährt mit seiner Familie und einigen Mitarbeitern los, um ein Schloss bei Limoges aufzusuchen, das Château de Montintin, das angeblich leersteht.

Die Züge fahren bei Tag und Nacht, von Menschen bedeckt, die sich auf den Dächern der Waggons festklammern. In jedem Tunnel ersticken einige am Rauch, anderen wird, wenn sie den Kopf heben, der Schädel gespalten. Was später ironisch die Tour de France 1940 genannt wird, ist ein Alptraum und ein Narrenhaus zugleich. Jeder, der sie überlebt, erzählt noch Jahre später haarsträubende Geschichten darüber.

Die Reisegesellschaft trifft schließlich in Limoges ein und findet frühmorgens in Montintin den Hausherrn des sagenhaften Châteaus. Papanek redet nicht lange herum und bietet ihm an, sein Schloss um vierzigtausend Francs zu mieten, eine verrückt hohe Summe, in bar und auf die Hand. Der Graf, ein magerer Mann in einem alten Bademantel und mit einer Schlafmütze auf dem Kopf, überlegt kurz. Jüdische Kinder! Er zieht ein Gesicht, als hätte er was Schlechtes gerochen. Aber das Geld ist echt, also schlägt er ein.

Kurz darauf kommen die Kinder an. Gleichzeitig erhält Papanek zwei Anrufe, den ersten vom lokalen Polizeichef, der ihn warnt, dass gegen ihn ein Haftbefehl der Gestapo vorliegt. Ob das stimmt oder nicht – Papanek organisiert sofort eine neue Heimleitung und fährt mit seiner Familie ab. Es ist der 10. Juni, Hitler ist auf dem Weg nach Paris. Die Kinder von einem Tag auf den anderen zu verlassen! Der Verdacht, seine eigene Sicherheit über die der Kinder gestellt zu haben, verfolgt Papanek bis ans Ende seines Lebens. Als er New York erreicht, versucht er sofort, die Kinder nachzuholen.

Die Kollaborationsregierung unter Marschall Pétain etabliert ihren Sitz in Vichy, im Herzen Frankreichs, mitten im Zentralmassiv. Zugleich beginnt sie mit der Judenzählung. Fast alle lassen sich registrieren, schon aus Angst vor den harten Strafen im Fall einer Weigerung. Damit besiegeln sie ihr Schicksal.

330 000 Juden leben in Frankreich, je zur Hälfte im Norden und Süden. Zwei Drittel sind französische Staatsbürger, sehen sich als unangreifbar und schlagen alle Warnungen in den Wind. Die Ausländer haben entweder keinen oder einen abgelaufenen Pass. Darunter auch mein Onkel Willi Byk, der mit seinem Vater Karl acht französische Internierungslager überlebt hat. Als ich ihn vierzig Jahre später in Jerusalem aufsuche, führt er mit seiner französischen Frau ein kleines Schreibwarengeschäft. Der Krieg hüllt ihn ein wie eine schwarze Wolke. Er erzählt mir vom Sommer 1942, in dem sein Bruder Louis deportiert wurde und kurz darauf seine Mutter Netti, Jeanette Byk, die Schwester meiner Großmutter Adele.

Am Morgen des 16. Juli sehen die Pariser lange Reihen von Autobussen durch ihre Viertel fahren. Auf den Gehsteigen stehen Polizisten mit schussbereiten Waffen. Die Busse sind gesteckt voll, Männer, Frauen, Kinder. An die 20 000 ausländische Juden werden verhaftet, 13 000 im Wintervelodrom zusammengepfercht, einer Radsporthalle unweit des Eiffelturms. Unter dem Glasdach ist es unerträglich heiß. Die Toiletten sind verstopft. Es gibt nur zwei Hydranten, um die sich die Menschen prügeln. Ihr Gemütszustand ist furchtbar. Hysterisches Heulen und Schreien, Selbstmordversuche. Kurz darauf sind dreißig Menschen tot.

Vichy war eine Marionette, die einen regelrechten Übereifer an den Tag legte, um möglichst viele Juden ohne klaren Status an die neuen Herren auszuliefern. Die SS schob in den nächsten zwei Jahren 76 000 Juden in die Züge nach Auschwitz, davon 11 400 Kinder. Drei-, vier-, fünf-, achtjährige Kinder, deren Fotos die beiden Journalisten Beate und Serge Klarsfeld gefunden haben, leuchtende Gesichter, denen man nicht ansieht, dass sie vielleicht schon jahrelang ein Leben in Ungewissheit verbracht haben. Die meisten kamen aus den Vierteln, in denen ich selbst ein Jahr gelebt habe. Manchmal ging ich die Rue de Belleville und die Rue Saint-Maur auf und ab und sah die stummen Wände hoch. Wo sind die französischen Polizisten, die die Kinder ihren Müttern entrissen und den Deutschen zutrieben?

Das ging nicht glatt vor sich. Die Flics folgten den Orders oft nur widerwillig, vor allem in der unbesetzten Zone. Sie kontrollierten mit einer gewissen Nachlässigkeit die Privathäuser, denn man war hier in Frankreich, *n'est-ce pas*, und was gehen uns die Deutschen an? Ihre Loyalität schwankte zwischen Anpassung, Kollaboration und Ablehnung der *Boches*, die Frankreich eine demütigende Niederlage zugefügt hatten. Herzbrechende Geschichten machen die Runde. Trauben von Menschen zusammenzutreiben und dann wie Vieh abzutransportieren! Das war unerhört. Nicht, dass die Franzosen die Juden besonders liebten. Doch als sie hörten, dass in den Internierungslagern Mütter mit Gewehrkolben von ihren kleinen Kindern getrennt und ganze Familien in das Deportationslager Drancy verschleppt wurden, legten sie sich quer. An die zehntausend Juden werden von Schankwirten und Hoteliers aufgenommen, bevor sie sich in den Süden durchschlagen. Viele lassen ihre Kinder bei Nachbarn zurück, die dann von einem Helfernetzwerk in Dörfern und Klöstern versteckt werden.

Der Philosoph André Glucksmann, geboren 1937 in Paris und damit nach dem *ius soli* Franzose, von seinen österreichischen Eltern Joseph genannt und Jojo gerufen, hielt sich bereits mit fünf Jahren an die Regeln der Tarnung unter dem Kriegsrecht. Sein Vater Ruben, ein Komintern-Agent, hatte in London gelebt und konnte seine Familie nicht mehr herüberholen. 1940 internierten ihn die Briten und verfrachteten ihn mit 1200 weiteren *enemy aliens*, feindlichen Ausländern, auf die *Arandora*

Star, um ihn nach Kanada zu deportieren. Dort kam er nicht an. Das Schiff wurde vor der irischen Küste von einem deutschen Torpedo getroffen. Ruben war unter den achthundert Toten.

Martha Glucksmann flüchtete mit ihren drei Kindern in die unbesetzte Zone, tauchte bei Lyon unter und ging in die Résistance. Das war gefährlich, aber auch ein Überlebensmodell, nicht nur für Kommunisten. Sie schmuggelte Waffen und versah für die Partisanen Kurierdienste. Jojo war drei, als er ein Leben unter falschem Namen begann. Er lernte, zwischen Deutsch und Französisch hin- und herzuspringen, in der Öffentlichkeit den kleinen Franzosen zu spielen, katholische Gebete herzusagen und das ständige Wechseln der Unterkunft als normal hinzunehmen.

1942 wurde er mit Martha und seiner Schwester Miriam im Lager Bourg-Lastic interniert. Von dort rollten die Züge nach Drancy und danach in den Osten, wohin, wusste Martha nicht, aber es konnte nur das Schlimmste bedeuten. Sie begann, die Internierten mit lauter Stimme zu warnen. Bevor eine Panik ausbrach, beschloss die Lagerverwaltung, das schwarze Schaf mitsamt Nachwuchs von der Herde zu trennen. »Sie hätten uns beseitigen können«, erzählte Jojo. »Stattdessen zogen sie es vor, meiner Staatsangehörigkeit, die sie bisher ignoriert hatten, mehr Aufmerksamkeit zu schenken, und sie diente ihnen als Alibi für unsere Freilassung.«

Ein Jahr später besetzten die Deutschen auch den Süden. Um das Kind herum verschwanden immer mehr Leute. Es verstand, dass träumerische Unachtsamkeit lebensgefährlich war, wenn unweit des Unterschlupfs der Gestapo-Chef Klaus Barbie die Juden jagte und auch die Kleinsten nicht ausließ. Als es brenzlig wurde, brachte ihn Martha im katholischen Waisenhaus Croix-Fleurie unter. Der kleine Joseph Rivière, so hieß er nun, mutierte zu einem Chorknaben, der fleißig ministrierte und seine Umwelt mit zahlreichen Kreuzzeichen und Ave-Marias zu beeindrucken suchte. Weder der Pfarrer noch die Nonnen ließen sich über seine Herkunft täuschen. Martha ging auf Nummer sicher und steckte ihren Sohn in ein Spital. Auch dort spielte er seine Rolle als Kranker tadellos, und das Personal spielte mit.

Der hohe Klerus machte der Vichy-Regierung klar, dass er bereit war, direkt gegen die weltlichen Autoritäten vorzugehen. Damit bewahrte er fast alle Juden mit französischer Staatsbürgerschaft vor der Deportation. Die Amitiés Chretiennes, eine Vereinigung von Katholiken und Protestanten, die OSE, die Quäker in Marseille, die Armée Juive, eine zionistische Widerstandsgruppe und die Zivilgesellschaft retteten zehntausende Flüchtlinge. Familien, Klöster, Pfadfinder, Waisenhäuser und Internate nahmen die *enfants cachés*, die versteckten Kinder auf.

Überleben war ein Vabanquespiel. Man brauchte Zufall und Glück, Kaltblütigkeit und im richtigen Moment Chuzpe. Zufall, den Häschern nicht in die Hände zu fallen. Glück, dass die Polizei im richtigen Moment wegschaute. Kaltblütigkeit, die falsche Identität aufrechtzuerhalten, egal, was passierte. Chuzpe, sich nicht beirren zu lassen, wenn etwas Unvorhergesehenes geschah. Kinder lernen rasch, ein Leben im Untergrund zu führen. Glucksmann hatte eine Mutter, die geübt war in Konspiration und eiserne Nerven hatte. Aber genauso gut hätte es schiefgehen können.

Da Martha ihr Haus immer wieder für eine Weile verlassen musste, engagierte sie ein Kindermädchen, eine Genossin aus Wien. Sie hieß Ida Margulies und hatte selbst einen dreijährigen Sohn, der in einem Versteck lebte.

Jean Margulies, Schani gerufen, 1939 in Brüssel geboren, ist ein halbes Jahr alt, als der Blitzkrieg beginnt. Sein Vater Moritz bricht sofort mit Familie und Freunden nach Frankreich auf, zu

Fuß. Unter dem Beschuss der Stukas tragen alle abwechselnd den Buben, springen in den Straßengraben, werfen sich über das Kind und retten sich schließlich in einen Viehwaggon. Er ist vollbesetzt, aber die Leute fragen nicht viel, das heulende Kind erregt Mitgefühl. Nach tagelanger Fahrt klettern sie in Toulouse aus dem Zug. Moritz wird festgenommen und interniert. Ida kommt in ein Frauenlager, aus dem sie bald entlassen wird, weil ihr Sohn ein großer Schreier ist.

Zwei Jahre lang behält sie das Kind bei sich in Marseille und schlägt sich als Kellnerin durch. Moritz wird im Februar 1942 in Castres eingesperrt, ein Spezialgefängnis für politische Häftlinge. Die Parteiführung weist Ida an, den kleinen Jeannot zu verstecken, damit er nicht als Faustpfand gegen seinen Vater eingesetzt werden kann. Sie vertraut ihn einem Lehrerehepaar an, Henri und Henriette Julien, die bei Grenoble ein Kinderheim für die Waisen von geflüchteten spanischen Republikanern betreiben. In dieser Melange können gefährdete Kinder untertauchen und dennoch ein halbwegs normales Leben führen. Die Juliens nennen ihr Projekt *Republique d'Enfants*, Kinderrepublik. Die Kinder wählen ihre Vertreter und sind für alle Lebensbereiche mitverantwortlich, ähnlich wie in den Kinderheimen von Ernst Papanek. Ida mauert einen Brief mit Schanis Namen und Daten im Haus der Juliens ein. Dann macht sie sich auf nach Lyon und später nach Paris.

Schani sprach nur zögernd über die Jahre im Versteck. »Es ist ein unglaubliches Wunder, dass ich überlebt habe«, sagte er. »Dass wir alle drei überlebt haben!« Woran er sich erinnerte, waren Bruchstücke einer großen Verstörung. Bereits vorher war ständige Unruhe, die Mutter kam und ging, aber sie war da. Plötzlich ist sie weg. Er lebt von einen Tag auf den anderen unter fremden Leuten und fremden Kindern. Er muss seinen Namen vergessen. Niemand darf wissen, wer er ist. Um ihn herum sind an die fünfzig Kinder und Jugendliche, darunter etliche, die auch einen anderen Namen tragen: Dédée, Yvette, Robert, Souce, Trompette … Sie haben wie er stürmische Zeiten hinter sich: verschwundene Mütter, während der deutschen Bombardements unter den Trümmern begraben, erschossene Väter, Familien, deportiert ins Nirgendwo. Droht Gefahr, muss Schani sich im Schweinestall hinter einer Barriere verstecken. Unter dem Bauch der Tiere sieht er hohe Stiefel hereintrampeln. Er weiß, er muss stillhalten, sie suchen ihn. Er nennt sich Nouf-Nouf, nach dem Grunzen der Schweine.

Zweimal zieht die Kinderrepublik um, um sich der Kontrolle der Besatzungsmacht zu entziehen. Zuletzt an den Fuß der Vercors, einem unzugänglichen Gebirgsstock am äußersten Rand der Westalpen. Im Juli 1944 verhängen die Deutschen eine Ausgangssperre von 17 Tagen. »Ein Kind ist nach einer Woche rausgerannt, und die Soldaten haben das Kind erschossen«, erzählte Schani. Er hört den Knall, das Kind liegt im Hof. »Die Erinnerung, wie deutsche Soldaten zu uns kommen und uns mit dem Gewehr bedrohen, verfolgt mich noch lange. Auch wie wir gesungen haben, total verängstigt gesessen sind, und wie sie auf uns gezielt haben.«

Wenige Wochen später rufen die Juliens »La guerre est fini!«, der Krieg ist aus, zumindest in Frankreich, und ziehen mit der Kinderschar wieder hinunter nach Grenoble. Es dauert eine Weile, aber dann kommt ein großer, breitschultriger Mann in der Uniform der Freien Franzosen bei der Tür herein. Ein fremder Mann. Er hockt sich vor Schani nieder und sagt: »Jeannot, c'est papa.« Es entsteht eine Diskussion zwischen Papa und den Pflegeeltern, die ihn behalten wollen, zumindest noch, bis der Krieg endgültig aus ist. Schani schwankt, ob er gehen oder bleiben will. Er ist stolz, dass ihn die Pflegeeltern nicht hergeben wollen. Noch stolzer ist er, von seinem Vater, dem Helden, abgeholt zu werden. Für die Juliens ist Nouf-Nouf inzwischen wie ein eigenes Kind, sie lassen ihn schweren Herzens gehen, schreiben ihm noch viele Jahre zärtliche Briefe und feiern später ein tränenfeuchtes Wiedersehen.

Moritz Margulies brach im September 1943 bei einer spektakulären Kommandoaktion aus. Sechzig Häftlinge aus 18 Ländern sind in Castres eingesperrt. Bevor das Vichy-Regime sie an die Gestapo ausliefert, entschließen sich fünfundreißig, darunter zwei Frauen, zur Flucht. Es ist ein sorgfältig geplantes, kühnes Unternehmen. Die Ausbrecher besetzen im Handstreich den Haftbereich, fesseln ihre Wärter, sperren sie in die Zellen ein, sichern den Eingang und verlassen unauffällig, einer nach dem anderen, die Haftanstalt durch das Tor. Dann verschwinden sie in alle Himmelsrichtungen.

Drei von ihnen, die Österreicher Moritz Margulies und Emanuel Edel, ehemaliger Frontarzt der Internationalen Brigaden, sowie der Rumäne Leo Herscovici, wenden sich nach Süden. Moritz hat eine Kontaktadresse in einem dünnbesiedelten Ausläufer des Zentralmassivs. Sie sind ohne Proviant unterwegs. Ausgehungert und geschwächt von vier Jahren Haft, können sie sich kaum auf den Beinen halten, als sie einem Gendarmen begegnen. Die Ausreden, wer sie sind, nimmt er gleichmütig hin und teilt ihnen gutgelaunt die Neuigkeiten aus Castres mit. Dann gibt er ihnen eine Flasche Rotwein und Zigaretten und zeigt ihnen den Weg zu Bauern, die Partisanen mit Lebensmitteln versorgen. Die Geschichte ging weiter wie ein Märchen aus Tausendundeiner Nacht, erzählte Edel später. Sie klopfen bei der Bauernfamilie an, sagen, wer sie sind, und werden wie Helden gefeiert. Ihre Gastgeber hatten vom Ausbruch in der BBC gehört. In Lyon schließen sich die drei wieder der Résistance an.

Ida Margulies ließ sich inzwischen in Paris unter dem Namen Lucienne Raymond als Sekretärin in das Marineministerium einbauen. Der Wehrmacht fehlte es an Personal, das Deutsch und Französisch beherrschte. Ida, eine dunkle Schönheit, gab sich als Tochter eines Algeriers und einer Schweizerin aus. Das Dorf ihres Vaters sei in Algerien niedergebrannt worden und ihre Mutter ein Kind reicher Eltern. Sie wurde ohne weiteres genommen. »Ein bisschen Rouge, etwas Lippenstift und ein neuer Name haben genügt«, erzählte sie. »Die Deutschen, die behauptet haben, dass sie Juden hundert Meter gegen den Wind riechen, schöpften keinerlei Verdacht.« Sie kopierte Dokumente und schmuggelte leere Dienstausweise hinaus, denen der Maler Heinrich Sussmann das Übrige verpasste – Stempel, Fotos, die Daten in der akkuraten Schrift eines Beamten der Präfektur, mit Abrieb.

Dann wird ihr Chef aufmerksam. Ihr Deutsch ist nicht frei von Austriazismen. Sie sagt Jänner statt Januar. Als ein gefälschter Ausweis der Gestapo in die Hände fällt, führt die Spur in ihr Büro. Sie hat soeben einen Rückzugsplan der Wehrmacht an sich gebracht, als ein Mann im Ledermantel hereinkommt und sagt: Margulies, das Spiel ist aus. Auch Heinrich Sussmann wird verhaftet und nach Auschwitz deportiert, wo er seine hochschwangere Frau Anni an der Rampe wiedersieht. Die beiden entgingen dem Tod, ihr Kind nicht.

Im Juli 1944 verhaftet die Gestapo auch Moritz. Er und Ida überleben knapp die schrecklichen Folterungen im Militärgefängnis Fresnes. Sie verraten nichts. Die Gestapo weiß, dass Moritz einen kleinen Sohn hat, und versucht, zu erfahren, wo er ist. »So viele Watschen kann ich dir gar nicht geben, wie ich für dich geprügelt worden bin«, sagte er später einmal zu Schani. Er war ein cholerischer und autoritärer Vater, ein Kontrollfreak. Seine Wutausbrüche waren gefürchtet. Als ich Schani das erste Mal nach seiner Kindheit fragte, wich er aus. »Es gibt ein Buch über meinen Vater und die zwanzig Leute, die er aus dem letzten Zug nach Auschwitz herausbrachte. Du musst es lesen!« Er drückte mir ein schmales, rot gebundenes Buch in die Hand, »Le dernier wagon«. Auf der letzten Seite steht, dass dieser Transport nach Buchenwald ging, aber so genau wollte er es nicht wissen. Er bewunderte den Vater ebenso, wie er unter ihm gelitten hat.

Moritz und Ida Margulies gehörten zu den vielen Juden in der KPÖ, die es nach dem Krieg zwischen ihrer Herkunft, ihren Überzeugungen und der Parteiräson zerrissen hat. Nach dem Krieg schickte die Partei den erfahrenen Soldaten als hochrangigen Offizier in die Wiener Polizei. Es gab keinen Widerspruch. »Polizist zu sein ging ihm gegen den Strich«, erzählte Schani. »Er hasste die Polizei, er war so wie ich. Er hat mit der Polizei nichts am Hut gehabt. Er wäre gerne Mandatar geworden, er war ein glänzender Redner, aber die Partei hat ihm misstraut, weil er ein Jude war und das nie verschwiegen hat.«

Als Stalins Paranoia die kommunistischen Westemigranten seit Ende der vierziger Jahre als sowjetfeindlich verdächtigt und in Osteuropa blutige Schauprozesse inszeniert, verwickelt Moritz das Zentralkomitee in heftige Diskussionen. Der grassierende Antisemitismus seiner Partei trifft ihn zutiefst. Kurz darauf schlägt der erste Herzinfarkt zu, dann der zweite. 1964, mit 54 Jahren, stirbt Moritz am dritten. »Das letzte Mal ist ihm die Hand ausgerutscht«, erinnerte sich Schani, »als ich ihm mit siebzehn ins Gesicht sagte: Eigentlich haben wir Glück gehabt, dass wir keine Volksdemokratie geworden sind. Weil, du wärst zuerst Polizeipräsident geworden, dann Innenminister, dann hättest du alle deine Freunde hinrichten lassen, und dann hätten sie dich umgebracht.«

Moritz hat nichts mehr von der politischen Karriere des Widerspenstigen mitbekommen. Schani verließ das Gymnasium gegen seinen Willen, wurde bei Brown Boveri Werkzeugmacher, Jugendbetriebsrat und FÖJ-Funktionär. Nach seinem Bruch mit der KPÖ gründete er mit einigen Freunden die AUGE (Alternative und Unabhängige Gewerkschafter) und wurde ein wortgewaltiger Redner im Wiener Gemeinderat. Ein linkes grünes Urgestein, seinem Vater äußerlich und an Temperament und Mut sehr ähnlich. Aber er hat ein weitaus glücklicheres Leben geführt. Sich nicht gegen sein Herz verbarrikadiert. Schani war laut, leidenschaftlich, autoritär, belesen, warmherzig und ein passionierter Boogietänzer. Ich war fünfzehn, als ich ihn kennenlernte, im FÖJ-Bad an der Alten Donau, mit einem Glas Ringlottenkompott in der Hand. Schani ließ sich gemütlich auf meiner Pritsche nieder, sagte: »Du bist die Maimann Helly, stimmt's? Hat dir die Mama da was Gutes mitgegeben?« Und er fixierte das Glas, bis ich es ihm gab und den Löffel dazu. Er sprang hoch, tanzte mit dem Kompott einen kleinen Rumba und aß es auf. Ein umtriebiges Raubein, dachte ich, bis ich ihn am Neufelder See mit einem Rudel kleiner Kinder beobachtete, darunter seine beiden Söhne. Wie zart und fürsorglich er sein konnte, wie einfallsreich er sich mit ihnen beschäftigte! Schani war vernarrt in Kinder, nicht nur in die eigenen. Erst wenige Jahre vor seinem Tod gab er preis, wie er sich seiner eigenen Kindheit erinnerte. Die Soldaten, die Gewehre, der Schuss, das tote Kind im Hof. Er hatte lange Zeit Flashbacks und Alpträume.

»Es ist alles ein riesiger Zufall, dass es uns gibt«, sagte Paul Stein, den seine Mutter als Dreijährigen in Mädchenkleider steckte und in ein Kinderheim brachte. Ein Zufall, dass es nicht ausgehoben wurde. Ein Zufall, dass sein Vater, Walter Stein, nicht aufflog, als er sich in Marseille als Buchhalter mit französischen Papieren in einer Heeres-Unterkunftsverwaltung einbauen ließ und logistische Informationen weitergab, ohne dass die Gestapo davon Wind bekam. Dass er problemlos eine komplizierte Lebensgeschichte auspackte, wenn sein brüchiges Französisch auffiel. Dass er eineinhalb Jahre lang an einem Schalter saß, an dem tausende Soldaten vorbeikamen, ohne dass ihn sein Wienerdeutsch verriet. Dass auch dem französischen Lagermeister nichts passierte, der Nicolas Leibovici hieß und mit Czernowitzer Akzent sprach. »Das fiel außer mir niemandem auf«, erinnerte sich Walter. »Er erzählte mir, dass er sich als rumänischer Jude in der Höhle des Löwen untergestellt hatte. Aber bei der H. U. V. 43 (Heeres-Unterkunfts-Verwaltung) scheint die Abwehr nicht gut funktioniert zu haben.«

Eine ganze Reihe von Landsern und Offizieren hielt sich an diese Schwejk-Linie, erzählt Walter, auch sein Oberzahlmeister Dr. Karl Haertl, der einmal am Tag in der Dienststelle mit der Frage »Gibt's was zu unterschreiben?« erschien und im Vorbeigehen die Rechnungen saldierte, ohne die Handschuhe abzulegen. Nach dem Krieg wurde Haertl Sektionschef im Unterrichtsministerium und Leiter der Bundestheaterverwaltung.

Paul Stein verarbeitete seine Kriegserlebnisse weitaus schwerer als sein Vater. »Er war mit sich im Reinen. Es war Krieg, er war im Widerstand, und er hat überlebt. Sein Leben hing an einem seidenen Faden, aber meines auch. Er konnte handeln, ich nicht. Du kennst doch den Film ›Auf Wiedersehen, Kinder‹ von Louis Malle? Purer Zufall, dass ich nicht eines dieser Kinder war, die verraten wurden. Überlebt zu haben war eine große Schuld. Das war nicht vorgesehen und ist mir erst sehr spät bewusst geworden. Dann aber bin ich in ein großes Loch gefallen. Es ist mir sehr schlecht gegangen, erst nach einer Therapie bin ich wieder ins Gleichgewicht gekommen.«

Tausende unbegleitete Kinder tauchten in Südfrankreich unter. Sie verwandelten sich in Chamäleons, gingen schwarz über die Grenze nach Italien, besorgten sich falsche Papiere, keiner weiß, wie, wurden geschnappt, hauten ab und fanden einen neuen Unterschlupf. Die meisten bei Bauernfamilien, die nicht viel fragten, aus Mitgefühl oder weil eine zusätzliche Arbeitskraft willkommen war. Als die Deutschen im Herbst 1943 die Côte d'Azur okkupierten, richtete SS-Obersturmführer Alois Brunner in Nizza ein Sonderkommando ein. Ein blutrünstiger Menschenjäger, der Wien, Berlin und Saloniki *judenfrei* gemacht und viele Razzien in Paris durchgeführt hatte. An der Küste drängten sich die Flüchtlinge. Brunner machte sich daran, sie zu finden und zu deportieren.

Serge Klarsfeld ist acht Jahre alt, als sein Vater die Wohnungstür öffnen muss. Die Mutter versteckt sich mit ihren beiden Kindern hinter der Rückwand eines Kleiderschranks. Die Gestapo nimmt den Vater mit, Serge sieht ihn nie wieder. Seine Mutter wird mit den Kindern von einem Ehepaar in Nizza aufgenommen. Die Klarsfelds sind rumänische Juden, aber niemand fragt sie, niemand verrät sie.

Bleiben Kinder allein zurück, kümmert sich die Kirche um sie. »Wir haben unsere kleinen jüdischen Gäste mit falschen Papieren versehen«, berichtet Schwester Marie vom Mädcheninternat Maison-Blanche. »Wir statteten sie mit Geburtsorten in Algerien aus, weil dies nicht zu kontrollieren war.« Die Beamten der Präfektur drücken alle Augen zu und geben keine Namenslisten weiter. Die OSE brachte fieberhaft die gefährdeten Kinder bei zuverlässigen Familien unter, mit großer Unterstützung der Bürgermeister, Pfarrer und Präfekten.

In Le Chambon-sur-Lignon, einem hugenottischen Städtchen in der Auvergne, entwickelte sich aus dem zivilen Ungehorsam eine Massenaktion. Auf Initiative von Pfarrer André Trocmé und seiner Frau Magda wurden an die 3500 Juden, darunter zweitausend Kinder, und fünfzehnhundert politische Flüchtlinge in Hotels und von den Bauern der ganzen Region aufgenommen. Erst als die Deutschen den Süden besetzten, zahlte Chambon seinen Blutzoll. Fünf Kinder wurden bei einer Razzia in der Schule als jüdisch identifiziert und nach Auschwitz deportiert. Ihr Lehrer, Daniel Trocmé, der Cousin des Pfarrers, stirbt im KZ Majdanek.

Serge Klarsfeld widmet, gemeinsam mit seiner deutschen Frau Beate, sein Leben den Opfern und der Verfolgung ihrer Mörder. Nach und nach entrissen sie die Kinder der Anonymität, suchten ihre Namen und Fotos und veröffentlichten sie. Sie fanden die Hälfte der elftausend aus Frankreich deportierten Kinder. Diese aufreibende und zermürbende Arbeit wurde zum Blueprint der Gedenkbewegung. »Sie werden endgültig zu Asche, wenn sie namenlos bleiben und kein Gesicht haben«, sagt Klarsfeld. Er hat nie vergessen, wem er sein Überleben zu verdanken hat. »Die Juden in Frankreich«, schrieb er, »werden immer in Erinnerung behalten, dass sich zwar das Vichy-Regime mit Schande bedeckt hat, dass aber drei Viertel ihr Überleben wesentlich dem aufrechten Mitgefühl aller Franzosen verdanken.«

Von den 25 000 Juden, die zwischen Cannes und Menton untergetaucht sind, kann Alois Brunner 1900 deportieren. Im Juli 1944 lässt er im Norden bei Paris, schon die Amerikaner auf den Fersen, noch neun Kinderheime »ausheben« und ihre zweihundert kleinen Insassen nach Auschwitz deportieren. Auch Klaus Barbie, SS-Obersturmführer und Massenmörder, genannt der Schlächter von Lyon, lässt noch vierundvierzig Kinder aus dem Maison d'Izieu deportieren, bevor er aus Lyon verschwindet. Er gelangte 1951 mithilfe der USA auf der sogenannten Rattenlinie nach Bolivien. Dort stöberte ihn Serge Klarsfeld 1972 auf. Aber ohne einen schriftlichen Beweis hatte die französische Justiz keine Handhabe. Den fand Klarsfeld im Keller eines der ehemaligen Heime – ein Telex nach Berlin, das die Deportation der Kinder von Izieu ankündigte, persönlich unterschrieben von

Barbie. 1983 wurde er nach Frankreich ausgeliefert und nach einem aufsehenerregenden Prozess zu lebenslanger Haft verurteilt. Er starb 1991 im Gefängnis. Alois Brunner flüchtete nach Damaskus und starb vermutlich 2009 in einem Keller, den er seit Jahren nicht mehr verlassen hatte. Bis zum Ende erging er sich in Hasstiraden und bedauerte, dass ihm zu viel Juden durch die Finger geschlüpft waren.

Im August 1942 fuhren zweitausend Kinder, zusammengepfercht in Güterwaggons, von Drancy nach Auschwitz. Die Résistance sprengte eine Brücke, überfiel den Zug, holte fast alle heraus und brachte sie in Sicherheit. Siebzig Kinder und Jugendliche aus Montintin waren im falschen Waggon. Neunundsechzig starben in der Gaskammer. Ernst Koppel aus Saarbrücken überlebte. Der Sechzehnjährige türmte über den mit Strom geladenen Stacheldrahtverhau, keiner weiß, wie, wandte sich nach Westen und wanderte quer durch Polen, Deutschland und Frankreich bis nach Limoges. Er versteckte sich am Tag und wanderte bei Nacht, eine Strecke von 1900 Kilometern. Auf dem ganzen Weg fand der sehr jüdisch aussehende Junge Unterstützung, Logis und Essen. Wer kann sich vorstellen, wie er das zuwege brachte?

Ernst war schon in Montmorency ein Außenseiter gewesen. Ein schweigsamer, spindeldürrer Junge mit einem feuerroten Haarschopf und abstehenden Ohren, der zu Fuß über die Grenze nach Frankreich gegangen war, nachdem sein Vater umgebracht worden und die Mutter in einem Konzentrationslager verschwunden war. Eine Nachbarin bat ihn, ihre sechsjährige Tochter mitzunehmen. Im Sommer 1939, erzählte Papanek, stand er mit dem kleinen blonden Mädchen an der Hand vor unserem Kinderheim. Damals war er dreizehn. Jetzt wollte er nach Montintin zurück. Wohin sonst hätte er gehen können? In

Limoges wurde er von Bauern aufgenommen, bei denen er gearbeitet hatte, bevor die Deutschen ihn deportierten.

1947 hört Papanek, dass Ernst Koppel in Israel lebt, in Sdot Yam, einem Fischerei-Kibbuz bei Cäsarea. Neun Jahre später zweigen Papanek und seine Frau Lene während einer Reise von Tel Aviv nach Haifa von der Autobahn ab und fahren nach Sdot Yam, ohne sich anzukündigen. Als ihm jemand sagt, dass er Besuch hat, wäscht sich Ernst die Hände, trocknet sie ab und sagt, ohne mit der Wimper zu zucken: Es ist Papanek. Wer auf der Welt kann mich besuchen kommen? Es kann nur Papanek sein.

9

DAS ROTE PLAKAT

Wenn ich mir was wünschen sollte …
Eine schlimme oder gute Zeit.
FRIEDRICH HOLLÄNDER

Marseille habe ich das erste Mal in den siebziger Jahren im Kino zu Gesicht bekommen. Gene Hackman schlug sich in »French Connection II« durch eine von Müll, Schrott, Glasscherben, zerrissenen Pappkartons und Drogen paralysierte Stadt. Im Juni 1993 hatte sich wenig geändert. Das Taxi rumpelte zur Canebière über geflickte Straßen zwischen Häusern mit verschachtelten Hinterhöfen, zerbeulten Autos, Bergen von schwarzen, fest zugebundenen Plastiksäcken, die auf die Müllabfuhr warteten, und Rudeln von ausgemergelten Hunden, die versuchten, sie aufzureißen.

Nach zwei Tagen begann mir diese wilde und vitale Stadt zu gefallen. Marseille ist ein maghrebinischer Planet, nicht nur wegen seiner Einwohner. Das gleißende Licht, die Luft, die nach Salz, orientalischen Gewürzen, Meer, Fisch, Kot und Haschisch riecht. Die Docks, die alten Festungsanlagen, die engen Gassen, die sich zur Kirche Notre-Dame de la Garde hinaufwinden. Die Energie, die von den Leuten ausgeht, trotz ihrer Armut. Die Hitze, die alles durchglüht, bis der Mistral hereinbricht, die Straßen leerfegt und mit Eiseskälte überzieht.

Ich wohnte im Hotel Alizé, im obersten Stock, mit einem

atemberaubenden Blick auf den Hafen und das Meer und hunderte kleine Schiffe. Am Morgen weckten mich das Tuckern der hereinkommenden Boote und die heiseren Stimmen der Fischer, die ihren Fang auf den langen Klapptischen ausbreiteten, ihn schwungvoll ausnahmen und sich etwas zuriefen. Einmal sah ich, wie ein großer Oktopus sich den Händen entwand, die ihn aus einem Kübel holten, eilig über die nassen Steine zum Wasser glitt und sich hineinfallen ließ. Alle lachten. Er hatte gewonnen.

Am dritten Tag entdeckte ich unweit des Hafens eine kleine Plattform, hinter der sich ein Olivenhain den Hang hinunter zum Meer zog. Eine Tafel: Jardin Missak Manouchian. 1906–1944. Darunter zweiundzwanzig Namen: Joseph Boczov. Marcel Rayman. Olga Bancic. Celestino Alfonso. Georges Cloarec. Rino Della Negra. Tamas Elek. Moska Fingercwajg. Spartaco Fontano. Yone Geduldig. Emeric Glasz. Lajb Goldberg. Slama Grzywacz. Stanislas Kubacki. Cesare Luccarini. Roger Rouxel. Antonio Salvadori. Salomon Schapiro. Arpen Tavitian. Amadeo Usseglio. Wolf Wajsbrod. Robert Witchitz.

Das war eine Gruppe der FTP-MOI, Francs-tireurs et partisans – Main-d'œuvre immigrée. Die Ausländer des bewaffneten Widerstandes, geführt von der Kommunistischen Partei Frankreichs. Ihr Chef war Missak Manouchian, ein Dichter, der seine Familie 1915 im Völkermord an den Armeniern verloren hatte. Die Gruppe war transnational, ihre Kämpfer, Frauen und Männer, kamen aus Spanien, Italien, Rumänien, Ungarn, Polen, Armenien und Frankreich. Die meisten waren Juden und sehr jung. Als die Deportationen anfingen, radikalisierten sie sich.

Zwischen 1941 und Ende 1943 begingen die Manouchians hunderte Anschläge gegen die deutsche Besatzungsmacht. Nach Stalingrad schlugen sie jeden zweiten Tag zu. Sie organisierten Sabotageaktionen in den Fabriken, sprengten deutsche Munitionsdepots, ließen Eisenbahnzüge entgleisen, warfen Handgranaten auf Wehrmachtskommandos und brachten dutzende deutsche Soldaten auf offener Straße um. Dass es Juden waren, die Deutsche angriffen und töteten, kam für die Besatzungsmacht völlig überraschend. Im September 1943 erschoss ein MOI-Kommando mitten in Paris den SS-General Julius Ritter, einen persönlichen Freund Hitlers und verantwortlich für die Verschickung von tausenden jungen Franzosen zur Zwangsarbeit nach Deutschland. Die Jagd auf die Stadtguerilla wurde zur Staatsaffäre.

Sie führte ihren Schattenkrieg gegen einen übermächtigen Feind. Die Pariser Polizei etablierte eine eigene, gut ausgebildete Spezialtruppe, die *Brigade spéciale*, um ihrer habhaft zu werden. Ihre Waffen waren Beschattung, Identifikation und unter Folter entrissene Informationen. Eine Unterwanderung des Widerstands versuchten sie erst gar nicht. Die Manouchians redeten jiddisch miteinander, wie sollten die infiltriert werden? Sie wurden allerdings genau beobachtet. Jeder Hinweis fütterte die Zentralkartei. Die Polizisten gingen getarnt auf *filature*, wie die Überwachung hieß, als Handwerker, Postbeamte, Busfahrer, sogar als Clochards. Eine Fahndung konnte viele Monate dauern, bis das Beziehungsgeflecht eines Terrains aufgedeckt war. Dann der Zugriff. Sie waren grausamer als die Gestapo.

Diese Verfolgungsjagd war schwer durchzuhalten. Wohin, wenn das Quartier gewechselt werden musste? Wenn ein Versteck der Polizei in die Hände gefallen war? Wenn man nachts kontrolliert wurde? Kaltes Blut bewahren, das sagt sich leicht. Wem konnte man vertrauen, wo lauerte Verrat? Am härtesten war die Quarantäne, der Kontaktabbruch, wenn eine Verhaftungswelle rollte.

Salomon »Willi« Schapira und Rosl Wolf verweigerten dieses ruhelose Leben. Er war Pole, sie Wienerin. Gegen den Auftrag,

Rosl Wolf und Willi Schapira, späte dreißiger Jahre

sich zu trennen, ließen sie ihr Nest in der Rue Bergère nicht im
Stich. Ein großes Zimmer mit einem Kamin, das war ein Glücksfall in Paris. Rosl hatte darin eine kleine Schneiderei aufgemacht. Sie brachten sich selbst die Kürschnerei bei und verfer-
tigten Pelzmäntel. »Wir waren natürlich Pfuscher«, erzählte sie.
»Aber es dauerte nicht lang, und wir konnten von zwei Tagen
Arbeit leben. Die übrige Zeit gehörte der Résistance.«

Beide waren geübte Illegale, ein auffallend schönes Paar, mit
eigenwilligen, markanten Gesichtern. Sie übertraten die strengen Regeln, gingen spazieren oder ins Kino und genossen ihre
Liebe. Wer konnte wissen, wie das alles endete? Sie waren glücklich, und das Leben stand ohnehin auf der Kippe. Gegen aus-
drückliche Order erwartete Rosl seit dem Sommer 1943 ein
Kind. Beide waren über dreißig, und wenn nicht jetzt, wann
dann? Und die Partei? »Ich habe sie nicht gefragt«, sagte Rosl.

145

Die wenigsten Résistants befolgten alle Vorschriften. Das Verbot, sich am Abend wie zufällig zu treffen und essen zu gehen, wurde fast immer missachtet. Klar, dass sie miteinander schliefen. Wer kann ständig unter Strom stehen und immer allein bleiben? Willi und Rosl lebten allerdings eine gefährliche Liebschaft. Zwei Illegale unter einem Dach und beide in einer hochriskanten Widerstandsgruppe, das war gegen jede Konspiration, aber sie fühlten sich sicher. Im selben Haus wohnte eine französische Genossin, Henriette, und die Nachbarn hielten zusammen.

Rosl arbeitete in der Mädelarbeit des TA, des Travail Allemand, der deutschen Arbeit. Der TA stand unter der Führung der KP Frankreichs und spezialisierte sich auf Agitation und Unterwanderung der Wehrmacht. Achtzig Prozent dieser Organisation waren österreichische Flüchtlinge. Ihr Chef war Franz Marek, damals ein glühender Stalinist und nach dem Krieg der führende Ideologe der KPÖ. Er baute neben der Mädelarbeit die Produktion und Verteilung von Flugschriften auf, was hieß, sie an die Soldaten heranzutragen, über die Mauern der Kasernen zu werfen oder unauffällig in der Eisenbahn zu hinterlegen. Marek führte auch die Eingebauten, die in deutsche Dienststellen geschleust wurden. Er war ein strenger Chef, wortkarg und kritisch, und wahrscheinlich machte er sich wenige Vorstellungen davon, wie schwer die Arbeit war, die er den Frauen zumutete. Sie erhielten nur wenige Anweisungen, auf unvermutete Krisen und Fallen wurden sie nicht vorbereitet. Sie brauchten eben Geistesgegenwart oder Glück. Es war Krieg, Krieg gegen die eigenen Leute, gegen die Sowjetunion. Franz Marek war während seiner Pariser Zeit sehr anders als fünfundzwanzig Jahre später, als wir Jungen ihn als brillanten und nachdenklichen Intellektuellen verehrten.

Die Frauen sprachen deutsche Soldaten an, horchten sie vorsichtig über die Stimmung in der Truppe aus und erhielten manchmal vertrauliche Informationen, einmal sogar den Festungsplan von Dünkirchen. Sie gaben sich als Elsässerinnen aus und drückten den Landsern, wenn sie vertrauenswürdig erschienen, bei einem der nächsten Treffs ein blaues Kuvert in die Hand, mit einem Flugblatt oder der hektografierten Zeitung *Soldat im Westen*. Ging der Kontakt weiter, versuchten sie, die Soldaten zu bewegen, das Material an Kameraden weiterzugeben, vielleicht einem, der nach Hause in Urlaub fuhr, vielleicht mit der Résistence zu kollaborieren, vielleicht sogar zu desertieren.

Sie nannten es auf Aufriss gehen, auf den Strich gehen. Ihre Arbeit war unangenehm und lebensgefährlich. Man musste kühn und schlagfertig sein. Ruhe bewahren, wenn die Türen der Metro nicht zugehen, weil die Polizei hereinkommt und den Waggon durchkämmt. Aufregung hinunterschlucken. Dem misstrauischen Blick standhalten. Wenn nötig, dumm dreinschauen. Den Ausweis herzeigen, ohne dass die Hände zittern. Du weißt, es ist gut, dein Papier, es hat den Stempel der Präfektur. Sich in einen Schatten verwandeln, wenn die Sperrstunde überschritten ist und jederzeit eine Razzia stattfinden kann. Wenn dir zwei Typen auf der Straße entgegenkommen, die dich fixieren, schau ihnen kurz in die Augen, geh auf sie zu und an ihnen vorbei.

Sie waren jung und hübsch und gut aufgemacht und immer zu zweit unterwegs. Ein typisch jüdisches Gesicht, oder was dafür gehalten wurde, war in Frankreich häufig anzutreffen. Die Mimikry funktionierte am besten durch Gelassenheit und psychologisches Gespür. Was nicht gut lief, war, dass viele Frauen ihr altes Ich irgendwo aufbewahrten, den Pass im doppelten Boden eines Kastens oder unter der Türschwelle versteckten. Oder dass ihr Klarname in einer Liste aufschien, womöglich heruntergetippt mit mehreren Durchschlägen, der direkteste Weg zum Verrat.

Verrat war das quälendste Problem. Wer war ein Spitzel, stand mit der Gestapo in Verbindung, war umgedreht worden, hatte Zweifel an der Parteilinie, würde unter der Folter Namen und Kontakte preisgeben? Sie überwachten sich gegenseitig, verschleierten ihre Ausflüge in verbotene Zonen, gelegentliche Liebesabenteuer oder auch nur einen Kinobesuch.

Die Mädels waren in Dreiergruppen organisiert und hatten zwei Instruktorinnen, Lisa Gavrić, die später diese Scheißarbeit, wie sie sagte, detailliert beschrieben hat, und Gerty Schindel. Sie kannten sich nur unter einem Decknamen. Das erste Gebot der Illegalität war, jeden Namen sofort zu vergessen. Eine Verhaftung konnte schreckliche Folgen haben. 24 Stunden mussten sie dichthalten, dann durften sie einen Namen preisgeben, aber nur den eigenen. So lange war für die Kameradinnen Zeit, abzutauchen.

Das war das eine. Das andere war, sich an die Soldaten heranzumachen, ohne Verdacht zu erregen. Zunächst einmal galt es, sie einzuschätzen: Ist der Kontakt von Wert? Glaubte er an den Sieg? Hatte er sich freiwillig gemeldet? Was wusste er von der Ostfront und was ihn dort erwartete? War er ein überzeugter Nazi? Diese Erniedrigung! Übel konnte einem werden von den verächtlichen Blicken der Franzosen. Diese Überwindung, sich einem Soldaten im Gedränge der Metro zu nähern, ihn anzulächeln, sich ansprechen zu lassen, an ihn zu hängen wie eine Klette, ohne als Nutte dazustehen. Und sich rasch davonzumachen, wenn er sich als Niete erwies. Oder wenn er mehr wollte als freundliches Geplauder. Natürlich wollten alle mit den netten Bekanntschaften ins Bett.

Rosl wurde einmal in einem Lokal festgenommen, zusammen mit zehn Prostituierten. Sie hatte ein tadelloses Papier bei sich, eine Arbeitserlaubnis für ihre Schneiderei. Die Polizei ließ sie laufen. So ein Glück, sagte sie. Das ganze Leben dort war so ein Zufall. Sie konnte die Anspannung weglachen und hatte viel Erfolg, besonders bei den Österreichern, die entzückt waren von dem üppigen, schwarzhaarigen Mädchen mit den aufregenden Beinen, die sie gern herzeigte. Ein überzeugendes Lachen war das Wichtigste. Rosl gehörte zu den wenigen Frauen, die nicht verhaftet wurden.

Die Opfer standen in keinem Verhältnis zum Erfolg. Fast alle Frauen wurden geschnappt und deportiert. Der Alltag war definiert von ständiger Vorsicht. Aber er verschaffte ein Daseinsgefühl, das später nie wieder zurückkommen sollte. Viele fühlten sich wie berauscht, ständig floss das Adrenalin. Dasselbe galt für die Männer.

1943 ist die Invasion nur mehr eine Frage der Zeit. Aus den disparaten Gruppen der Résistance entsteht eine Sammelbewegung unter dem Oberkommando von General de Gaulle, der auch die Kommunisten angehörten. Wer würde nach der Befreiung die Macht übernehmen? Die KPF zieht ihre Kader aus Paris ab, schickt sie nach Westen und Süden und überlässt das Feld Manouchian, der die Katastrophe kommen sieht. Er verlangt, die MOI ebenfalls in den Süden zu verlegen. Die Partei lehnt ab. Bis heute hat sich die Diskussion nicht erledigt, ob sie die Ausländer preisgegeben habe, um die eigenen Kader zu schützen. Manouchian schrieb später im Abschiedsbrief an seine Frau: »Ich verzeihe allen, außer dem, der uns verraten hat, um seine Haut zu retten, und denen, die uns verkauft haben.« Er verfügt nur noch über wenige Dutzend Kämpfer. Achtzig von ihnen sind tot. Die Moral seiner Leute ist ungebrochen. Was er nicht weiß, ist, dass die Polizei sie identifiziert hat, einen nach dem anderen. Willi Schapira wechselte im Frühjahr 1943 zu

Manouchian, zum Vierten Détachement. Das waren die Zugentgleiser, die der Wehrmacht schwer zu schaffen machten. Er war sehr geschickt darin, die Schienen schnell aufzuschrauben.

Am 24. Oktober 1943, einem Sonntag, unternehmen Willi und Rosl einen Ausflug, und am Montag sagt er ihr, dass eine Aktion bevorsteht. Sie ist im fünften Monat schwanger und bekommt Angst. »Ich hab das irgendwie kommen gespürt«, erzählte sie. »Er ist weggegangen und nicht wiedergekommen. Es hat gegossen wie in Strömen. Ich habe so laut geweint, dass meine Freundin Henriette es gehört hat. Ich habe gewusst, dass etwas passiert ist.«

In dieser Nacht attackiert Willi mit Amadeo Usseglio und Léon Goldfarb auf der Strecke Paris – Troyes einen deutschen Güterzug. Die Lokomotive und sämtliche Waggons, mit Konserven, Reis und Weizen beladen, stürzen beim Überqueren eines Viadukts in die Schlucht. Anstatt sofort zu verschwinden, sind sie am nächsten Tag immer noch in der Gegend und laufen der Polizei über den Weg. Ihre Verhaftung ist ein schwerer Schlag für Manouchian.

Am selben Tag wird Joseph Dawidowicz verhaftet, der politische Kommissar und Schatzmeister der MOI. Er wird erwischt, mit 33 000 Francs in der Tasche. In seinem Versteck findet die Polizei zwei Namenslisten. Dawidowicz redet, und er redet viel. Ende Dezember lässt ihn die Gestapo frei, als Spitzel. Als er den Kontakt zur MOI-Leitung herstellt, erzählt er eine unglaubwürdige Geschichte, gibt den Verrat zu und wird von den eigenen Leuten hingerichtet.

Zu dieser Zeit ist der Kern der Gruppe, zweiundzwanzig Männer und eine Frau, bereits verhaftet, vor ein Kriegsgericht gestellt und zum Tod verurteilt. Am 21. Februar 1944 bringt ein Kommando der Wehrmacht die Männer auf den Mont Valérien westlich von Paris, bindet jeden an einen Pfahl und erschießt einen nach dem anderen. Olga Bancic, die eine kleine Tochter hat, wird in Stuttgart geköpft, da ein französisches Gesetz das Füsilieren von Frauen verbietet.

Die Deutschen kleben in ganz Frankreich ein Plakat, auf dem sich zehn Fotos der Verlorenen wie Zielscheiben vor einem roten Hintergrund abheben, mit der Aufschrift *L'Armee du Crime*, die Armee des Verbrechens. Das *Affiche Rouge* soll die Résistance diskreditieren, aber es erreicht das Gegenteil. In der Nacht legen die Leute Blumen darunter und überschreiben das Plakat mit *Morts pour la France!* Gestorben für Frankreich!

Als Willi nicht nach Hause kam, war Rosl wie gelähmt. Dann verließ sie das Haus und informierte Franz Marek. Als sie zurückkam, hörte sie, dass die Polizei dagewesen war. Sie nahm ihren Mantel, ihre Zahnbürste und ein Nachthemd und wechselte das Quartier. Vorher half das ganze Haus, ihre Sachen in die Wohnung von Henriette zu räumen. Niemand hat sie verpfiffen. Das hat sie den Franzosen nie vergessen. In Wirklichkeit, meinte sie, wollten ihr die Beamten einen Wink geben, zu verschwinden. Auch das gab es.

Willi war wie vom Boden verschluckt. Rosl lief von einem Gefängnis zum anderen und fand ihn nicht. Sie hielt ihre Nerven unter Kontrolle, alle Energien galten jetzt dem Kind. Zwei Wochen vor der Hinrichtung brachte sie ihren Sohn zur Welt. Marek besuchte sie im Spital und ordnete an, Paris sofort zu verlassen. Vorher ging sie noch auf die Präfektur, um eine Geburtsurkunde für den wenige Tage alten François ausstellen zu lassen. Als Kindesvater gab sie Willis Tarnnamen an, Karol Nectak, sie selbst ließ sich unter Margarete Nectak, geborene Cramer eintragen. Der Beamte verhörte sich oder tat so, jedenfalls schrieb er François Naëtar in das Papier.

Das war das einzige legale Dokument, das Rosl in der Hand hatte, als sie drei Jahre später nach Wien zurückkehrte, und so heißt ihr Sohn bis heute. Von der Hinrichtung wusste sie nichts. Sie ließ ihrem Mann noch frische Hemden zukommen. »Ich habe den Kragen aufgetrennt«, erzählte sie, »und hineingeschrieben, dass ich ein Kind bekommen habe, einen Buben. Aber er hat das Paket nie bekommen.«

Es gibt Fotos von Franzi Naëtar und mir im winterlichen Wald, als ich fünf Jahre alt war. Neun Jahre später sah ich ihn bei einem Familienausflug in der Klosterneuburger Klamm wieder. Ich mit raspelkurzen Haaren und er ein hochgewachsener junger Mann von siebzehn, in den ich mich sofort verknallte und der mich kaum beachtete. Seine Mutter, eine raumgreifende Frau mit einem Gesicht, das ständig in Bewegung war, und einem Schwall schwarzen Haares darüber, lachte viel und laut und unterhielt die ganze Gesellschaft. Sie hatte einen großen Busen und trug ein enges Schneiderkostüm. Ihre Beine steckten in Nylons und Pumps, mit denen sie sich unbekümmert über die felsigen Abschnitte der Klamm bewegte. »Schatzl, gib mir deine Hand«, sagte sie und bog ihren Arm nach hinten, ohne sich umzudrehen. Ich ging hinter ihr und nahm ohne zu zögern die Hand, fasziniert von ihrer Selbstsicherheit. Jemand wie sie hatte ich noch nie getroffen. Rosls Vitalität und ihr schöner Sohn hinterließen einen unvergesslichen Eindruck.

Bei einer Kinderjause lege ich Franzi unser gemeinsames Kinderfoto hin. Er schaut es lange an, dann sagt er: »Ich erinnere mich. Damals war auch Martha Kessler mit, nicht? Sie war während des Krieges in Lyon. Wie alt war ich da, weißt du das?« Ich lege noch zwei Fotos dazu. »Schau, hier ist auch Martha drauf, du hast dich gut erinnert. Du warst damals acht Jahre, fast neun. Was hast du damals gewusst von deinem Vater und all den anderen, die damals mit ihm … vor dem Hinrichtungskommando gestanden sind?« Er schweigt eine Weile. »Meine

Kindheit war eine ununterbrochene Erzählung von Heldenge-schichten«, beginnt er dann. »Ich bin unter Kommunisten groß geworden, die eine militante Kriegsvergangenheit hatten. Alles hat sich um die Jahre in Frankreich und um den Widerstand im KZ gedreht und um den gemeinsamen Kampf. Viele sind umge-kommen. Diese Geschichten waren ebenso eindrucksvoll wie einschüchternd.«

»Seit wann wusstest du vom Ende deines Vaters?«

»Immer schon. Er ist im Kampf gegen die Faschisten gefal-len, hat man mir erzählt. Als ich acht oder neun war, also so alt wie hier auf diesem Foto, hat die Rosl an seinem Todestag den Abschiedsbrief hervorgeholt, den er wenige Stunden vor der Er-schießung geschrieben hat, und mir mit erhobener Stimme vor-gelesen.«

»Du bist mit Geschichten über Tote aufgewachsen.«

»Ja. Sie sind mir als Kind ziemlich auf die Nerven gegangen. Rosl ist in einem Dorf untergetaucht. Hätte die Besetzung vier Wochen länger gedauert, wäre vielleicht auch sie aufgeflogen. Von der Pariser Gruppe war ohnehin nur mehr die Hälfte am Leben.«

»Hast du getrauert um deinen Vater?«

»Als Kind waren mir die Versuche meiner Mutter, mir die Geschichte des Vaters beizubringen, oft zu viel. Ich kannte ihn nicht. Warum sollte ich mich mit ihm beschäftigen? Mit 16, 17 änderte sich das. Ich war stolz auf ihn und wollte mehr über sein Leben erfahren. Aber er war ein Schemen auf einem Foto. Mei-ne Familie waren meine Mutter und die französische Gruppe, alle sehr selbstbewusst. Mein Stiefvater Toni Funk war ein wirk-licher Freund und hat eine bedeutende Rolle gespielt.«

»Hat er dich politisch beeinflusst?«

»Ja, hat er, und zwar nicht im stalinistischen Sinn. Der Toni war mehr ein Anarchist und hat mir früh von Sacco und Vanzetti erzählt. Zwar in der Partei, aber nicht aktiv. Rosl wurde erst nach 1956 kritischer, bezeichnete sich aber ihr Leben lang als Kommunistin.«

»Hast du dir als Kind überlegt, was du in der Lage deiner Eltern gemacht hättest?«

»Diese Frage hat mir einmal Robert Schindel gestellt: Was würdest du tun, wenn du vor Hitler stehst mit einer Pistole in der Hand?«

»Wie alt wart ihr da?«

»Zwölf.«

»Schießen oder nicht schießen?«

»Darauf hatte ich keine Antwort.«

Missak Manouchian ist mir schon früh begegnet. Das erste Mal hörte ich seinen Namen von Martha Kessler, der Mutter des Philosophen André Glucksmann, Jojo. Sie war eine Freundin meiner Eltern, hochgebildet und nachdenklich, mit dichtem, grauschwarzem Haar, das sie auf altmodische Weise im Nacken aufrollte. Martha war schon eine ältere Frau und ich ein kleines Mädchen, als sie in mein Leben trat.

Manchmal erzählte sie während unserer Wanderungen durch den Wienerwald über ihre Jahre in Lyon. Sie war, ohne zu zögern, in den *Maquis* gegangen, in das Dickicht des Untergrunds. Wenn das Netzwerk hielt, konnte man untertauchen, die Identität ändern, die Kinder verstecken. Sie sprach mit ihrer leisen, schwingenden Stimme über ihre Tochter Alisa, die in Lyon Mädelarbeit gemacht hatte, über Jojo und von Manouchian und dem roten Plakat.

Im Sommer 1971 fuhr ich das erste Mal nach Paris und logierte in einer Jugendherberge in der Rue Saint-Jacques, einen Steinwurf von der Sorbonne entfernt. Um ein paar Francs war dort ein Schlafplatz in einem Zimmer mit vier Stockbetten zu haben und ein Frühstück mit Baguette, Butter und Milchkaffee. Unweit war eine kleine Buchhandlung. In der Auslage lag ein Zettel: »Ici a vécu Charles Aznavour, 73 Rue Saint-Jacques.« Aznavour hat hier gewohnt! Daneben seine ersten Memoiren, »Aznavour par Aznavour«. Auf dem Umschlag der jugendliche Sänger mit Halstuch und skeptischem Blick. Ich kaufte das Buch, die Schilderung einer armenischen Familie, die sich irgendwie über Wasser hielt. Mittendrin erzählt er von Manouchian. *Le poète* war ein enger Freund seiner Eltern. Missak und seine Frau Mélinée hatten 1915 ihre Familien verloren, als eineinhalb Millionen Armenier massakriert wurden oder in den glühenden Ebenen Syriens starben.

Manouchian war sanftmütig und ruhig, er hatte nichts von einem Revolutionär an sich, aber er verwickelt die Familie in riskante Aktionen. Die Aznavourians schmuggeln Waffen und verstecken Juden, Partisanen und Deserteure. Die Nachbarn wissen Bescheid, halten aber den Mund. Ihre spätere Wohnung in der Rue de Navarin 22, ein gutbürgerliches Mietshaus mit hufeisenförmigem Tor und langgestreckten, schmiedeeisernen Balkonen, ist ein Umsteigehafen für U-Boote.

»Alles wird von ihnen belagert, sogar der kleine Flur«, schreibt Aznavour. »Darunter auch Missak und Mélinée Manouchian. Mélinée bleibt manchmal eine ganze Woche bei uns, während Manouch oft tagelang verschwindet und eine schmerzliche Spannung hinterlässt. Er ist vom Sieg so überzeugt, dass er sein Leben dafür lässt, nur wenige Monate vor der Befreiung. Ich werde nie die Anschläge vergessen, die an die Pariser Mauern geklebt werden. Rote Plakate, auf die in Form eines Medaillons das Foto von Manouch und seinen Freunden gedruckt war. Ein unrasierter, struppiger Manouch, mit starrem Blick. Man hat ihn nach einer Folterung aufgenommen, von der nicht ein Knochen seines Gesichts unberührt geblieben war.«

Nach seiner Hinrichtung hämmert die Gestapo immer häufiger an die Wohnungstür. Die Aznavourians verschwinden aus ihrem Blickfeld, bis die Amerikaner kommen.

»Meine kleine verwaiste Geliebte«, schrieb Manouchian in seinem Abschiedsbrief an Mélinée, »in einigen Stunden werde ich nicht mehr auf der Welt sein. Wir werden heute Nachmittag um 15 Uhr erschossen. Was soll ich Dir schreiben? Alles ist wirr in mir und zugleich ganz klar. Ich sterbe zwei Fingerbreit vom Sieg und vom Ziel entfernt. Ich bedaure tief, dass ich Dich nicht habe glücklich machen können. Ich hätte so gern ein Kind von Dir gehabt, wie Du es immer wolltest …«

Am selben Tag schrieb Willi Schapira an Rosl: »Jetzt ist, hoffe ich, unser erwartetes Kinderl auf der Welt und konnte den Papa nicht mehr kennenlernen. Viele Träume von Dir, liebstes Haserl, und von unserem kleinen Liebling nehme ich in das Grab mit. Dass ich vom Leben ein wenig genossen habe, kann ich nur Dir mein Liebstes verdanken. Unterlasse nichts, um das Leben zu genießen, und in diesem Sinne sollst du auch unser Kinderl erziehen … Mein liebstes Putzilein, nicht nachtrauern und keine Zeit verlieren mit Dingen, die vorbei sind und nicht zu ändern. Ich bin nicht der Einzige, der so jung in diesem grausamen Kampf sein Leben hergab. Auch in diesen letzten Stunden ist meine Liebe zu den Menschen nicht bloß nicht erloschen, nur noch stärker als je. Wenn man mir das gegönnt hätte, Euch beide, diesen neuen Fratz zu sehen! Leider ging es nicht so, wie ich es mir wünschte …«

Nach der Euphorie des Sieges war jemand wie Missak oder Willi wieder der *Métèque*, der Kanake, der Ausländer. Charles de Gaulle brachte das Kunststück zuwege, sein Land als militärischen Sieger aus diesem Krieg herauskommen zu lassen. Sowohl die bürgerlichen Gaullisten als auch die Kommunisten reklamierten die erschossenen Partisanen für sich. Der hohe Anteil der Immigranten und vor allem der Juden am Widerstand wurde verschwiegen. Bis in die fünfziger Jahre erwähnte die KPF die MOI und Missak Manouchian mit keinem Wort. Dann schrieb der Romancier Louis Aragon, der nicht wenige Hymnen zu Stalins Ruhm hervorgebracht hat, das Gedicht »L'affiche rouge«. Darin erinnerte er an Missak und zitierte seinen Abschiedsbrief. Das war 1955, zwei Jahre nach Stalins Tod. Léo Ferré vertonte und sang es in pathetischen Inszenierungen. Heute wird das Chanson bei jeder Gedenkveranstaltung zelebriert.

Die Legende vom geschlossenen Widerstand einte die Nation und hielt dreißig Jahre. Sein Symbol war Jean Moulin, Präfekt von Chartres, Gaullist, Organisator und Chef der vereinigten Résistance, verhört von Klaus Barbie, gestorben unter der Folter im Juli 1943.

»Machen wir uns klar, dass während der Tage, in denen er noch sprechen und schreiben konnte, das Schicksal der Résistance am Mut dieses Mannes hing«, sagte der damalige Kulturminister André Malraux, als die Asche Moulins im Dezember 1964 in das Panthéon überführt wurde. »So trittst du nun hier ein, Jean Moulin, mit deinem schrecklichen Gefolge. Mit jenen, die in den Kellern gestorben sind, ohne gesprochen zu haben, so wie du, oder, was noch grausamer ist, gesprochen zu haben. Mit all den Gestreiften und Geschorenen der Konzentrationslager, mit dem letzten strauchelnden Leib der furchtbaren Kolonnen bei Nacht und Nebel ...« Dass viele Franzosen ihre Nachbarn bespitzelt und verraten hatten, war ein sorgsam gehegtes Tabu.

Am Nachmittag pflegte ich ins Filmarchiv zu gehen, in die Cinémathèque, damals noch am Trocadéro, zahlte zwei Francs und konnte so lange bleiben, wie ich wollte. Die Filme folgten aufeinander, immer im Original und oft ohne Untertitel. Und so sah ich eines Nachmittags »Armee im Schatten« von Jean-Pierre Melville, einen Film über die Résistance, der meine heroischen

Bilder im Kopf hinwegfegte. Ein minimalistisches Drama um Angst, Verrat, Folter und Tod. Als es 1969 herauskam, missfiel es sowohl den Linken als auch den Gaullisten. Dem Publikum fehlten die Helden, stattdessen sah es von Skrupel zerfressene Männer und Frauen, die in einen Dschungel ihrer Gefühle und Überzeugungen gerieten. Nach dem Pariser Mai schien der Film heillos aus der Welt gefallen und verschwand in der Versenkung. Melville war als Gaullist im Maquis gewesen. »Die Kriegszeit war abscheulich, schrecklich und – wunderbar«, erzählte er kurz vor seinem Tod. »Je älter ich werde, umso wehmütiger denke ich an die Zeit zwischen 1940 und 1944 zurück, denn sie ist Teil meiner Jugend.« So äußern sich fast alle, die überlebt haben. Die besten Jahre! Den Krieg führt man gegen einen Feind, fügte Melville hinzu, aber auch in den eigenen Reihen. Es ist so viel passiert! Disparate, aufregende, unglaubliche Dinge. Er hat sich lebenslang daran abgearbeitet.

In diesem Jahr 1974, dreißig Jahre nach der Befreiung, verwickelte das Kino die Franzosen in das Schicksal der Juden und die tausend Gemeinheiten, die unter der Vichy-Regierung aufblühten. Zuerst kam »Le Train« von Pierre Granier-Deferre heraus, mit Romy Schneider und Jean-Louis Trintignant. Sie in der Rolle einer deutschen Jüdin und er als französischer Provinzbürger, die sich auf der Flucht vor dem Blitzkrieg in einem Zug kennenlernen und eine große Liebe erleben. Der Film warf ein realistisches Bild auf Frankreich unter der Besatzung. Das Unbehagen im Kino war deutlich zu spüren.

Dann folgte Liliana Cavanis »Der Nachtportier«. Ich war schockiert, die Geschichte überforderte mich total. Sie spielte in Wien, und ich kannte jeden Drehort, mit Rückblenden auf ein KZ und die verhängnisvolle Amour fou eines SS-Offiziers zu einer jungen Jüdin. Dirk Bogarde spielte den SSler, der nach dem Krieg als Nachtportier in einem Wiener Hotel unterkriecht.

Charlotte Rampling brillierte als Häftling in einer burlesken Nazi-Festivität mit ihrer Interpretation von Friedrich Holländers »Wenn ich mir was wünschen dürfte«. Ich sah den Film in Saint-Denis, einem verrufenen Viertel, mit einem Publikum, das an Porno gewöhnt war. Es trampelte los und verließ unter Türenknallen den Saal.

Schließlich brachte Louis Malle die Geschichte des Bauernjungen »Lacombe Lucien« in die Kinos, eines Kollaborateurs, der seine erste Passion mit einem untergetauchten jüdischen Mädchen erlebt, sie versteckt und nach der Befreiung von der Résistance exekutiert wird. Die Szenen der Kumpanei zwischen der Gestapo und ihren Zuträgern wurden von Pfiffen und Protesten begleitet. Nach dem Film standen die Leute auf der Straße und schrien aufeinander ein.

Die Barbarei der deutschen Besatzung machte die Konfrontation mit den *collabo* unmöglich. Kurz nach der Befreiung wurden im Jardin du Luxembourg die verstümmelten Leichen von Partisanen entdeckt. Ihnen war bei lebendigem Leib die Haut von den Händen abgezogen worden. Ihre Denunzianten wurden nie gefunden. Das Ächzen der Sterbenden ging in den Salven des Aufstands unter. Jetzt waren alle Patrioten, und die Schlauen färbten ihre Biografien um. Den Männern fiel das leichter als den Frauen, an denen sich die Wut austobte. Die Bilder der Geschorenen, die sich mit Deutschen eingelassen hatten und jetzt nackt durch die Straßen getrieben wurden, gefolgt von einer grölenden Meute, lagen Jahrzehnte in den Archiven, bevor sie öffentlich gezeigt wurden.

2009 kam Robert Guédiguians Film »L'Armée du Crime« heraus, ein psychologisch durchdachtes, großartig gespieltes Drama. Guédiguian zeigt die Manouchians als das, was sie waren: von Rache und Verzweiflung getriebene junge Kämpfer mit Handgranaten, Zeitbomben und Revolvern, den Verrat in den eigenen Reihen missachtend. Manouchian und seine Wandlung vom Poeten zum Kommandanten einer Untergrundarmee und die Grausamkeit der *Brigade spéciale*, die der Gestapo die Drecksarbeit abnimmt. »L'Armée du Crime« fand weder einen österreichischen noch einen deutschen Verleih. Im Winter 2018 haben Franzi Naëtar und ich eine Kopie des Films mit deutschen Untertiteln versehen und zeigten sie einem größeren Freundeskreis. Die Reaktionen waren beklommen und emotional, manche weinten. Die Gespräche zogen sich bis spät in die Nacht.

Zwölf Jahre bin ich im Juni nach Marseille gefahren, zu Sunny Side of the Doc, einem Dokumentarfilmfestival auf dem Gelände des Palais de Pharo. Auf dem Weg dorthin kam ich jeden Tag am Jardin Manouchian vorbei und blieb einige Minuten. Ich dachte an die Frauen, die ich kannte, an Lotte Brainin, Selma Steinmetz, Gundl Herrnstadt, Ida Margulies, Toni Lehr, Rosl Wolf und Irma Schwager, die alle im Travail Allemand gewesen und schlimme Zeiten überlebt hatten

Das waren Himmelfahrtskommandos. Die österreichischen Exilkommunisten erwarteten von ihren Kadern, sich ohne Rücksicht auf das eigene Leben dem Kampf zu verschreiben. Einige Dutzend Männer und Frauen wurden in die Ostmark zurückgeschickt, getarnt als Fremdarbeiter. Wenn der Faschismus daheim unterging, sollten möglichst viele von ihnen vor Ort sein und in die Geschehnisse eingreifen. Dass die Gestapo inzwischen den Widerstand zerschlagen und die Verhafteten hingerichtet oder umgedreht hatte, wussten sie nicht oder wollten es nicht glauben. Wer ging und wer blieb, bestimmte die Parteiführung, in Paris Franz Marek und in Lyon Paul Kessler, der Gefährte von Martha Glucksmann.

Gleichzeitig mit den Manouchians flogen im November 1943 achtzig Prozent der Österreicher auf, die in den Travail Allemand eingebaut waren. Einer der getarnten Fremdarbeiter in Wien, Jula Günser, war ein Verräter großen Stils und hatte »nach der ersten Ohrfeige zu singen begonnen«, wie sich Franz Marek zornig erinnerte. Im Frühsommer 1944 gingen fast alle noch freien Österreicher ins Netz, darunter auch Marek und Kessler. Dafür war Leopold Hagmüller verantwortlich, genannt der Lange. Er hatte in seinem Versteck Namenslisten aufbewahrt.

Eine Woche vor der Befreiung wartete Franz Marek, der eigentlich Ephraim Feuerlicht hieß, ein Name wie aus einem Roman von Scholem Alejchem, im Militärgefängnis Fresnes auf seine Hinrichtung und schrieb an die Wand der Zelle:

> »Franz Feuerlicht fusillé le 18–8–44
> comme autrichien
> Ne m'oubliez pas
> prévenez mon pays
> aprés la guerre …«

Franz Feuerlicht, erschossen am 18.8.44 / als Österreicher / vergesst mich nicht / benachrichtigt mein Land / nach dem Krieg.

In der Nacht davor wurden Häftlinge aus der Nebenzelle getrieben, Marek hörte die Schüsse im Hof. Er hörte aber auch die amerikanischen Flieger über Fresnes kreisen. Seine Zellentür wurde am Morgen aufgerissen. Davor standen ein französischer Offizier und ein Vertreter vom Roten Kreuz. Sechs Tage später war Paris befreit.

Auch Fred, der Sohn von Paul Kessler, war unter den Verhafteten. Paul hat ihn selbst zurückgeschickt, erzählte mir meine Mutter. Er wurde nie mehr gesehen. Sie erzählte auch, dass dieser Sohn vom Zug gesprungen und umgekommen sei. Aber so war es nicht.

In seinen Erinnerungen »Une rage d'enfant«, Zorn eines Kindes, schrieb André Glucksmann, dass Fred Kessler, ein strahlender Junge, dem er, der damals sechsjährige Jojo, leidenschaftlich zugetan war, in Wien verhaftet und nach Auschwitz deportiert worden sei. Nach der Befreiung des Lagers schlug er den falschen Weg ein, wurde von einer marodierenden Gruppe der Hitlerjugend aufgegriffen und in einen Keller gesperrt, wo er dem Wahnsinn verfiel und starb. Wie will Glucksmann das herausgefunden haben? Denn so war es nicht. Friedrich Kessler wurde im Linzer Landestheater festgenommen, wo er, unter dem Namen Charles Rossi, als Innendekorateur arbeitete. Wahrscheinlich ist Fred im letzten Moment ums Leben gekommen. Sicher ist das nicht. Sein Name scheint auf keiner Todesliste auf. Seine Eltern, Ottilie und Paul Kessler, gaben an, dass ihr Sohn am 29. April 1945 in Theresienstadt erschlagen wurde. Woher wollten sie das wissen? André Glucksmann machte sich nicht die Mühe, es herauszufinden. Er hätte Paul fragen können. Aber er hat ihm nie verziehen und wohl auch seiner Mutter nicht, dass sie nach Österreich zurückgekehrt ist und Paul geheiratet hat.

Anfang Juni 1944 wurde Paul Kessler in einem Vorort von Lyon festgenommen, wochenlang gefoltert und am 17. August, wenige Tage vor der Befreiung, aus dem Lager Drancy geholt und in einen Güterwaggon getrieben, gemeinsam mit Moritz Margulies und anderen Gefangenen. Der Waggon war Teil eines Militärtransports der deutschen Luftwaffe, der sich nach Osten bewegte. Die drei Waggons davor waren mit Gestapo besetzt, darunter einer mit SS-Hauptsturmführer Alois Brunner mit seinem Stab. Paris war verloren, und Brunner haute ab. Hinter ihm der letzte Waggon mit den einundfünfzig Gefangenen, Mitglieder verschiedener Widerstandsgruppen und einige prominente jüdische Häftlinge wie der Leiter des Rothschild-Spitals in Paris, Armand Kohn, und seine Familie, die russische Prinzessin Olga Galitzine und der Großindustrielle Marcel Bloch. Brunner nahm sie als Schutzschild mit, als Geiseln, falls die Résistance zuschlug.

Die Fahrt ging nur stockend voran. Die Bahnstrecke war vermint. Der Zug fuhr im Schritt, um nicht aus dem Gleis zu springen. Immer wieder wurde er von alliierten Fliegern beschossen. Brunner musste mehrfach die Lok austauschen und ließ sie schließlich ans Ende des Zuges setzen, direkt hinter den Waggon mit den Gefangenen. Was sich in diesem letzten Waggon aus Drancy während der langen vier Tage und Nächte an Dramen abspielte, ist mehrfach von den Überlebenden erzählt worden. Jetzt noch erschossen werden, wo doch der Krieg nur mehr eine Frage von Wochen sein konnte! Die Hitze war erstickend, die ständigen Fahrtunterbrechungen, bei denen die Bewacher die Türen aufrissen und den Waggon mit einer Postenkette umstellten, zerrten an den Nerven.

Moritz Margulies war zum Wagenältesten bestimmt worden. Er hatte die längste Kampferfahrung und drängte zur Flucht, solange sie noch in Frankreich waren. Der Zug sollte nach Buchenwald gehen, es war keine Minute zu verlieren. Zweiundzwanzig entschlossen sich zum Sprung. Die illegale Lagerleitung der Résistance hatte ihnen ein Küchenmesser mitgegeben, das in einem Baguette eingebacken war. Moritz schraubte damit die Eisenstreben einer Luke ab. Als der Zug am frühen Morgen des 21. August bei Metz langsam dahinrollte, war es so weit. Draußen tobte ein heftiges Gewitter. Das war die Chance! Sie zogen sich hoch, zwängten sich durch die schmale Öffnung und ließen sich vorsichtig fallen. Sie liefen durch den strömenden Regen bis zu einem abgelegenen Bauernhaus. Die Leute öffneten und gaben ihnen zu essen. Dann trennte sich die Gruppe.

Margulies und Kessler baten den Rabbiner René Kapel, sich mit ihnen nach Paris durchzuschlagen. Sie brauchten unbedingt einen Muttersprachler quer durch die deutschen Linien. Kapel war einverstanden. Überall, wo sie anklopften, wurden sie mit Essen und einem Schlafplatz versorgt. Wie lange sie unterwegs waren, ist schwer zu sagen. Sie mussten 350 Kilometer zurücklegen und orientierten sich an den Bahngleisen. Auch die anderen Springer kamen durch. Von den Zurückgebliebenen im Waggon überlebten zehn die Lager. Die anderen starben in Buchenwald, Neuengamme, Bergen-Belsen und Auschwitz.

André Glucksmann erzählte, dass Paul, in einen Viehwaggon geworfen, den Boden des Waggons aufhebelte und sich bei Metz auf die Schienen fallen ließ. Dann kroch er mit zerquetschten Beinen auf den Vorderarmen zurück nach Lyon, zu Martha. Fünfhundert Kilometer? Was hat Glucksmann zu dieser Fiktion getrieben? Er trauerte ein Leben lang dem Sohn nach, dem großen Freund, der vom eigenen Vater in die Hölle zurückgeschickt worden war. Er trauerte um seine Mutter und verachtete den Mann und die Stadt, die sie ihm weggenommen hatten. Er ist oft nach Wien gefahren, um Martha zu besuchen, das letzte Mal im Frühjahr 1974, um sich von ihr im Allgemeinen Krankenhaus zu verabschieden. Er beschrieb die Stadt als bösartig, feindselig, abgestorben, grabgleich, eine verbitterte Greisin, ein Abgrund des Judenhasses.

Wer aber will wissen, wie es zugegangen ist? Was wusste Paul Kessler über das Land, in das sein Sohn zurückfuhr, was wusste Fred? Er war als Kind mit dem Vater ins Exil gegangen. Linz musste ihm fremder sein als jeder Ort in Frankreich. Ob er eine freie Entscheidung fällte? Hatte man die, als Mitglied der Résistance? Und was ging in seinem Vater vor? Paul wusste, wie es seinem Sohn ergangen war.

Es hat später viele Geschichten und Gerüchte um den Verrat und das Sterben in den finstersten Zonen dieses Kriegs gegeben. Seit der Kindheit geht mir Fred Kessler nach. Sein Vater, der kleine, ruhige Mann, noch im hohen Alter mit dichtem schwarzem Haar, hat mich immer mit Abwehr erfüllt. Den eigenen Sohn zurückzuschicken! Oder, wenn dem nicht so war, es zuzulassen! Einen jungen Burschen, der keine Ahnung haben konnte, was ihn erwartete! Er war zweiundzwanzig, so alt wie mein Sohn, als ich das letzte Mal in Marseille gewesen bin. Wie weit darf Widerstand gehen in der eisernen Zeit? Ich musste an Fred denken, wenn ich vor der Steintafel der Gruppe Missak Manouchian stand.

Und ich dachte an Martha, ich denke oft an sie. Ihr Sohn Jojo, ihr Liebling, der so zärtlich über sie sprach, konnte sie nicht halten, als sie nach Wien zurückging. Sie litt unter der Trennung, immer. Zu meinem 13. Geburtstag schenkte sie mir Heines »Buch der Lieder«. Ein Buch für das Leben, sagte sie.

10

DER MÜLLHAUFEN DER GESCHICHTE

Die Wunden wollen nicht zugehn
Unter dem Dreckverband.

WOLF BIERMANN, CHAUSSEESTRASSE 131

8. Jänner 1937. Josef Stalin empfängt im Kreml Lion Feuchtwanger, deutscher Schriftsteller, Jude, weltberühmt. Stalin hat nach dem ersten Schauprozess gegen die alten Bolschewiki im Westen eine schlechte Presse. Jetzt steht der zweite Prozess gegen Karl Radek und sechzehn weitere Angeklagte bevor. Er wirbt um westliche Schriftsteller, die über den Enthusiasmus im neuen Reich der Hochöfen und Großbaustellen schreiben sollen und nicht über Blut und Tränen. Das Zeugnis eines einflussreichen bürgerlichen Intellektuellen kann viel helfen.

Feuchtwangers Glaube an Recht und Vernunft ist schwer erschüttert. Der kommende Weltkrieg wird sich an vielen Fronten abspielen. Die Nazis machen sich daran, Europa zu unterwerfen. Das faschistische Italien annektiert Äthiopien mittels Luftwaffe und chemischen Vernichtungswaffen. Japan überfällt China in einem bestialischen Eroberungskrieg. Und in Moskau geschieht das Unvorstellbare: Die alten Bolschewiki bekennen sich als Saboteure und Feinde der Sowjetmacht.

Feuchtwanger steht den Kommunisten keineswegs nahe. Hat er seinen Kompass verloren? Die Nadel schwankt, zittert. Welche Alternativen gibt es? Jeder könnte ein Feind sein im Licht des Misstrauens. Was ist Gerücht, was Wirklichkeit? Er ist überzeugt, dass die Sowjetunion gegen den Faschismus unterstützt werden muss. Er weiß, worauf er sich einlässt. Stalin wird ihn als nützlichen Idioten vor den propagandistischen Karren spannen wollen. Was er bisher gesehen hat, stimmt ihn skeptisch. Ihm missfällt die strenge Gängelung der Künstler, der erbärmliche Lebensstandard.

Dann empfängt ihn Stalin. Das Treffen erweist sich als zäh und ermüdend. Feuchtwanger, klein, unscheinbar, das Eulengesicht hinter einer runden randlosen Brille, ist schwer erkältet. Stalin redet sich zunehmend in Rage. Er entwirft ein abenteuerliches Verschwörungsszenario und erzählt von Karl Radek, einst eine der großen Figuren der kommunistischen Internationale und nun ein schändlicher Verräter. Er habe nach langem Leugnen seine Schuld eingestanden. »Ihr Juden«, sagt Stalin, »habt eine ewig wahre Legende geschaffen, die von Judas.« Judas also. Der Jude Radek. Juduschka Trotzki. Das Jüdlein mit dem Ziegenbart und seine Kumpane, die die Sowjetunion an ausländische Generäle verschachern wollen. Feuchtwanger nimmt es hin. Eigentlich eine Frechheit, wie Stalin mit ihm umspringt. Aber über allem steht die Vernunft, Gottes erstgeborenes Kind. Das Gespräch führt zum gewünschten Resultat. Stalin, findet er, muss etwas gegen die Trotzkisten unternehmen.

Er verengt seinen Blick. Die sorgfältige Choreografie seiner zehnwöchigen Reise bleibt ihm nicht verborgen. Nirgendwo ist er allein, ein dichter Kokon aus Aufmerksamkeit und Kontrolle umgibt ihn. Er verengt seinen Blick noch mehr. Er weiß, dass die verrücktesten Lügen den Blick verfinstern können, wenn sie täglich wiederholt werden. Und dass der Radek-Prozess zum Großereignis wird. Aus allen Teilen der Sowjetunion hört er die Forderung nach der Todesstrafe für die ruchlosen Volksfeinde.

23. Jänner 1937. Der Prozess gegen Radek, Pjatakow und fünf-zehn andere wird eröffnet, die erste Garde der Revolution, die laut Anklage auf Weisung von Leo Trotzki ein Parallelzentrum zur Wiederherstellung des Kapitalismus errichtet, den Sturz Sta-lins und die Zerstückelung der UdSSR vorbereitet hätten. Kein einziger Beweis, das Gericht beurteilt allein die Aussagen der Angeklagten. Nichts deutet darauf hin, dass man sie gefoltert und ihre Geständnisse erpresst hat. Das Publikum ist sorgfältig ausgesucht. Neben Feuchtwanger sitzt ein anderer Intellektu-eller, ein Österreicher: Ernst Fischer, ehemals Redakteur der Wiener *Arbeiter-Zeitung*, Funktionär der Komintern. Er spricht ihn an. »Was halten Sie davon?« Fischer weicht aus. »Sie sind un-befangener als ich, der Kommunist. Was halten Sie davon?« Dar-auf Feuchtwanger, zögernd: »Der sinnliche Eindruck ist absolut überzeugend. Wenn das gelogen ist, weiß ich nicht, was wahr ist.« Genau das schreibt er dann auch. Dass er tiefe Zweifel hegt, verschweigt er. Er berichtet aus dem toten Winkel. Mehr noch. Er zeichnet ein schwärmerisches Bild von dem neuen Utopia, wirft seine ganze Reputation hinein, übergeht und beschönigt vieles. Und schreibt eine fast zärtliche Eloge über die Begegnung mit dem *Woschd*, dem Führer.

Übrigens zweifeln nur wenige im Westen an den Geständnis-sen. Kaum jemand kommt auf die Idee, dass sie das Ergebnis monatelanger Folterungen und minutiösen Auswendiglernens waren. Alle späteren Schauprozesse folgten dieser Dramaturgie, Costa-Gavras hat sie dreißig Jahre später in seinem Film »Das Geständnis« nachvollzogen. Je größer die Farce, je bizarrer die Lüge, desto schwieriger, ihr zu entgegnen. Nach dem Urteil for-miert sich eine tobende Menge auf dem Roten Platz und fordert den sofortigen Vollzug der Todesurteile.

Feuchtwanger ist Zeuge dieses beklemmenden Spektakels. Fünf Jahre zuvor hatte er den Roman »Der jüdische Krieg« herausgebracht, über den Feldzug Roms gegen die aufständische Provinz Judäa und die Zerstörung Jerusalems. Es ist mein Lebensbuch. Im Sommer 1969 wanderte ich damit vom Kapitol durch das Forum Romanum, das menschenleer vor mir lag, zwischen hohem, trockenem Gras und dornigen Sträuchern, allein mit hunderten Katzen, die faul im Schatten der großartigen Monumente lagen, und ging langsam hinunter zum Titusbogen. An der nördlichen Seite das Relief mit dem Triumphzug des Kaisers Titus, an der südlichen jenes der jüdischen Sklaven, die auf ihren Schultern die große Menora und die Silbertrompeten aus dem Tempel tragen, von dem nur ein Stück der Westmauer übrig blieb. Auch Feuchtwanger ist lange hier gestanden. Er beschrieb den Blutrausch der römischen Kohorten, die Abschlachtung von Hunderttausenden, den Triumph des Kaisers Titus. Die Triumphwagen ziehen zum Kapitol, an dessen Stufen der Anführer des Aufstands, Simon Bar Giora, erwürgt wird. Die Kriegsgefangenen verschwinden als Zwangsarbeiter in den Bergwerken, Kloaken und Manegen für die Tierhetzen. Ob er in Moskau daran dachte? Wie konnte er nicht daran denken?

Jahre später fiel mir sein Reisebericht »Moskau 1937« in die Hand. Er ist erbärmlich. Kein anderer Autor hat mich mehr geprägt. Feuchtwanger kannte die blutrünstigen Machtspiele der Herrschenden, fast alle seine Romane handeln davon. Es ist nicht die Asche, schrieb er einmal, sondern das Feuer, das ich in der Geschichte suche. Er hat mir die Tür zum Judentum geöffnet, mich zur Historikerin gemacht. Und jetzt las ich, dass dieses schmachvolle Theaterstück des Radek-Prozesses vor seinen Augen und Ohren ablief und er sich als Kronzeuge seiner Rechtmäßigkeit hergab. Warum dieser Kniefall?

Auf meinem Schreibtisch liegt der »Prozessbericht über die Strafsache des sowjetfeindlichen trotzkistischen Zentrums« von 1937. Auf den ersten Blick ist nicht zu erkennen, dass jede Frage und jede Antwort monatelang einstudiert wurde. Aber auf den zweiten. Alles lief wie am Schnürchen. Ebenso der Prozess gegen »László Rajk und Komplizen vor dem Volksgericht«, die 1949 in Budapest hingerichtet wurden. Und »Die konterrevolutionäre Verschwörung von Imre Nagy und Komplizen«, Held des ungarischen Aufstands von 1956, zwei Jahre später gehängt. Der Müllhaufen der Geschichte, heißt es über ihn. Stalins Maxime lautete: kein Mensch, keine Probleme. Außerdem fand ich in der väterlichen Bibliothek zwei Autobiografien: Artur Londons »Ich gestehe« und »Die Wahrheit« von Leopold Trepper. Beide waren führende Akteure in der französischen Résistance gewesen und wie Radek, Slánský, Rajk und Nagy in die stalinistischen Mühlen geraten. Beide schilderten, wie ihre Geständnisse zustande kamen. Sie verschwanden viele Jahre im Verließ, London in Prag, Trepper in Moskau.

Mein Vater hat sich also eingehend mit diesem Müllhaufen beschäftigt. Empört und selbstgerecht konfrontierte ich ihn mit meinen Fundstücken. »Du kannst doch nicht geglaubt haben, dass diese Prozesse irgendwas mit der der Wirklichkeit zu tun hatten«, fuhr ich ihn an. »Haarsträubende Geständnisse ohne eines einzigen Beweises!« Er bestritt nichts. Aber er ließ sich nicht auf meine Vorhaltungen ein. »Das steht dir nicht zu«, sagte er. »Die Sowjetunion hat mir das Leben gerettet.« Pause. »Im Rückspiegel der Geschichte«, sagte er langsam, »kann man leicht klüger sein.« Pause. »Wir sind eine verlorene Generation. Alle, nicht nur wir, auch die andern. Alle haben geglaubt, das Richtige zu tun.«

Jahrelang hatten wir uns in einen heftigen politischen Streit verkeilt, das war das letzte Mal. Ich ließ ab von ihm. Er hat nie versucht, mich politisch zu lenken, weder vorher noch nachher, das rechnete ich ihm hoch an. Er war tief gespalten, das fühlte ich damals, das weiß ich heute. Seine Achse war gebrochen. Wie viele, die sich dem Kommunismus zugewandt hatten, verlangte ihm dieser Weg alles ab, was das Gewissen an Verzicht hergab. Das hieß, Härte zu entwickeln, auch gegen sich selbst. Wichtig war allein das noch Ausstehende. Zu den Todgeweihten gehörten die Abweichler, die sich Wehrenden, der Müllhaufen. Richtet man den Blick fest auf künftige Ziele, lassen sich alle Verbrechen rechtfertigen.

Alexander Solschenizyn fragt in seinem Roman »Der erste Kreis der Hölle«: Wer sitzt in diesem Tribunal, das sich berufen fühlt, ganze Menschengruppen umzubringen? Das ist die entscheidende Frage. Wann begannen diese Tribunale? Ich wählte sie für mein Rigorosum und kniete mich monatelang in die Französische Revolution. Was mich umtrieb, war der Terror nach dem Freiheitsrausch, angestachelt von den Radikalen im Konvent und auf der Straße. Der Mythos der Massenbewegung erfüllt mich seither mit tiefer Skepsis. Ich las, wie der Konvent kastriert wurde. Wie unnachgiebig die Jakobiner alle zur Guillotine schleiften, die verdächtig waren, Volksfeinde zu sein. Wie die Opfer in der Kalkgrube landeten und die Henkersknechte den Blutgeruch mit Salbei und Thymian übertünchten. Wie sich zugleich mit der Erklärung der Menschenrechte die Lynchjustiz freie Bahn verschaffte.

Kurz darauf kam Solschenizyns »Archipel Gulag« heraus, in Paris, in russischer Sprache. Er schlug ein wie eine Bombe. Die sowjetischen Lager waren nicht unbekannt. Aber hier beschrieb Solschenizyn die abgeschottete Gefängnisindustrie als riesige Krake, die hunderte Lager umfasste, im Fernen Osten und hohen Norden, in dessen Permafrost unermessliche Schätze liegen, Gold, Zinn, Kobalt, Wolfram, Uran. Millionen Zwangsarbeiter, als Volksfeinde dazu verdammt, tagtäglich um ihr kleines bisschen Atem zu kämpfen. Dass es diese Höllen namens Workuta oder Kolyma noch gegeben hatte, als ich ein Kind war!

Das alte Lagersystem der Zaren hatte unter den Sowjets ge-wuchert wie ein Krebsgeschwür. Erpressung der Geständnisse. Hunger, Prügel, die Wanzenbox mit tausenden Plagegeistern, die sich auf die Widerspenstigen stürzten, die nichts zugeben wollten. Leben und Sterben am Eismeer, wo neun Monate lang Polarkälte herrscht. Ich erinnerte mich, wie der liebenswürdige Russischlehrer Eugen Flekatsch den Winter in Sibirien geschil-dert hatte. Vierzig Grad unter null. »Es ist so kalt, dass einem die Haut vom Gesicht friert«, erzählte er. »Du musst dir einen Stoff über das Gesicht ziehen, mit Löchern für die Augen und die Nase, sonst ist die Haut weg. Spuckst du aus, landet ein Eisklum-pen auf dem Boden.« Wie überlebt man zehn, zwanzig Jahre im Eismeer? Jeder von uns kannte das russische Volkslied über ei-nen zaristischen Verbannten, der versucht, über den Baikalsee zu entkommen. »Herrlicher Baikal, du heiliges Meer / auf einer Lachstonne will ich dich zwingen!« Aus dem Archipel Gulag war kein Entkommen, weder mit noch ohne Lachstonne.

Und Lion Feuchtwanger? Sein Bericht »Moskau 1937« löste im Westen Entrüstung und wilde Polemiken aus. Im selben Jahr dehnte sich Stalins Paranoia auf das gesamte Offizierskorps der Roten Armee aus. Er enthauptete sie, buchstäblich. Die Folgen nach dem Angriff der Wehrmacht im Juni 1941 waren verhee-rend. Die Deutschen drangen rasch bis Moskau und Stalingrad vor. Hinter der Front hatten die Einsatzgruppen der SS und ihre lokalen Helfer bis Ende 1942 Zeit, eineinhalb Millionen Juden zu ermorden. Zwischen zwanzig und vierzig Millionen Men-schen starben durch den Massenmord auf sowjetischem Gebiet. Wie viele auf Stalins Konto gingen, bleibt ungeklärt. Das furcht-bare Wort von der Säuberung ging in die Weltsprachen ein, ohne dass die meisten begriffen, was es bedeutet.

Feuchtwanger schwieg sich bis zuletzt hartnäckig aus. Er leb-te seit 1941 in Kalifornien, schrieb noch einige großartige Romane und führte ein privilegiertes Leben, umgeben von Freunden, dem Meer und tausenden Büchern. Wie er innerlich mit Stalins Blutspur fertig wurde, fragte ich seine kluge und immer noch schöne Witwe Marta, als ich sie vierzig Jahre später in Pacific Palisades besuchte. »Lesen Sie seine Romane«, antwortete die damals Neunzigjährige. Wie ihr lang verstorbener Mann sagte sie nicht Ja und nicht Nein. Allein die Verbreitung seiner Bücher war wichtig. Ohne den Aufbau-Verlag der DDR hätte er niemals seinen Platz in der Weltliteratur sichern können. Bis heute gilt Lion Feuchtwanger als einer der meistgelesenen deutschen Autoren.

1975, als die Schlächterei von Pol Pot in Kambodscha in vollem Gang war, erschien André Glucksmanns »Köchin und Menschenfresser. Über die Beziehung zwischen Staat, Marxismus und Konzentrationslager«. Schon der Titel war Provokation. Glucksmann zog eine Parallele zwischen dem Lagern der Nazis und der Sowjets, ohne beide Systeme gleichzusetzen. Der Unterschied war, dass die Nazis Millionen umgebracht hatten, weil sie politische Feinde waren oder ihnen ihre Herkunft nicht passte. Stalin aber brachte die eigenen Leute um, darunter die Treuesten der Treuen. Glucksmann, in der Jugend Kommunist, dann einer der Protagonisten des Pariser Mai 1968, dann radikaler Maoist, verließ den Maschinenraum seiner Eltern, nachdem er »Archipel Gulag« gelesen hatte, und zwang die Linke, sich mit Solschenizyn auseinanderzusetzen. Ihre Relativierungen wurden wörtlich zitiert.

»Genosse … Wir dürfen nicht das Kind mit dem blutigen Wasser des ersten Bades ausschütten. Zehn Millionen Leichen, gewiss, doch …«

»Übrigens, wieviel waren es?«

»Russland musste unter besonders harten Bedingungen den

Aufbau beginnen. Schau nicht auf die Einzelheiten, du musst das Ganze sehen.«

»Muss ich dem Sozialismus einen Blankoscheck ausstellen und die vielen zehn Millionen Toten unter Betriebskosten abbuchen?«

Glucksmanns »Köchin« kam kurz nach dem Tod seiner Mutter Martha heraus. Ich hatte sie zum letzten Mal bei meiner Promotion gesehen, blass und niedergeschlagen, schwer gezeichnet von ihrer Krebserkrankung. Sie wusste, dass ich wenige Tage später nach Paris ging, und gab mir einen Brief mit, um mit ihrem Sohn Verbindung aufzunehmen. »Jojo ist wie vom Erdboden verschluckt«, sagte sie. »Kann sein, dass die Polizei hinter ihm her ist.« Nach einigem Nachdenken ging ich in die Impasse Guéménée, eine kleine Sackgasse nahe der Bastille, wo sich das Headquarter der französischen Trotzkisten befand, und bat, ihm den Brief zukommen zu lassen. Nach kurzer Beratung erledigten sie das. Später traf ich ihn.

Ich war perplex, wie ähnlich er Martha war. Die Melancholie der großen, eindringlichen Augen, der Mund, die Nase, die dunklen, wallenden Haare, der Pony, der ihm über die Lider hing, die lebhaften Hände. Wie sein Vater war er groß und schlaksig, aber sonst ganz die Mutter. Er erzählte voll Liebe von seinen Eltern. »Ich bin stolz auf sie«, sagte er. »Sie waren Kommunisten, sie waren Helden. Sie sind als Pioniere nach Palästina gegangen und verließen es gegen jede Vernunft, um nach Hamburg zu gehen und gegen die Nazis zu kämpfen.« Aber beide glaubten an Stalin? »Ja«, sagte er, »aber die Kommunisten in der Résistance verdienen höchsten Respekt. Sie haben sich gegen das absolut Böse gestemmt.«

Über Martha sprach er sehr zärtlich. »Ich habe keine Erinnerung an meinen Vater. Meine Mutter – wenn sie an jemand geglaubt hat, dann an Beethoven. Sie war skeptisch, sie wusste von den Moskauer Prozessen. Jedenfalls hat sie sich nach dem Krieg vom Stalinismus lösen können.« Seine Eltern hatten für ein freies Menschengeschlecht gekämpft, in einer neuen, einer sozialistischen Gesellschaft. Er verstand das. Aber er hielt ihr Ziel für einen Irrweg.

André Glucksmann war überzeugt, dass dem Menschen das Gute nicht in die Wiege gelegt wird. Das Böse lauert in uns allen, sagte er, es muss gezähmt werden. Dass er sich auf die Seite der Amerikaner und der Nato schlug, schmälert nicht seine Verdienste. Er wurde einer der großen Intellektuellen Frankreichs und schrieb gegen den Totalitarismus in jeder Form an, ein wortgewaltiger Nonkonformist zwischen den Stühlen. Er setzte sich für die Menschenrechte ein, für die osteuropäische Opposition, für das Auswanderungsrecht der sowjetischen Juden, für die vietnamesischen Boatpeople, für die Opfer des jugoslawischen Bürgerkriegs und für die Tschetschenen, obwohl er wusste, dass sie stramme Islamisten sind.

Seine frühen Warnungen vor Wladimir Putin blieben ungehört. »Als Putin 1999 in Tschetschenien einmarschiert, behauptet er, gegen zweitausend Terroristen anzutreten. Er schickt seine Bomber, seine Panzer und 100 000 Soldaten zur Eroberung eines Landes, das so groß ist wie Paris, bevölkert von kaum mehr als einer Million Menschen«, schrieb er 2004 in dem Essay »Auf dem Weg ins Chaos«. »Nach so vielen Massakern und dem schwarzen Licht von Beslan spricht Putins Kriegsbilanz für sich: Es ist die Bilanz eines chaotischen Schlachters, eines Fabrikanten der Apokalypse.« Glucksmanns Tod im November 2015 traf mich hart. Er war hochfahrend und hatte einen Hang zum Eiferer. Aber er war ein großer Sehender, eine Kassandra.

11

DIE SPINNE

Die Zweifel, das Misstrauen /
Lassen mich erstarren.

WOLFGANG A. MOZART, FIGAROS HOCHZEIT

Patrick Süskind beschreibt am Ende seines Romans »Das Parfum« eine Massenverführung in der südfranzösischen Stadt Grasse, die ein Mädchenmörder in ein infernalisches Bacchanal kippen lässt. Zehntausend Schaulustige versammeln sich, warten begierig auf eine feierlich inszenierte Hinrichtung und fallen dem Delinquenten anheim, als dieser, angetan mit seinem Parfüm, das Publikum verzaubert. Dieses Parfüm, destilliert aus dem Duft der Haut von fünfundzwanzig Jungfrauen, verleiht ihm unbegrenzte Macht. Die Grasser fallen in Verzückung und eine wüste Sexorgie und erwachen am nächsten Morgen mit einem schweren Kater. Das Ereignis erscheint so unvereinbar mit ihren moralischen Vorstellungen, dass sie es tief in sich begraben. Kein Wort fällt über das Geschehene. Der Fall wird als erledigt betrachtet, über das Unerhörte ein Mantel des Schweigens gelegt. Und bald hatte sich das Leben normalisiert. Die Leute arbeiteten fleißig und schliefen gut und gingen ihren Geschäften nach und hielten sich rechtschaffen.

Die Geschichte des genialen Scheusals Jean-Baptiste Grenouille spielt im 18. Jahrhundert. Süskind erzählt nicht, wie es weiterging. Wie die Familien der ermordeten Mädchen mit dem schrecklichen Verlust fertigwurden. Wie der Hass sie fast erstickte. Wie sie ihre Rachegelüste zu stillen versuchten. Wie sie starr waren vor Entsetzen und Scham. Jeder hatte gewusst, dass ein Serienmörder umging. Warum hatten sie ihre Töchter nicht in Sicherheit gebracht? Die Schuldgefühle brachten sie fast um. Aber die anderen Grasser wählten den naheliegenden Weg: Sie schwiegen sich aus.

»Das Parfum« erschien 1985 und wurde sofort zu einem großen Erfolg. Seine Schlusserzählung kann als Parabel der Nachkriegszeit gelesen werden.

Schweigen ist eine praktikable Technik, psychische Katastrophen zu überleben. Darin fanden sich Täter, Mitläufer, Kriegsgewinner und Draufzahler. Und die Angehörigen der Kriegsopfer. Weil man seine kriminellen Energien umgesetzt hatte und sich nun eine Tarnkappe überzog. Weil man große Hoffnungen gehegt hatte. Weil es niemanden interessierte, was man verloren hatte. Die Statistik ist grauenvoll. Sowjetunion: 24 Millionen Tote. China: 20 Millionen Tote, davon die große Mehrheit Zivilisten. Deutschland: 7,7 Millionen Tote. Polen: 5,6 Millionen Tote, fast alles Zivilisten. Wie hätte über diesen Blutzoll gesprochen werden können?

Am konsequentesten wurde der Judenmord beschwiegen. Die Österreicher setzten sich vom Nazireich und ihren persönlichen Verstrickungen in größter Eile ab. Über den Schutt wurde ein vaterländischer Humus gestreut, auf dem die Blüten der Vertuschung in allen Parteifarben gediehen. Den Deutschen wurde das viel schwerer gemacht.

Vielleicht war »Das Tagebuch der Anne Frank« deshalb ein so großer Erfolg, weil es von einem jungen Mädchen geschrieben wurde, das nicht überlebt hat. Der Tod in Bergen-Belsen blieb in der Zukunft verborgen. Das Tagebuch berichtete vom ersten Kreis der Hölle, nicht von der Hölle selbst. Was ging in der empfindsamen Anne vor in der Absurdität des Infernos? Hätte sie überlebt und wäre ihr Tagebuch erschienen, wer hätte es gelesen? Für die Besetzung der ersten Verfilmung 1959 castete der amerikanische Regisseur George Stevens angeblich zehntausend junge Mädchen. Die Fotos der Gewinnerin Millie Perkins im Jugendmagazin *Bravo*, eine großäugige Zwanzigjährige mit Stupsnase, zeigten ein glattes, leeres Gesicht. Der Kinotrailer warb für einen Thriller, gemixt mit einer bittersüßen Romanze. Anne und ihr Freund Peter, zwei amerikanische Teenager. Ich ging nicht hin und verweigerte alle weiteren Remakes.

Zu »Exodus« im vollbesetzten Forum-Kino schlich ich wie zu einem geheimen Date. Ich war vierzehn und hatte eben den Roman von Leon Uris verschlungen. Der Film überfiel mich wie ein Stromschlag. Brennende Wangen, Scham, Stolz, Ohnmacht, Euphorie, Tränen. Der Mann am Nebensitz drehte den Kopf zu mir. Was geht in ihm vor, was in den Köpfen des Publikums? Die Leute saßen gelassen da, plauderten in der Pause Belangloses, tranken Sekt. Unruhiges Herumtigern in den ausgedehnten Foyers. Die jüdischen Flüchtlinge auf Zypern, festgezurrt in einem britischen Lager. Der verrostete Kahn, auf den sie geschleust werden, der Blockadebrecher *Exodus*. Der smarte Paul Newman als getarnter britischer Offizier, der diesen Coup organisiert. Die UNO-Abstimmung über die Teilung Palästinas. Alles im Jahr meiner Geburt. In mir ging es drunter und drüber. Das Schweigen meiner Kindheit. Die Fotos der Großmütter auf Mamas Psyche.

»Das bedrohliche Tabuthema. Die Großeltern und was mit ihnen geschah«, sagte Paul Stein, als ich ihm davon erzählte. »Die Schuldgefühle der Eltern. Ihre Angst, Leichenberge ins Kinderzimmer zu tragen.« Ich bin ihnen bis heute dankbar, dass sie die schwarzen Nebel abwehrten, die aus Massengräbern stiegen. Aber ihr Schweigen war schwer zu ertragen. »Ihr Problem war«, vermutete Paul, »wie und ob man überhaupt es den Kindern erzählen soll.« Ich selbst verschwieg das Gefühlschaos viele Jahrzehnte. Es verkroch sich wie eine Spinne unter einem Stein. Manchmal kommt sie heraus, um unvermutet ihr Netz über mich zu werfen, gesponnen aus Wut, Stolz, Misstrauen und tiefer Kränkung.

Der Sportklub Hakoah war in den Sechzigern ein beliebter Treffpunkt für junge Juden, Religiöse, Liberale, Sozialisten und einige Kommunistenkinder. Nicht, dass wir viel über unsere Eltern redeten. Sie hatten im Lager, im Untergrund oder in der Emigration überlebt, und wir waren hier, am anderen Ufer des Styx, ohne in den Hades zu schauen, in dem die Seelen unserer Verlorenen hausten. Wir wollten nicht zu viel darüber wissen. Was mit den Großeltern passiert war, ließen nur wenige an sich heran. Ein großes Thema war, wie und ob wir in Österreich leben oder anderswohin gehen sollten.

Unter den religiösen Zionisten der Misrachi und in ihrer Jugendorganisation Bnei Akiva wurde ständig über das Lager und den Tod gesprochen, erzählt Ruth Werdigier. Schon als Kind hatte sie immer wieder gehört, wie die Mutter aus dem siebenbürgischen Bistritz nach Riga deportiert und ihre Familie umgebracht wurde. Ruth erlebte ihren zwanghaften Erzählfluss als große Bedrängnis. »Es waren furchtbare Geschichten über das Arbeitslager, wo meine Mutter Schrauben in Flugzeugteile drehen musste. Es gab drei Kartoffeln am Tag zu essen, wovon sie manchmal zwei ihrer schwächlichen Schwester gab, damit sie überleben konnte. Mama beschrieb auch den Todesmarsch quer durch die Birkenwälder des Baltikums in das Konzentrationslager Stutthof, und dass sie seither beim Anblick von Birken schreckliche Erinnerungen quälen. Die Eltern und drei ihrer Geschwister hat meine Mutter nie wieder gesehen. Sie ist heute hundert Jahre alt und sehr religiös. Mein Vater, dessen erste

Ehefrau und die einjährige Tochter ermordet wurden, hat nie über seine grauenvollen Erlebnisse gesprochen. Aber ich hörte ihn in der Nacht schreien.«

Auch unter den Linkszionisten im Haschomer Hazaïr war die Schoah ständig präsent. »Der Haschomer hat mich gerettet«, erzählt Berta Pixner. »Ohne ihn wäre ich untergegangen. Daheim herrschte eine seltsame Spannung. Beide Eltern haben eisern über Auschwitz geschwiegen. Wir spürten, dass in ihrem Leben etwas Schreckliches geschehen ist. Mein Bruder und ich nahmen das hin, ohne es zu hinterfragen. Meine Mutter fing erst zu sprechen an, nachdem mein Vater gestorben ist.« Damals war Berta zwölf. »Der Schomer wurde meine seelische Heimat. Ein Zuhause unter Gleichaltrigen und Gleichgesinnten. Dort erfuhr ich, was während der Schoah geschehen ist.« Heute, sagt Berta, hat sie das Thema für sich abgeschlossen.

Als Heinz Epler im November 1950 auf die Welt kommt, dreht sich alles um das Drama seiner vier Jahre älteren Schwester Liesi. Das von den Eltern über alles geliebte Sorgenkind, noch in New York geboren, ist ein blaues Baby mit einem Loch im Herzen, blond und blauäugig, zart und zerbrechlich. Heute werden diese Kinder gerettet, aber damals ist das fast nicht möglich. Liesi stirbt mit sechs Jahren. Heinz kann die unentwegte Trauer der Eltern nicht begreifen und auch nicht, welche Rolle er in dieser Familie spielt. Einmal zeigte er mir ein Foto seiner Mutter mit ihm und Liesi. Eine dunkelhaarige junge Frau im winterlichen Wien, an der einen Hand den zweijährigen Buben, der ihr später sehr ähnlichsehen wird, an der anderen die Schwester. Alle drei schauen verloren in die Kamera, die Mutter mit einem Blick – was mache ich hier?

Klara Epler ist eine von Schwermut gezeichnete Frau. Sie stammt aus einer frommen Familie, der Vater war Kantor einer kleinen ungarischen Gemeinde. Klaras Eltern werden 1944 in Auschwitz umgebracht, auch der Mann und die Tochter ihrer Schwester Manci Vielwahr, die als Krankenschwester überlebt, im Dienst des Lagerarztes Josef Mengele. »Am Freitagabend«, erzählte Heinz, »hat sich meine Mutter ein Tuch umgebunden, Kerzen angezündet und gebetet. Niemand sagte mir, warum. Da war die gebeugte Frau, die sich in tiefem Schmerz hin und her bewegt, in einer unbekannten Sprache murmelt und singt. Sie hatte in Wien Medizin studiert und ist mit meinem Vater nach New York geflüchtet und hat dort als Krankenschwester gearbeitet. Sie liebte die Stadt und verließ sie äußerst ungern, um meinem Vater nach Wien zu folgen.«

Jetzt lebt Klara in einer finsteren, stickigen Parterrewohnung in der Posthorngasse. Um sechs Uhr früh bricht sie auf, um nach Schwechat zu fahren, in die sowjetische Mineralölverwaltung, später die OMV, wo sie als Laborantin arbeitet. Sie sehnt sich nach New York, und Heinz phantasierte lange, dass die Mutter eines Tages dorthin zurückkehrt und ihn mitnimmt. Dazu kommt es nie, sie stirbt früh an einem Herzleiden. Viel später verbringt er ein Berufsjahr in Amerika, ein wahr gewordener Traum. Er wäre gern für immer geblieben, aber er wagt nicht den Absprung, er ist schon Ende vierzig.

Sein Vater, Ernst Epler, ist Journalist mit dem Ruf eines Zynikers. Ich erinnere den alten Epler, so nannten wir ihn, als hageren, einsilbigen Mann. Zurückgestriegeltes, graues Haar, verschlossenes Gesicht, markanter Schnurrbart. Er stand bei Veranstaltungen am Rand, mit einem Bleistift über dem rechten Ohr und einem kleinen Notizblock in der Linken, auf den er ab und zu etwas kritzelte. Am nächsten Tag erschien in der *Volksstimme* ein langer Artikel mit wortidenten Zitaten. Dafür war er berühmt. Abends, wenn die Mutter heimkommt, geht er in seine Parteisektion. »Er war froh«, erzählte Heinz, »dass aus Österreich keine Volksdemokratie wurde, denn als Jude, der jahrelang in den USA gelebt hat, wäre er nicht bei der Zeitung, sondern im sowjetischen Geheimdienst gelandet.« Das Familienleben spielt sich im Kokon der amerikanischen Emigration ab. Heinz wird in die Russischklasse der Stubenbastei geschickt, wo er ein Einzelgänger bleibt, skeptisch und zurückhaltend, manchmal untergriffig und verletzend. Ein auffälliger Bursche, groß und schlaksig, mit rabenschwarzem Haar, dunklem Teint und heftigen Augen. Der Vater sieht ihn als totalen Versager. Aus dir wird nie was, pflegt er zu sagen.

Heinz, der nicht weiß, was aus ihm werden soll, führt eine langjährige Beziehung mit Grete, aus demselben Milieu wie er. Als ein Kind unterwegs ist, wird geheiratet. Der junge Vater studiert Philosophie, schläft tagsüber und liest nachts, umkreist stundenlang den Tisch mit einem Buch in der Hand, eine lebenslange Gewohnheit. Er hat Zeit und Muße, seine Doktorarbeit über den Wiener Kreis zu schreiben. Als die Ehe mit Grete zerbricht, wächst die sechsjährige Tochter überwiegend bei ihm auf. Das hat er mit Verve durchgesetzt. Irgendwie gelang es ihm, Grete das Sorgerecht zu entreißen. Aber er hat wenig Ahnung, was ein Kind braucht und wie seine Tochter, die abends am Fenster sitzt und auf ihn wartet, mit seinem unsteten Geist zurechtkommt. Er war ein schrecklicher Vater, sagt sie. Sie zwang mich, einen Job zu finden und Geld zu verdienen, sagte er.

Durch Zufall landet er im ORF und entdeckt seine Begabung für den Fernsehjournalismus. Er lernt, dass Bilder ihre eigene Geschichte verraten, und entwickelt eine schnörkellose Handschrift. Er liebt diesen Beruf, der seinem Leben Struktur und Inhalt gibt. Seine Sozialisation, der er so skeptisch gegenübersteht, fließt in die Arbeit ein, oft nur osmotisch, aber immer kenntlich. Unvergessen seine hintersinnigen Interviews mit Jörg Haider, der einen seltsamen Hang zu Juden hatte. Er dreht auch sinistre

Feuilletons, die sich großer Beliebtheit erfreuen. Ich erinnere mich an die Story »Seppi muss leben« über einen Grünfinken, der, in einem Käfig schaukelnd, in einer Wiener Tabaktrafik die Kunden durch sein Trillern erfreut. Bis die Magistratsabteilung 22, zuständig für Umweltschutz und Abfallentsorgung, Seppi abholt und ins Tierschutzhaus einliefert. Heinz interviewt den gebrochenen Trafikanten beim Besuch seines Vögelchens und löst Gefühlsstürme im Publikum aus.

In meinem ersten Fernsehjahr arbeiteten wir oft zusammen, hatten Spaß und heftigen Krach. Ich bin vielen schwierigen Menschen begegnet, aber Heinz war der rätselhafteste. Ein scharfsinniger Rabauke, herausfordernd und nachtragend. Sagte man ein falsches Wort, explodierte er wie ein Feuerwerkskörper. Er rauchte viel und trank Hochprozentiges, vor allem nachts. Leise Einwände wehrte er ab: »Meine Lunge und Leber sind zäh.« Auf Spaziergängen hielt er Monologe über seine verstörte Mutter, den verbitterten Vater, ihre »Katastrophenehe« und vernichteten Hoffnungen. »Ich bin ein Schattenkind«, sagte er. Der schwarze Schleier, *the long black veil*.

Als ich die Redaktion wechselte und meiner Wege ging, reagierte er mit alptraumhaften Szenen. Viele Jahre sahen wir uns selten, bis die Krankheit zuschlägt, die er mit großem Gleichmut erträgt. »Zunächst«, erzählte er, »ist man niedergeschmettert. Aber man muss damit leben.« Er wusste, dass seine Prognose hoffnungslos war. Wir trafen uns in diesem letzten Jahr immer wieder und sprachen über unsere Kindheit. »Schreib darüber«, sagte er. Er hatte lange mit sich und der Welt gehadert, aber das war vorbei. Er war von Familie und Freunden umgeben und endete weder in einer Klinik noch in einem Hospiz. Eine Woche, bevor er gegangen ist, rief er an. »Helly, ich habe nicht mehr viel Zeit. Ich habe nachgedacht. Du musst mir die Totenrede halten.« Unbehagliche Stille, dann ging ich ihn noch einmal besuchen. Es wurde ein heiterer Nachmittag. Er fand, dass er sein Leben gut hinter sich gebracht hatte. Bei seiner Verabschiedung in der Feuerhalle sah ich ihn in der ersten Reihe sitzen, um sich anzuhören, wie er erinnert wird.

Von den rund neun Millionen Juden, die in Europa vor dem Krieg gelebt hatten, blieben drei am Leben. Darunter eine, die Tom Segev »Die siebte Million« nannte. Sie schwieg, aus Scham über die Schmach, die ihr angetan wurde, die Schändung ihrer Toten, die Schuld, noch am Leben zu sein. Sie sprach nicht darüber, und ihre Kinder wagten nicht zu fragen. Auch nicht in Israel, wo sie alles gegeben hätten, um das neue Leben zu begrüßen. Wären da nicht die Obsessionen gewesen, die Angst, aus welchem Kanal die SS im nächsten Moment heraussteigen würde, die schlaflosen Nächte, der unterdrückte Durst nach Rache.

Die eingesessenen Israelis fürchteten sich vor einer Begegnung mit diesen Verdammten, vor dem Redestrom, der aus ihnen herausbrach, den Flashbacks, als wären sie wieder *dort*. Manche konnten nicht anders, als ihr restliches Leben immer nur über *dort* zu reden. Israel tat sich schwer mit ihnen, und auch Amerika, das andere Gelobte Land. Kein Ort für Alpträume.

»Herman Broder drehte sich um und machte ein Auge auf. Halb noch im Traum fragte er sich, ob er in Amerika sei, in Tzivkev oder in einem deutschen Lager. In der Phantasie versetzte er sich sogar in das Versteck auf dem Heuboden in Lipsk. Alle diese Orte verschmolzen gelegentlich in seinem Geist. Er wusste zwar, dass er in Brooklyn war, aber er hörte Nazis schreien. Sie stocherten mit ihren Bajonetten herum und versuchten, ihn aufzustöbern, während er sich immer tiefer ins Heu presste.« So beginnt Isaac B. Singers »Feinde, die Geschichte einer Liebe«. Ein kühner Roman über das Nachher, von Paul Mazursky kongenial verfilmt. »Großes Kino«, schrieb die Zeitschrift *Cinema*, »komisch, traurig und paradox.«

Meine Mutter trug die unheilbare Wunde bis an ihr Lebensende. Sie erzählte nur wenig über ihre Mutter Sura und nichts über Adolf Helfer, ihren Stiefbruder in New York. Sie konnte ihm nicht verzeihen, dass er Sura nicht herausgeholt hatte. Er wusste das. »Glaube, mein liebes Schwesterlein«, schrieb er ihr 1966, »mein Herz weint ständig nach unseren Lieben. Aber was konnten wir machen? Ich habe den Onkel Abe gebeten, er soll doch mir helfen, Affidavits für die Eltern zu verschaffen. Weisst du, was seine Antwort war? Was werden die Eltern in America machen? Was brauchen sie hier sterben, sollen sie in Europa sterben. Du kannst Dir keinen Begriff machen, wie ich darüber gefühlt habe, gerade so, wenn einer hätte mir ein Messer ins Herz gestochen. Glaube mir, mein gutes Herzerl, als wir helfen wollten, hat sich eine Wand vor unsere Augen gestellt, und so waren wir machtlos. Wir haben doch nicht gewusst, was zu tun war. Englisch konnten wir nicht, und Verbindungen hatten wir keine. Glaube, mein Schwesterlein, das ist die vollste Wahrheit.«

Adolf Helfer war damals 58. Er lebte in Highbridge, einem schäbigen Viertel der Bronx, und hatte ein krankes Herz. Sein Brief klang entmutigt und erschöpft. »Hier ist das Leben sehr schwer, ich habe doch ein Cleaning Store mit Tailoring und Kürschnerei, die liebe Erna und ich arbeiten sehr, sehr schwer, ein trockenes Leben zu machen.« Er hat den Kontakt zu meiner Mutter nie abreißen lassen, schrieb ihr viele Briefe nach Epsom, London und Wien, aber für diesen brauchte er fünfundzwanzig Jahre.

Im August 1970 trafen zwei Grandseigneurs der österreichischen Kulturszene aufeinander: Der ORF-Journalist Heinz Fischer-Karwin interviewte den Literaten Friedrich Torberg.

Fischer-Karwin war während des Zweiten Weltkriegs Wehrmachtsoffizier gewesen, Torberg konnte mit großem Glück in die USA flüchten. Beide waren Weltbürger und vorzügliche Rhetoriker mit dem Ruf, ziemlich arrogant zu sein. Torberg promotete oft seine Zugehörigkeit zum Judentum. Wer als Jude zur Welt kommt, sollte sich zu erkennen geben und verstehen, was es bedeutet, »an Stolz und Pein, an Größe und Verpflichtung«, wie er in einem Text über Max Brod schrieb. Aus dem amerikanischen Exil zurückgekehrt, machte er sich einen Namen als Kommunistenfeind. Alle, von Thomas Mann abwärts, die nur die geringste Neigung zur Linken hatten, stieß er in den literarischen Abgrund. Daneben verfasste er Theaterkritiken und schrieb die Bücher des israelischen Satirikers Ephraim Kishon ins Deutsche um. Sie trugen Kishon Millionenauflagen ein. Hier trafen sich zwei, Torberg aus Wien, Kishon aus Budapest, die knapp dem Tod entkommen waren und Spaß daran hatten, sich über Juden und ihre Eigenarten auszulassen. Bis heute wurden 34 Millionen Bücher aus der Werkstatt Kishon / Torberg verkauft. Dass die bissigen Schilderungen des israelischen Alltags die Deutschen begeisterten, war eine literarische Sensation der sechziger Jahre und nicht nur Torbergs Bearbeitung zu verdanken. Sie waren eine paradoxe Form der Entschuldung. So also sind sie, die Juden! Menschen wie wir, mit Schwächen, schlechten Manieren und schrecklichen Ehefrauen. Und nirgendwo steht, dass wir Deutsche alle Nazis sind.

Fischer-Karwin war alles andere als ein Ewiggestriger. Aber als er sich mit Torberg vor die Kameras setzte, um ihn über sein Leben zu befragen, brachte er während des einstündigen Gesprächs das Wort Jude nicht über die Lippen. Er stellte knappe Fragen, Torberg antwortete beflissen. Sie sprachen über seine Jugend, seine frühen Erfolge, seine Emigration, ohne sich damit aufzuhalten, was der Grund für die Flucht war. Beide setzten voraus, dass das Publikum wusste, warum. Sie umschifften die gefährliche Klippe, bis Torberg auf die Frage, woran er jetzt arbeite, vom Minnesänger Süßkind von Trimberg erzählte, dem ersten Juden, der auf Deutsch dichtete, und dabei das vermaledeite J-Wort in den Mund nahm. Fischer-Karwin schnitt es ihm ab und stellte eine andere Frage. Da war sie, die Spinne. Lange hatte sie sich nicht blicken lassen.

Ein halbes Jahr danach fragte mich Werner Welzig, Shooting Star der Wiener Germanistik, worüber ich meine Doktorarbeit zu schreiben gedenke. Ich antwortete wie aus der Pistole geschossen: der historische Roman bei Lion Feuchtwanger. »Die Füchse im Weinberg«. Die Verkleidung des Heute im Gestern. Ich hatte mich lange auf das Gespräch vorbereitet und redete mich warm. Welzig, damals Ende dreißig, hörte kurz zu und winkte ab. »Feuchtwanger? Das ist Emigrantenliteratur. Suchen Sie sich was anderes.« Hinter ihm sah ich die Spinne zwischen den Büchern im Regal auftauchen. Das war das Ende meines Literaturstudiums. Am selben Tag hing ein Zettel an der Tür des Historischen Instituts. »Heute 15 Uhr: Aufnahmsprüfung Seminar Gerald Stourzh. Zur Entstehung der amerikanischen Bundesverfassung.« Welche Überraschung! Was für ein Zufall! Feuchtwangers Füchse sind die Vorgeschichte dieser Verfassung. Paris, das Ancien Régime, Beaumarchais und »Die Hochzeit des Figaro«, Benjamin Franklin, die Amerikanische Revolution und was das miteinander zu tun hatte. Drei Stunden Zeit, um mich vorzubereiten.

Ein Jahr später begann ich bei Stourzh meine Dissertation über österreichische Exilpolitik. Sie wurde 1975, im dreißigsten Jahr der Befreiung, vom renommierten Böhlau-Verlag publiziert. Als ich die Fahnenkorrektur zurückbrachte, sah ich mir das Cover an und war entsetzt. Der Titel, »Politik im Wartesaal«, war weiß und fett in deutscher Fraktur gesetzt, der Umschlag glänzendes SS-Schwarz, der Fotoausriss gelb unterlegt. Ich, aufgebracht: »Das schaut ja aus wie eine Nazipublikation!« Der Lektor, kühl: »Pudeln S' Ihna net auf, san S' froh, dass des herauskommt.« Die Spinne hockte am Fensterbrett und grinste mich an. »Kann ich mit dem Grafiker reden?« »Kommt nicht in Frage.« Ich nahm die Fahnen und ging.

Hilferuf beim Vorsitzenden der Kommission für Neuere Geschichte, Erich Zöllner, die als Herausgeber fungiert. »Da können wir leider nichts machen«, sagt er. »Der Verlag hat das Copyright.« Bekannte Gefühle breiten sich aus, Wut, Ohnmacht, tiefe Kränkung. »Das ist ein gezielter Affront. Kann ich den Druck verweigern?« Zöllner schüttelt bedauernd den Kopf. »Das würde einen gewaltigen Rechtsstreit mit dem Verlag heraufbeschwören.« Warum, der Druck konnte doch etwas hinausgezögert werden? Zöllner, ein hochanständiger Mensch, der mir durchaus gewogen war, sagt leise: »Schaun S' lieber, dass die Fahnen nachkorrigiert werden.« Er zieht eine dicke Mappe zu sich und zeigt mir, wo in den Fahnen statt »Jugendorganisation« das verdammte J-Wort steht.

Das Buch kam heraus und machte mir keine Freude. Es blieb liegen wie ein nasser Sack. Zehn Jahre später wurden die unverkauften Exemplare eingestampft, eine gewisse Marge wurde an Antiquariate verteilt. Der Band gilt heute als Standardwerk. Als er von der Universität Innsbruck vor einigen Jahren digital wieder aufgelegt wurde, ersuchte ich, den deplorablen Umschlag wegzulassen.

Friedrich Torberg brachte im selben Jahr »Die Tante Jolesch oder Der Untergang des Abendlandes in Anekdoten« heraus. Es handelt vom jüdischen Bürgertum der Zwischenkriegszeit. Kein Wort über seine Vernichtung, aber natürlich spürt man Torbergs Trauer über die verlorene Welt der Tante Jolesch. Das

Buch mit seinen großartigen Figuren und dem legendären Sprachwitz seines Autors wurde ein Bestseller, erlebte viele Neuauflagen, eine Verfilmung und mehrere Folgepublikationen. Einige Zitate der Tante Jolesch sind in den geflügelten Wortschatz der Republik eingegangen. Mein Favorit ist: »Alle Städte sind gleich, nur Venedig is a bissele anders.«

12

DER SCHNITTER

Espenbaum, dein Laub blickt weiß ins Dunkel.
Meiner Mutter Haar ward nimmer weiß.
Löwenzahn, so grün ist die Ukraine.
Meine blonde Mutter kam nicht heim.

PAUL CELAN, MOHN UND GEDÄCHTNIS

Erstmals begegnete mir der Tod in der Kindersingschule, da war ich sechs. Ich lernte viele alte Volkslieder, einige kann ich immer noch singen, wenn man mich aus dem tiefen Schlaf weckt. »Es ist ein Schnitter, der heißt Tod / Hat G'walt vom großen Gott / Gleich wetzt er das Messer / Es schneid't schon viel besser / Bald wird er dreinschneiden / Wir müssen's erleiden / Hüt' dich, schön's Blümelein …«

Weiß der Kuckuck, was der Gesangslehrerin eingefallen ist, uns dieses Lied einzutrichtern. Es ist vor langer Zeit entstanden, erzählte sie, in einem Krieg, der dreißig Jahre gewütet hat. Dreißig Jahre! Millionen Tote! Wie viel sind Millionen? Wie stirbt man? Einfach hinfallen, umsinken wie eine Lilie? In der »Kinderwelt von A bis Z« stand nichts über Krieg und nichts über Tod. Die ersten Bilder vom Sterben zeigte meine Ausgabe von Grimms Märchen mit seinen schwarz-weißen Holzschnitten und bunten Tafeln. Ein in den Käfig gesperrter Hänsel, der geschlachtet werden soll und die Hand herausstreckt. Die Hexe, die Gretl in den Ofen stößt, aus dem die Flammen schlagen. Das Schneewittchen mit dem rosaroten Kleid lag in seinem gläsernen Sarg. Ich umrandete es mit einem dicken schwarzen Bleistift. Der Schnitter Tod stand mir sehr lebendig vor Augen. Wie mochte er aussehen? Ich sang das Lied zu Hause, laut und inbrünstig, es übte eine seltsame Faszination aus. Hör auf, sagte die Mama ungewohnt scharf, ich kann das nicht hören. Hör auf damit!

Dann bekam ich das Bild von zwei Buben mit aufgerissenen Augen zu Gesicht, Michael und Robert Meeropol, zur Zeit der Hinrichtung ihrer Eltern. Darunter der erste Zeitungsartikel, den ich gelesen habe, ein Jahr, nachdem Ethel und Julius Rosenberg auf dem elektrischen Stuhl starben, Ethel erst nach mehreren Stromstößen. Ihr inniger Abschiedskuss, ihr letzter Gang und die Hinrichtung selbst, alles fotografiert.

»Die Rosenbergs waren unschuldig«, sagte meine Mutter. »In Amerika ist eine Hexenjagd im Gang, es ist furchtbar. Man hat sie umgebracht ohne Beweise. Man sagt, sie haben für die Russen spioniert. Viele Menschen haben versucht, sie zu retten, aber es war alles vergeblich.«

Ich starre auf die Fotos. Eines zeigt die Rosenbergs in offenen Särgen, nach jüdischer Tradition im weißen Totengewand, mit friedlichen Gesichtern. Jemand hat ihnen einen Anflug von Lächeln hineinmassiert. Ethel hat seidene Schleifen an ihrem Hemd und ein weißes Spitzentuch über dem Haar, Julius einen Gebetschal umgelegt und eine weiße Haube auf dem Kopf. Darunter steht »Im Zustand nach Ausführung, 1953«. Noch im Nachhinein diese Erniedrigung. Ich kann den alten Zorn noch immer spüren.

Die frühen Jahre vergingen, in denen ich mir den Schnitter vom Leib hielt. Da der Mensch sterblich ist, hat er gelernt, nicht an seinen Tod zu denken. Wir lebten unter Schnittern, und dabei beließen wir es. Es wäre sonst schwierig gewesen zu bleiben. Viele von uns verließen das Land.

Mein erster politischer Auftritt. 1. Mai 1964

Der Paragraf 1 der österreichischen Seelenverfassung lautete:
Wir waren nicht dabei. Die wenigen Versuche, den Nazischutt
aufzugraben, scheiterten. Als der populäre Helmut Qualtinger
in der Rolle eines zynischen Mitläufers das Schweigen brach,
nicht in einem Kellertheater, sondern über das Fernsehen, löste

er fast eine Staatskrise aus. Noch während »Der Herr Karl« dem Publikum an die Gurgel sprang, reagierte es mit einem kollektiven Wutausbruch. Wochenlange Erregungswellen. Schickt den Fernsehdirektor nach Sibirien! Man schrieb November 1961. Damals war der ehemalige Ghettokommandant von Wilna und ÖVP-Politiker Franz Murer bereits in Untersuchungshaft. Im Juni 1963 sprach ihn ein Grazer Geschworenengericht frei. Er war einer der schlimmsten Schnitter gewesen, ein fanatischer Judenhasser. Und auch wenn sich heute niemand im steirischen Gaishorn am See an ihn erinnern will, bleibt er als Schlächter von Wilna festgezurrt. Die überlebenden Opfer erzählten Schreckliches. Murer leugnete jeden Vorwurf. Es gab Gelächter, als die Söhne des Angeklagten die jüdischen Zeugen verhöhnten, die sich nicht an die Farbe seiner Uniform erinnern konnten. Der Prozess dauerte zehn Tage. Nach dem Freispruch herrschte Jubel im Gerichtssaal.

Eine Woche später hefteten sich Schüler und Studenten einen Judenstern aus Papier an Jacken, Kleider und Blusen, hielten Plakate mit »Mörder Murer hinter Gitter« hoch und verteilten Flugblätter in der Innenstadt. Die Aktion Gelber Stern war von einigen Katholiken, Sozialisten und Kommunisten organisiert worden. Ich stand am Michaelerplatz, mit einem Stoß Flugblättern in der Hand. Wenige Passanten nahmen eines, fast alle gingen mit versperrtem Gesicht vorbei. Keiner sprach uns an. Vor Scham brannte mir das Gesicht.

Knappe zwei Jahre später gingen Tausende auf die Straße, um gegen den bekennenden Antisemiten Taras Borodajkewycz zu protestieren. Der Geschichtsprofessor an der Hochschule für Welthandel nahm sich kein Blatt vor den Mund. Seine Studenten lachten beifällig, wenn er über die österreichische Verfassung herzog, die »von einem Juden namens Kelsen stammt. In Wirklichkeit hieß er Kohn.« Der spätere Finanzminister Ferdinand Lacina protokollierte, der spätere Bundespräsident Heinz Fischer veröffentlichte die Mitschrift. Borodajkewycz klagte, mit Erfolg.

Die Affäre kam im März 1965 durch den Kabarettisten Gerhard Bronner an die Öffentlichkeit, als fiktives Interview, gespickt mit Originalzitaten des Professors. Mein Vater sagte: »Unglaublich. Wenn das wahr ist, muss es krachen.« Unsere Klassenvorständin Leopoldine Passegger, eine bürgerliche Lady, äußerte sich am nächsten Tag in der Schule aufgebracht über »die Vorgänge bei den Welthändlern«. Da wusste ich, dass Papa recht hatte.

Am selben Tag trat Borodajkewycz in einer Hörerversammlung auf und legte nach. Er habe die Pflicht als Historiker, Juden als das zu bezeichnen, was sie seien, Juden nämlich. Und: »Ich habe meine Mitgliedschaft bei der NSDAP nie verleugnet. Ich bin ihr freiwillig beigetreten, im Unterschied zu manchen Zeitgenossen, die behaupten, sie sind gezwungen worden.« Lachstürme und Applaus im vollbesetzten Hörsaal. »Boro« saß mit verschränkten Armen am Podium, drehte den Kopf selbstgefällig hin und her und hielt weder seine Auslassungen noch die anwesenden TV-Kameras für ein Problem. Er sollte sich gründlich täuschen. Sie heizten den Skandal richtig an.

Wenige Tage später trafen sich Tausende zur Anti-Boro-Demonstration am Karlsplatz. Wir wurden von jungen Herren mit Schmissen erwartet, die Steine warfen, mit Latten gegen uns vorgingen und »Hoch Auschwitz« brüllten. Die Polizei war überfordert und mischte sich kaum ein. Dennoch schaffte es die Demo, sich zum Parlament zu bewegen. Das Getümmel war beängstigend. Ein alter Kommunist, der Straßenbahner und KZ-Überlebende Ernst Kirchweger, 67, brach durch einen gezielten Faustschlag zusammen. Der Schläger hieß Gunther Kümel, 24, ein vorbestrafter Neonazi. Kirchweger stürzte mit dem Hinterkopf auf den Asphalt. Zwei Tage später starb er. Sein Sarg wurde von 25 000 Trauernden in einem feierlichen Zug über die Ringstraße begleitet, mit vielen rot-weiß-roten Fahnen und fast der gesamten Bundesregierung an der Spitze. Es war die bis dahin größte antifaschistische Kundgebung der Zweiten Republik.

Gunther Kümel fand verständnisvolle Richter. Der geübte Boxer kam mit zehn Monaten Arrest wegen »Notwehrüberschreitung« davon. Kein Jahr nach Kirchwegers Tod war Kümel wieder auf freiem Fuß.

Zehn Jahre später ging der Vorhang abermals hoch, und jetzt wurde es richtig gespenstisch. Die beiden bekanntesten Juden Österreichs, Simon Wiesenthal und Bruno Kreisky, gingen im Oktober 1975 in einen Clinch. Kreisky hatte soeben die zweite absolute Mehrheit bei den Parlamentswahlen gewonnen, als Wiesenthal vor die Presse ging und den Kanzler verdächtigte, mit Friedrich Peter, dem Chef der FPÖ, eine Koalition vereinbart zu haben, falls es mit der Absoluten nicht klappte. Zugleich feuerte Wiesenthal eine Granate gegen sein eigentliches Ziel, Friedrich Peter. Die ersten Interviews kündigten bereits das große Getöse an.

Simon Wiesenthal (entschlossen): »Mein Vorwurf geht dahin, dass wir herausgefunden haben, dass Peter zumindest bis Beginn 1943 einer SS-Formation angehört hat, die nach dem Überfall auf die Sowjetunion im rückwärtigen Frontgebiet unschuldige Zivilisten, weil sie Juden waren, mordete.«

Friedrich Peter (aufgebracht): »Ich habe an Aktionen dieser Art nicht teilgenommen, sondern als Soldat meine Pflicht erfüllt! Es ist eine Schande für Österreich, dass wir heute mit derartigen Dingen konfrontiert sind.«

Simon Wiesenthal (bewegt): »Der Fall der 1. SS-Infanteriebrigade berührt auch den Tod von sechstausend Wiener Juden, die im Jahre 1942 in den Operationsbereich der ersten Brigade gekommen sind.«

Friedrich Peter (wütend): »Ich kann mir schon vorstellen, dass dem Herrn Wiesenthal nicht bekannt ist, dass es nicht nur eine vordere, sondern auch eine rückwärtige Front gegeben hat. Und dem Herrn Wiesenthal dürfte nicht geläufig sein, was Partisanenkampf im Zweiten Weltkrieg gewesen ist.«

Auf meinem Bücherregal steht ein großformatiger gelber Band, »Unsere Ehre heißt Treue« (1965). Er enthält das Kriegstagebuch der 1. SS-Brigade. Bisher hatte ich ihn nur durchgeblättert. Jetzt wandte ich Seite für Seite um. Zehntausende Juden waren zwischen Juni 1941 und Dezember 1942 in der Ukraine erschossen oder in die Pripjat-Sümpfe getrieben worden. Peter, damals zwanzig, diente in der 5. Kompanie des 10. Regiments.

Am 4. August 1941 meldete die Kompanie aus dem Gebiet Ostrog in der Ukraine: »In diesen Orten haben insbesondere die Juden bolschewistischen Banden Vorschub geleistet. Die Aktionen verliefen ohne besondere Vorkommnisse.« 1385 erschossene Juden. »Am 4. September Säuberung in Leltschizy. 350 bolschewistische Juden erschossen. Gebiet zwischen Ignatopol-Usowo feindfrei. Sicherung und Säuberung von Owrutsch, Tschernobyl, Schitomir.« Keine besonderen Vorkommnisse. Keine besonderen Vorkommnisse.

Freigegeben hatte die Berichte das Tschechoslowakische Staatsarchiv, in Faksimile. In dürren Worten zählten sie die tägliche Ernte auf, die »unter die Erde gebracht« wurde und in Gruben und Sümpfen verrottete. Partisanenbekämpfung war ein Codewort für Judenerschießungen, das Wort Partisan ein anderes für Bandit.

Fünftausend Soldaten umfasste die 1. SS-Brigade. Peter wurde nach zwei Kriegsmonaten das Eiserne Kreuz verliehen. Wodurch hat er sich ausgezeichnet? War denkbar, dass er nicht mitgeschossen hat, eineinhalb Jahre lang? Wo war er, als seine Kompanie hinter der Front *Säuberungen* durchführte? Auf Urlaub, sagte Peter.

Darüber zerbrachen sich nur wenige den Kopf. Aufregung erzeugte das Timing. Wiesenthal grätschte nicht zum ersten Mal dem Kanzler zwischen die Beine. Kreisky hatte 1970 nach seinem ersten Wahlsieg eine Minderheitsregierung gebildet, ein riskanter Schachzug mit Unterstützung der FPÖ unter Friedrich Peter. Wiesenthal legte prompt die Nazivergangenheit einiger Minister bloß und löste einen internationalen Wirbel aus. Kreisky musste klein beigeben und die Regierung umbilden. Und jetzt, wieder nach einem fulminanten Wahlsieg, zielte Wiesenthal auf die Vergangenheit des ehemaligen SS-Mannes Friedrich Peter, den Kreisky für einen Geläuterten hielt. Warum jetzt?

»Das, was diese Mafia macht, ist unerhört! Unerhört!«, wütete Kreisky in die Kameras. »Ich habe gesagt, meine Beziehung zur Gestapo war eine sehr eindeutige. Ich war ihr Gefangener und wurde von ihr verhört. Und was Herrn Wiesenthal betrifft, so ist es sicherlich seine Sache, wie er sein Leben rettet.«

Das war infam. Er unterstellte Wiesenthal Gestapo-Kollaboration und kriminelle Methoden. Sofort baute sich eine Welle von Antisemitismus auf, auf der er gegen den *Nazijäger* surfte. Nie war Kreisky populärer und Wiesenthal verhasster. Die Israelitische Kultusgemeinde lag mit Wiesenthal schon lange im Zwist, wegen der Feindseligkeit, die er hervorrief, wegen seines Auftretens, seiner Recherchen, seiner Namenslisten. Wie immer dieser Kampf endete, er konnte nur schlecht für die Juden ausgehen. Die Israelis hielten sich ebenfalls heraus. Kreisky ermöglichte seit Jahren die Auswanderung der sowjetischen Juden über Österreich. Er wird seine Alleinregierung weiterführen, wozu diese Provokation? Wiesenthals Coup kam zum ungünstigsten Zeitpunkt. Er hat wohl nicht an sich halten können, seinem Widersacher einen Denkzettel zu verpassen.

Beide verstrickten sich vor der Weltpresse in eine bösartige Kontroverse. Wie in einem Stück von Shakespeare ging es um Mord, Intrige, Leugnung und was nach der Schoah als Judentum gelebt werden konnte. Wiesenthal war ein Galizianer, ein rechter Zionist, der im polnischen Widerstand gewesen war, fünf KZs überlebt hatte und die Täter ausforschen und vor Gericht bringen wollte. Kreisky, der Westjude, konnte Wiesenthal genau deswegen nicht ausstehen. Er wusste um die Selbstnarkose seines Landes und wollte um keinen Preis zulassen, dass Wiesenthal daraus politisches Kapital schlug.

Seit wenigen Monaten war ich mit einer etwas schwammig definierten Aufgabe beschäftigt, die sich »Projektteam Geschichte der Arbeiterbewegung« nannte. Mein Chef war Karl Stadler, Professor für Zeitgeschichte in Linz, ein großmütiger, loyaler Sozialdemokrat. Drei Wochen nach Ausbruch des Konflikts rief ich ihn an.

»Herr Professor, Sie kennen doch das Kriegstagebuch Reichsführer SS? Friedrich Peter sagt, das war Partisanenkampf. Wieso will er von den Massakern nichts gewusst haben?«

Stadler seufzte. »Ja. Aber bisher gibt es keinen Beweis, dass er direkt involviert war.«

»Aber das ändert doch nichts daran, dass er jahrelang in dieser Mordbrigade war?«

»Ich fürchte, das wird wenig ausrichten.«

Bruno Kreisky war im Frühjahr 1972 in Begleitung eines Beamten vom Kanzleramt zur Universität am Ring gegangen, um sich mit fünfzehn Studierenden über den Staatsvertrag zu unterhalten. Er klopfte an, kam herein, begrüßte unseren Professor, Gerald Stourzh, nickte freundlich und stellte sich vorne hin, den Rücken an das Katheder gelehnt, mit uns auf Augenhöhe. Die linke Hand in der Hosentasche, unterstrich er mit der rechten seine Ausführungen und blieb mehr als eine Stunde. Kreisky war 1955 als Staatssekretär einer der vier österreichischen Verhandler in Moskau gewesen und genoss es, unsere Fragen zu beantworten. Er war der geborene Geschichtenerzähler.

Im Jahr darauf schrieb ich ihm einen Brief und bat um ein Gespräch über seine Jahre in Schweden. Wenige Tage später rief sein Pressesekretär Johannes Kunz an und gab mir einen Termin. Auch diesmal nahm sich der Kanzler viel Zeit. Die junge Frau schrieb an einer Doktorarbeit über Politik im Exil, und er gab ihr das Gefühl, als sei im Moment nichts wichtiger als dieses Gespräch. Dazwischen klingelte die imposante Telefonanlage, er nahm ab, brummte etwas und legte wieder auf. Nachher ging er mit mir ins Vorzimmer, deutete auf einen altväterlichen Schreibtisch und sagte: »Gehn S', Herr Kunz, geben S' der Frau Kollegin das Dossier da unten in der linken Lade«, reichte mir die Hand, nickte und verschwand hinter der hohen Tür. Kunz zog die Lade auf und händigte mir eine dicke Flügelmappe aus. Ich legte sie auf den Tisch, schlug sie auf. Stapel privater Briefe, Manuskripte, Interna, Listen, Memoranden, handschriftliche Notizen, alles ungeordnet. Muss ich nicht noch was unterschreiben, stotterte ich. »Aber gehn S'«, sagte Kunz. »Wenn S' alles durchgeschaut haben, bringen S' es halt wieder.«

Und nun, auf der Höhe seiner Macht und Popularität, beging der Verehrte einen unverzeihlichen Fehltritt. Friedrich Peter war nichts nachzuweisen, und damit basta! Für weitere zehn Jahre war die Täterdiskussion vom Tisch, um dann an der Kriegsvergangenheit von Kurt Waldheim wie eine Eiterbeule aufzuplatzen.

Aber jetzt! Zum ersten Mal lagen Daten, Orte, Namen vor,

das Tempo, in dem sich die Verbrechen abgespielt, die Richtung, die sie genommen hatten. Die Tagesberichte der 1. SS-Brigade warfen scharfe Bilder von brennenden Dörfern, flüchtenden Menschen, zusammengetriebenen Frauen und Kindern in den Sümpfen und Wäldern der Ukraine.

Die Sozialdemokraten machte dem Kanzler die Mauer. Die Intellektuellen mucksten sich nicht. Die jungen Linken waren der Meinung, dass dieser Schlagabtausch sie nichts anging. Dem stand eine ebenso lebhafte wie dissonante Debatte in den Zeitungen gegenüber, wo einige liberale Journalisten sich kritisch mit Friedrich Peter und seinen Beteuerungen, nirgendwo dabei gewesen zu sein, auseinandersetzten. Was wüste Gegenattacken der alten Kameraden von der Waffen-SS hervorrief, unter stolzer Nennung der Einheit, in der sie tätig gewesen waren.

Der Streit zog sich jahrelang hin. Im Herbst 1980 meldete ich mich bei Kreisky, als ich eine Ausstellung über die Arbeiterkultur der Zwischenkriegszeit vorbereitete. Er lud mich ins Kanzlerzimmer des Parlaments ein, wir wechselten einige Nichtigkeiten, dann fragte er, worum es geht. Um etwas Persönliches, antwortete ich zögernd, um Friedrich Peter und Simon Wiesenthal. Er war sofort alarmiert, presste die Lippen aufeinander. Darauf war er nicht gefasst.

»Herr Doktor Kreisky«, sagte ich leise, »diese Toten lassen mich nicht in Ruhe. Unter den sechstausend Wiener Juden, die diese Brigade ermordet hat, könnte auch meine Großmutter Adele gewesen sein. Sie wurde 1942 nach Izbica deportiert, seither fehlt von ihr jede Spur. Ich habe nicht gewusst, eine wie große Wunde dieses Schweigen ist, vor allem von Ihnen.« Er reagierte unwillig und laut. Alle Abneigungen, die er seit seiner Jugend mit sich herumtrug, brachen wie ein Schwall aus ihm hervor. »Simon Wiesenthal ist nicht einfach nur ein rechter Zionist«, fauchte er. »Er ist ein Jabotinsky-Mann! Wissen Sie, wer dieser Zeev Jabotinsky war?« Ich nickte.

Kreisky lehnte sich zurück, holte tief Atem. »Ich habe ihn und seine Leute in den dreißiger Jahren durch Wien marschieren gesehen. Die waren alle angezogen wie die italienischen Faschisten, in schwarzen Hemden und schwarzen Schaftstiefeln! Wiesenthal war ein Gefolgsmann dieses Herrn. Verstehen Sie, dass mir das zutiefst gegen den Strich geht? Ein fanatischer Sozialistenfresser? Noch dazu ein Mann, der ständig mit Geheimdiensten zu tun hat?«

»Ja, ich verstehe. Aber es tut sehr weh, dass dieses furchtbare Wissen über die Massaker in der Ukraine einfach unter den Teppich gekehrt wird. Und dass die Täter ungeschoren davonkommen.«

Er räusperte sich. »Glauben Sie, mir tut es nicht weh? Aber ich kann nicht zulassen, dass dieses Land auseinandergerissen wird.«

Wir schwiegen, dann verabschiedete ich mich.

Drei Monate später, am 22. Jänner 1981, an seinem siebzigsten Geburtstag, begegneten wir uns wieder, bei der Eröffnung von »Mit uns zieht die neue Zeit«. Die Ausstellung, die einen neuen Blick auf die Erste Republik und das Rote Wien warf, breitete sich in einer leeren Straßenbahnremise aus und war das Geburtstagsgeschenk seiner Partei. Sie ließ uns, einigen jungen Historikern, freie Hand, und wir hatten ein richtig großes Ding gebaut, samt einem Kino, einer Diashow, originalen Skulpturen und dem Theater in der Remise.

Die Halle war knallvoll. Kreisky kam mit einem Sicherheitsbeamten herein und war überrascht, was ihn hier erwartete. Bundesregierung, Bundespräsident, Stadtregierung, der Bürgermeister und hunderte Ehrengäste und Besucher drängten sich um ihn, kreisten ihn ein. Als er mich sah, schob er sich sanft

Begegnung mit Bruno Kreisky, 22. Jänner 1981

durch die Menge, gab mir die Hand, bedankte sich. Wir sahen
uns ohne zu lächeln in die Augen und redeten nie wieder von
unseren Meinungsverschiedenheiten.

Die Ausstellung wurde ein unerwarteter Erfolg. Wir öffneten
sie für die Alternativszene, die Grünen und die Frauenbewegung, die am Wochenende ihre Büchertische aufstellten. Ein-
oder zweimal erhielten wir einen Anruf, dass der Kanzler am
Abend zu Besuch kommen wolle. Kreisky kam mit seiner Frau

Vera, grüßte freundlich und durchwanderte mit ihr die Ausstellung, deutete auf dieses und jenes Foto und erzählte ihr auf Schwedisch von seiner Jugend. Erst als er seine Erinnerungen publizierte, begann ich den Schmerz zu verstehen, der ihn in den Kampf mit Wiesenthal getrieben hatte.

Doron Rabinovici erzählt, dass Bruno Kreisky in seiner Anwesenheit folgende Anekdote zum Besten gegeben hat: »Geht ein orthodoxer Jude im Jahr 1938 auf der Praterstraße, angetan mit Kaftan und großem schwarzen Hut. Und als er die Straßenseite wechseln will, warnt ihn ein Polizist: Gehen Sie da nicht hinüber, da stehen zwei böse Nazibuben, die werden Sie verhauen. Sagt der Jude: Ich werd mich nicht zu erkennen geben. Und sehen Sie, so geht's auch mir.«

Kreisky, der so viele kluge politische Analysen entwickelt hat, verleugnete den Antisemitismus, mit dem er ein Leben lang konfrontiert war. Über seine Demütigungen zog er einen dichten Schleier. Sechs lange Jahre musste er warten, bis er nach dem Krieg zurückkehren konnte. Die eigene Partei blockierte seine Rückkehr. Am liebsten wäre es den Genossen gewesen, er wäre in Schweden geblieben oder sonst wohin gegangen. Sie wollten mit den Emigranten nichts zu tun haben. In der Ersten Republik hatten sie als Judenpartei gegolten, damit war jetzt Schluss.

Das hat ihn schwer getroffen. Schon als Schüler war er, der wohlbehütete Bub aus gutem Haus, auf Misstrauen gestoßen, als er bei der sozialistischen Arbeiterjugend auftauchte. Was wollte so einer wie er? Seit damals war ihm klar, dass ihm seine jüdische Herkunft wie ein Mühlstein um den Hals hing. Er war gegen den massiven Widerstand in den eigenen Reihen zuerst Außenminister, dann Parteivorsitzender und schließlich Bundeskanzler geworden und blieb es dreizehn Jahre lang. Er hat sein Land wie kein anderer vor und nach ihm modernisiert und geprägt. Bis heute gilt die Ära Kreisky als goldenes Zeitalter. Er wusste sehr gut, wie über Juden und Nazis gedacht und geredet wurde. Als Jude, war er überzeugt, hatte er in dieser Arena nichts verloren. Sein Mantra war: die Gräben zuschütten.

Kreisky konnte seine Quadratur des Kreises nicht lösen. Sie ließ ihn in bittere Widersprüche geraten. Noch mehr: Er forderte sie heraus. Simon Wiesenthal traf ihn mitten ins Herz. Er fühlte sich als Jude moralisch erpresst und bloßgestellt. Die Selbstdisziplin, der er sich seit seiner Jugend unterzogen hatte, brach ein und riss ihn in einen Strom von wüsten Anwürfen. Der Skandal ging um die Welt, und es gelang nur mit Mühe, den Kanzler auf den Boden zurückzuholen. Der Schaden war irreparabel und liegt wie Mehltau über Kreiskys Bild. Damit war die Sache aber nicht ausgestanden. Er verrannte sich in abstruse Theorien, was das Judentum sei und ob es überhaupt existierte. Er stellte sich auf die Seite der Palästinenser in den von Israel besetzten Gebieten und etablierte ihre offizielle Vertretung in Wien. Gleichzeitig ließ er zu, dass die israelische Botschaft zum Headquarter für die Migration der sowjetischen Juden wurde, obwohl er damit dem zionistischen Staat einen großen Gefallen erwies.

In seinen letzten Jahren verwandelte er sich. Er ließ sich einen Bart wachsen, sah aus wie ein alter Rabbi und schrieb seine Memoiren. Seine Vorfahren, Lehrer, Abgeordnete, Richter und Industrielle, nehmen darin großen Raum ein. Er verdankte ihnen viel. Kreisky war ein souveräner Jude der Diaspora. Seine Fähigkeit, sich an verschiedene Menschen, Sprachformen und Situationen anzupassen, sein dialektisches Denken, sein Witz, sein Verhandlungsgeschick, seine Weltläufigkeit kamen aus dieser Tradition und waren in ihm zusammengeflossen. Er hat seine Herkunft weder verdrängt noch verleugnet. »Man kann«, sagte er zu der Fotografin Herlinde Koelbl, »aus der Religion aus-

scheiden und ist trotzdem durch seine Abstammung geprägt.«
Das war die Haltung eines assimilierten europäischen Juden.
»Ich möchte diesem Staat dienen«, sagte er einmal, »wie ein
Sonnenfels Maria Theresia gedient hat.« Joseph Freiherr von
Sonnenfels, der große Aufklärer und Reformer, entstammte wie
Kreisky einer mährisch-jüdischen Familie.

Als ich ihm das letzte Mal begegnete, hatte er mehrere Schlag-
anfälle hinter sich und konnte nur mit Hilfe ein paar Schritte gehen. Seine Stimme war brüchig. Dass seine Frau, das Verali, vor
ihm gestorben war, von einem Tag auf den anderen, hat ihn völlig unvorbereitet getroffen. Jetzt stand niemand mehr zwischen
ihm und dem Tod. Der Nächste ist er, und dann kommt das
Nichts.

Als er den Schnitter hinter sich fühlt, hört er, wie die Menschen in Berlin auf die Mauer klettern, sehen kann er sie nicht
mehr. Der Kommunismus, den er ein Leben lang bekämpft hat,
bricht in sich zusammen. Sein eigener Lebensfluss versickert,
und plötzlich ist Revolution in Osteuropa. Ein neues Zeitalter
beginnt, und er wird es nicht mehr erleben. Er hätte so gerne
noch erfahren, wie es weitergeht, in einem Jahr, in zwei oder in
fünf Jahren. Er hat die Menschen geliebt, woran werden sie sich
erinnern? Er war doch ein leidenschaftlich in die Politik Ver-
narrter, von seiner Mission, die Welt zu verbessern, Besessener.
Und seine tragischen und nie beendeten Kämpfe, seine Irrtü-
mer, seine Zerrissenheit, wird man sie verstehen?

Es wird still um ihn. Jetzt gehen zu müssen!

13

KÖNIG OSKARS TAFELRUNDE

Es schadet nie, in dieser Welt
ein wenig Verdacht zu hegen.
WOLFGANG A. MOZART, COSÌ FAN TUTTE

Jeden zweiten Monat fand bei Familie Horn eine Sonntagsjause statt. Dort traf sich ein Freundeskreis aus Osteuropa, die meisten aus Krakau. Damen und Herren im besten Alter und alle dem Hitler von der Schaufel gesprungen. Einige hatten die Lager überlebt. Einige waren Schindlerjuden, Robert Horn nennt sie Schindlerianer, darunter sein Vater, sein Onkel und seine Tante. Einige Herren kämpften bei den russischen Partisanen. Einige in der Armee des General Wladislaw Anders, einer Einheit der polnischen Exilregierung unter sowjetischem Oberkommando. 1942 wurden sie zu den Briten verlegt und 1944 im Italienfeldzug eingesetzt. Alle verschlug es 1945 nach Wien.

Robert ist elf Jahre alt, als seine Eltern in eine große Wohnung im dritten Bezirk ziehen und die Runde einladen können. Von nun an sitzt er mit am Jausentisch und hört ihrer lebhaften Unterhaltung zu. Ihre gemeinsame Erzählung geht so: Wir haben über das absolut Böse triumphiert, denn wir haben es überlebt. Seit dem Auszug aus Ägypten wurden wir immer wieder aus höchster Not errettet. Nichts kann so schlimm sein wie das, was wir durchgestanden haben. Jetzt fangen wir wieder von vorne an, immerhin sind wir in der alten Kaiserstadt.

Nachkriegswien war ein schwer devastiertes, vierfach besetztes Terrain an der Nahtstelle von Ost und West. Mit Handel aller Art, von Schrott über Kaffee bis Textilien, quer über die Zonengrenzen hinweg, und mit Risiko, Mehrsprachigkeit und Schwarzmarkt konnten viele der in Wien gestrandeten Ostjuden Fuß fassen. Wer beim Schmuggeln erwischt wurde, musste das Land wechseln. Ging aber auch anders. Viele fingen mit einer kleinen Quetsche an und bauten florierende Unternehmen auf.

Warum gehen so viele Juden ins Geschäft? Ein Lieblingsthema von Robert. Er meint, das liegt in ihrer Geschichte und ihrer Tradition.

»Erstens können sie seit hundert Generationen lesen und schreiben. Auf Wissen wird großer Wert gelegt. Juden lernen von früh an zu analysieren, zu argumentieren, mit verschiedenen Standpunkten umzugehen. Alles kann in Frage gestellt werden. In der Jeschiwe wird andauernd diskutiert, hinterfragt und ausgelegt.«

»Du redest von Männern.«

»Früher waren es natürlich vor allem Männer. Aber auch die Frauen haben lesen und schreiben gelernt, mitgeredet und mitgearbeitet. Zweitens: Soziale Kommunikation spielte immer eine große Rolle. Wo es jüdische Gemeinden gab, gab es Netzwerke, über viele Länder hinweg.«

»Die sind in der Schoah zerstört worden«, sage ich.

»Nicht ganz. Die Überlebenden haben diese kulturelle Prägung weitergeführt. Und bildeten wieder feste Gemeinschaften untereinander. Auch bei den Kommunisten. Den Glauben hatten sie abgelegt, aber die Prägung blieb. Was dir daheim beigebracht wurde, kann dir niemand wegnehmen.«

»Stimmt. Im Wirtschaftsapparat waren meistens Juden tätig, nicht nur in der KPÖ, auch im kommunistischen Osteuropa.«

»Eben. Die kamen aus Familien, die ein kleines oder größe-

Robert Horn, Wien, 1. Mai 1974

res Geschäft gehabt hatten. Geld und Handel sind eine alte Tradition, weil seit dem Mittelalter keine anderen Berufe zugänglich waren. Der Geldtransfer zwischen jüdischen Bankhäusern wurde schon früh über Schecks abgewickelt, die in Hebräisch ausgestellt waren, ohne Bargeld. Die Anweisung ging zu einer anderen Gemeinde, oft weit entfernt, von Italien über die Alpen nach Deutschland oder Frankreich, die sie einlöste.«

Wir sitzen in Roberts Wohn- und Arbeitszimmer mit schön abgewohnter Meublage und erzählen uns Familiäres. In einer Ecke ein Paravent, darüber hängen mehrere Dutzend Krawatten, einige noch von seinem Vater, alle in dezentem Paisley-Muster gehalten. Bücher, Bilder, ein papierbeladener Schreibtisch. Im Kamin brennt ein Feuer, auf dem Sofa schnarcht die Möpsin Mimi, Nachfolgerin von Hugo, der es zu einer gewissen Popularität gebracht hat, als Robert seine Lederwaren mit ihm an der Leine bewarb. Die quirlige Mimi sollte Hugo ein bisschen Gesellschaft leisten. Das gefiel ihm gar nicht. Eines Abends fiel er beim Gassigehen einfach um und war tot. Der Freundeskreis erhielt eine Nachricht, »Hugo heute leider gestorben«, und schickte Beileidsbekundungen.

»In wie viel Sprachen kannst du dich unterhalten, Robert? Deutsch, Englisch, Französisch, etwas Italienisch, oder? Die Juden der Donaumonarchie waren alle mehrsprachig. Polnisch, Ukrainisch, Ungarisch, Rumänisch, Jiddisch, Deutsch und im Bethaus Hebräisch. Wo immer es sie hin verschlug, kam eine neue Sprache hinzu.«

»Zumindest so viel, dass sie verhandeln und Verträge abschließen konnten.«

Mir fiel Papas Bruder ein. »Mein Onkel Max erkannte während des Krieges, worin seine Zukunft lag. Die englische Kriegsindustrie verarbeitete Plastikstoffe. Max konnte noch kaum Englisch, als er mit derselben Geschäftsidee seines Vaters in London neu anfing. Er kaufte für einige Shillings off-cuts aus Plastik, die beim Zuschneiden abfielen. Tante Anni nähte daraus Duschhauben und Waschtaschen, Max verkaufte sie auf der Straße vor einer Filiale der Kaufhauskette Woolworth. Sie waren ein Renner. Dann bekam er von Woolworth eine Großbestellung. Max und Anni eröffneten in der Fonthill Road, einem Slum in Finsbury, ein Abhollager und gründeten die Firma Macanie. Dann kam Max auf die Idee, aus Plastik Regenmäntel zu erzeugen, diese milchweißen, halbdurchsichtigen Mäntel, kannst du dich erinnern? Mit drei gestanzten Plastikknöpfen, die man rasch überziehen konnte. Für ein Pfund waren sie überall zu haben. Ein durchschlagender Erfolg in einem Land, in dem es viel regnet.«

»Wie du erzählst, hatte er es daheim gelernt.«

»In der Branche hieß er Plastic-Max. Einmal gingen wir miteinander in die Tate Gallery, und ich holte ihn von seinem Office ab. Ein düsterer Backsteinbau, das Chefzimmer nicht größer als die Teeküche am selben Gang. Ein alter Schreibtisch, darauf das Telefon und für gelegentliche Besucher ein riesiger Aschenbecher aus braunem Bakelit. Onkel Max war schon lange ein reicher Mann, aber auf ein repräsentatives Büro legte er keinen Wert. Wer die Ramschläden in London kennt, weiß, dass die Emigration nicht immer so große Erfolgsgeschichten hervorbringt.«

Robert kann sich an einige Gäste der Sonntagsjausen erinnern: an Herrn Mandelbaum, Herrn Ignaz Eckstein und die Damen Rachela Bugajer und Dora Perlberger. An Herrn Gleicher und Herrn Stieglitz, den schönen Simon, der aussah wie Dean Martin, und seine ebenso attraktive Ehefrau (die beiden kannte ich auch, weil ich mit zwanzig in ihrer Putzerei gearbeitet habe). An Herrn Grossbard und Herrn Schlang. Viele Gäste, viele Namen.

Kaum saßen sie, fing die Fragerei an. »Kannst du dich erinnern …« »Und wie war das, als der Horowitz aus dem Lager flüchten wollte?« »Was macht der Rosner in New York, hört ihr was von ihm?« »Stellt euch vor, wen ich letzte Woche in Zürich getroffen habe, kennt ihr den Kupferberg?« »Der war auch im Ghetto von Krakau.« Sie erzählten von den Menschen und den Prüfungen, die sie bestanden hatten, in Kürzeln, ohne ins Detail zu gehen. Die waren bekannt.

Das Kind saß dabei und verzehrte bei Apfelstrudel und Guglhupf auch die Geschichten der Tafelrunde. Über die Jahre immer wieder dieselben, langsam wurden sie fad. So, als wollten sich ihre Erzähler vergewissern, dass sie wahrhaftig hier und auf kein weiteres Abenteuer mit den rabiaten Antisemiten in Polen neugierig waren. Am Tisch die mühelos ineinanderfließenden Sprachen. »Es wurde Polnisch geredet und mit mir Deutsch«, erinnert sich Robert. »Auch meine Eltern sprachen Deutsch und nur miteinander Polnisch, wenn es was Diskretes war und das Kind nichts verstehen sollte. Am Schabbat traf sich das Schtetl in der Synagoge der Misrachi am Judenplatz. Dort wurde Hebräisch gebetet und Polnisch, Deutsch und Jiddisch gesprochen. Jiddisch haben alle verstanden, wo immer sie auch herkamen. Das war die Lingua franca.«

Viele Erzählungen drehten sich um Oskar Schindler.

Schindler war nur jenen ein Begriff, die im KZ Płaszów nahe Krakau das Glück hatten, in seiner Deutschen Emailwaren Fabrik DEF, vormals Emalia, Töpfe, Pfannen und sonstiges Kochgeschirr herzustellen. Der von den Nazis enteignete Besitzer der Emalia, Herr Abraham Bankier, war ebenfalls unter den Gästen der Sonntagsjause. Unter dem Eindruck der Grausamkeit des Lagerkommandanten, SS-Hauptsturmführer Amon Göth, eines gebürtigen Wieners, holte Schindler seine Juden in ein Nebenlager. Damals produzierte die DEF vor allem Granaten. Im Herbst 1944, als die Ostfront zusammenbrach und alle Häftlinge nach Auschwitz deportiert werden sollten, kaufte er im mährischen Brünnlitz eine abgewrackte Munitionsfabrik. Dann begann er, den Umzug seiner Fabrik samt Belegschaft vorzubereiten.

Wer konnte mit? Zwölfhundert Namen standen schließlich auf Schindlers Liste. Wirkliche, angelernte und angebliche Facharbeiter, Männer und Frauen. Und auch deren Kinder, weil sie, wie Schindler der SS erklärte, dünne Finger hatten, um die Granathülsen zu putzen.

Schindler, hochgewachsen und stattlich, war ein notorischer Spieler und Aufschneider, ein Trinker und Frauenheld, charmant und redegewandt. Ein Schwarzhändler und Kriegsgewinnler, immer mit dem Parteiabzeichen am Aufschlag. Ein verbissener Nazigegner, seit er Augenzeuge der brutalen Räumung des Krakauer Ghettos gewesen war. Nach dem Krieg fasste Schindler nicht mehr Tritt. Von dem riesigen Vermögen, das er durch seine Fabrik gemacht hatte, war ihm kein Pfennig geblieben. Als sich herumsprach, wie er die SS hintergangen hatte, betrachteten ihn seine Landsleute als Verräter. Ein Judenküsser, mit dem man keinen Umgang pflegt. Einer wie er hatte in der deutschen Nachkriegsgesellschaft nichts verloren.

Nach einigen gescheiterten Versuchen, in Argentinien ein Geschäft aufzuziehen, kehrte er nach Europa zurück. Er reiste nach München, Frankfurt und Wien, und die Brünnlitzer halfen ihm über seine Schwierigkeiten hinweg. Alles hatte er für sie aufgegeben und seinen Hals riskiert. Jetzt holten sie ihn aus der Verzweiflung. Wo immer er hinkam, legten sie zusammen und luden ihn ein. Er genoss es mit der ihm eigenen Grandezza. Er hatte sie aus dem Höllenschlund geholt, und sie zollten ihm Tribut, in Form von Respekt, Zuneigung und Geld. Bis an sein Lebensende trug er die von ihm bevorzugten Zweireiher, speiste vorzüglich, hatte Frauen und so viel Mittel, dass er in guten Hotels logieren konnte.

Ende der fünfziger Jahre fuhr er das erste Mal nach Israel. Achthundert Leute holten ihn vom Flughafen ab, zeigten ihm das Land, stellten ihm ihre Kinder vor und feierten mit ihm Geburtstag. Er war der gute Deutsche, ein Gerechter unter den Völkern, der gezeigt hatte, dass jeder im Leben die Wahl hat, auf welche Seite er sich schlägt.

»Hier, in diesem Zimmer, habe ich ihn kennengelernt«, erzählt Robert. »Ein immer noch eindrucksvoller Herr, jovial und witzig. So ein Typ Hans-Joachim Kulenkampff. Wie man sich eben einen Deutschen vorstellt. Es kursierten viele Geschichten über ihn.« Wie er die SS korrumpiert hatte, mit großem Gelage und rauschenden Festen. Wie seine Liste zustande kam, nicht nur durch Glück, auch durch Schmiergeld. Wie Roberts Vater, sein Bruder und seine Tante, Elias, Josef und Edith Horn, auf diese Liste kamen, für dreihundert Dollar, die eiserne Reserve, die sein Vater ins Lager geschmuggelt hatte. Wie genial Schindler die Evakuierung organisierte und trotzdem dreihundert Frauen in Auschwitz landeten. Wie Schindler sie mit einigen Brillanten dem Lagerkommandanten Rudolf Höß abgekauft hat. Wie er verhinderte, dass Brünnlitz im letzten Moment geräumt wurde.

»Mein Vater hat geschildert, wie er einmal in der Nacht aus seiner Baracke geschlichen ist, was streng verboten war«, erzählt Robert. »Vielleicht musste er zur Latrine. Jedenfalls stolperte er in den schwer alkoholisierten Boss. Er war zutiefst erschrocken, aber Schindler entschuldigte sich beinahe für seine Verfassung. Was glaubt ihr, für wen ich das mache? Für euch, nur für euch! Jede Nacht gehe ich mit der SS saufen, damit sie euch morgen nicht abtransportieren. Bis in die Früh! Weil dann sind sie bis Mittag nicht handlungsfähig, und damit ist wieder ein Tag gewonnen.«

»Wann war das?«

»Das muss Anfang 1945 gewesen sein. Die Russen standen vor der Tür, und er musste verhindern, dass seine Juden auf Transport geschickt wurden. Jede Verlegung wäre tödlich gewesen. Es ging immer um noch einen Tag und noch einen.«

Warum ist Schindler dieses Risiko eingegangen? Zunächst einmal war er ein Hasardeur. Dazu kam sein Widerwille gegen die Mordlust der Nazis. Und er hatte das Zeug, ihre Manöver vorherzusehen und dagegenzuhalten. Ohne einige stille Helfer in der Wehrmacht, die bis in die obersten Chargen zu finden waren, wäre das Husarenstück nicht gelungen, seine Fabrik komplett nach Mähren zu bringen. Darunter Oberst Erich Lange, Rüstungsexperte des OKH in Berlin. Lange half nicht nur, die Menschen, sondern auch 250 Güterwägen mit dem Maschinenpark zu evakuieren.

Roberts Vater sah in den USA seine Lebensversicherung, falls die Sowjets halb Österreich übernahmen. Als sich die Lage in Polen etwas stabilisiert hatte, fuhr er nach Krakau und grub einige Wertsachen unter dem Boden der Werkzeugmaschinenfabrik aus, in der er als Techniker in einem anderen Leben gearbeitet hatte. Sein Startkapital. Zurück in Wien, wurde er als Repräsentant eines Schrotthandels mit Frankfurt und Zürich tätig. Alles, was er dazu brauchte, war Briefpapier und seine Olivetti-Reiseschreibmaschine.

»Wien war ein Sonderfall«, sagt Robert. »Juden hatten hier nach 1945 einen Vertrauensvorschuss von Seiten der Alliierten. Dabei half auch der Opferausweis. Man brauchte Durchhaltevermögen und Wissen. Und ein gewisses Startkapital. Ohne das ging es nicht. Weder damals noch später.«

»Du bist mit deiner Taschenmanufaktur auch so eine Erfolgsgeschichte.«

»Wir wollen's nicht übertreiben.«

Solange Österreich noch besetzt war, ließ sich Elias die zweite Option offen. »Ich habe den Adolf überlebt«, sagte er, »dem Stalin werd ich nicht ins Netz gehen.« Alle zwei Jahre verlängerte er die Green Card für sich, Frau und Sohn, fuhr mehrmals mit ihnen nach New York, aber nach dem Staatsvertrag entschied er sich definitiv für Wien. »Er war ein Altösterreicher«, sagt Robert. »Und wenn schon Europa, dann wollte er in Wien sein und seine Spaziergänge im Kaisergarten absolvieren. Das war der Burggarten, aber für Elias blieb er der Kaisergarten. Wien war aus Krakauer Sicht großartig.«

Nach den Gründerjahren fuhr Familie Horn nach Bad Ischl, Hofgastein oder auf den Semmering, wie viele Kaiser-Franz-Joseph-Nostalgiker. Überall traf sie die Krakauer Partie. »Vom autochthonen Österreich wussten meine Eltern wenig«, erinnert sich Robert. »Das einzige Mal, dass sie marschierende Männer mit Orden und Hakenkreuzen sahen, war in Neulengbach, als ihr Auto in einem Kameradschaftstreffen steckenblieb. Das muss Ende der Fünfziger gewesen sein. Sie sind ausgezuckt.«

Das altkluge Einzelkind, das von Wien nur die Innenstadt kennt, wächst mit Kinderfrauen und Köchin auf. Seine Mutter macht sich Sorgen um ihren abgekapselten Buben. Eines Nachmittags marschiert sie mit ihm zu einem Turnverein unter der Hohen Brücke, mitten in der City. Drinnen überfallen sie der strenge Mief einer nie gelüfteten Garderobe und die Kommandos der Turnlehrerin. Beugen! Strecken! In die Knie! Und jetzt rechtsum im Kreis laufen! Dann die Trillerpfeife.

»Die Mama hat sofort umgedreht. Das war die Akustik des Lagers. Turnen war damit erledigt.«

»Was hast du damals über die Lager gewusst?«

»Genug, um zu wissen, warum sie so reagiert hat. Frag mich, was ich nicht gewusst habe. Meine Mutter hat viel erzählt. Sachlich und distanziert. Dieses Wissen macht einen wichtigen Teil meiner Identität aus, wenn nicht überhaupt den wichtigsten.«

Elias »Elek« Horn hatte seine erste Frau und seine Tochter in der Schoah verloren, er erwähnte sie nie wieder. In einem DP-Lager bei Linz traf er Friederike »Fridka« Taschner. Sie war zweiundzwanzig und hatte nach der Räumung des Krakauer Ghettos sechs Lager überlebt: Płaszów, Auschwitz, Bergen-Belsen, Groß-Rosen, Ebensee und Mauthausen. Davon war ihr nichts anzumerken. Sie war eine schöne Frau, elegant und sehr gepflegt. Eine intensive Persönlichkeit mit starker Ausstrahlung. 1953 eröffnete sie in der Jasomirgottstraße unter dem Namen Bocara ein kleines Geschäft mit Modeschmuck. Elias kümmerte sich um die Buchhaltung, Fridka entwarf Bijouterie aus Gablonzer Steinen. Dann ein zweites in der Kärntner Straße mit Damenstrickwaren, die sie nach der damaligen Mode mit

Glasperlen und Seidenblümchen besticken ließ. Und später ein drittes am Opernring. Wunderschöne Altmann-Twinsets aus Kaschmir. Eines in Rosenrot schenkten mir die Eltern. Ich trug es mehr als zwanzig Jahre.

In den Sechzigern stiegen die beiden Horns auf den Import von Marks & Spencer um. Aber Robert wollte dieses Geschäft nicht übernehmen. Er ist unter gut angezogenen Menschen aufgewachsen. Seit der Volksschule trägt er Erwachsenenkleidung, lange Hose, Hemd, Krawatte, Blazer, gute Schuhe. Er liebt Qualität. Mit Billigware kann er nichts anfangen. Er beschloss nach langem Nachdenken, das zu produzieren, was er liebt, feine Lederwaren. Er designt seine Kollektion selbst. Bald beschäftigte er eine gutgehende Manufaktur. Horn's Wien wurde zur Marke.

Zum ersten Mal sind wir uns in den Siebzigern bei einem Musikevent vor der Karlskirche begegnet. Robert hatte zwei lustige Jahre in einer ausgeflippten Kommune hinter sich, die einen reichen Schweizer dazu brachte, ein Zeppelin-Projekt zu finanzieren, das grandios scheiterte. Er trug lange Haare und war bekleidet mit einer Latzhose, einem T-Shirt und einem kleinen, handgesäumten Seidentuch um den Hals. Die Füße steckten in Stutzen aus gutem Zwirn und in braunen Maßschuhen, gefertigt von einem Schuhmacher aus Tattendorf im Burgenland.

14

DER GOLDENE PFAU

Don't let the schmaltz get in your eyes,
don't let the lox get in your socks.

MICKEY KATZ, PAPA, PLAY FOR ME

Dani Levys kurzweilige Burleske »Alles auf Zucker« nahm Mitte der nuller Jahre das Schlamassel einer deutsch-jüdischen Familie ins Visier. Bei den Zuckermanns herrscht das übliche Durcheinander nach der Schoah. Schwarze Löcher in der Erinnerung, Wunden, die nicht verheilen, nie gekannte Verwandte, die plötzlich auftauchen, Fromme und Frömmler, Kommunisten und andere Gescheiterte. Hartnäckiges Schweigen, eine Wolke aus Schweigen, nie gelöster Streit. Großes Drama und einige Verrückte. Freunde, die vergeblich einen Kompass durch den emotionalen Dschungel suchen, der in der nachgeborenen Generation wuchert. Meine eigene Familie war im Kino angekommen. Sogar den Zocker Jackie Zucker habe ich drin.

Am Ende des Films singt Chava Alberstein »Di Goldene Pave«, der goldene Pfau, nach einem Poem der russisch-amerikanischen Dichterin Anna Margolin. Die *pave* ist ein weitverbreiteter Topos der ostjüdischen Literatur, ein mythischer Vogel, eine Pfauin mit goldenem Gefieder. Alle Grenzen überschreitend, fliegt sie um die Welt, verbreitet Sehnsucht und Unruhe und löst fiebrige Gefühle aus, hinter sich ein Schwarm verflogener Vögel, auf der Suche nach unrettbar verlorenen Tagen.

Seit der Schoah und der Gründung des Staates Israel blieb im Judentum kein Stein auf dem anderen. Große Gemeinden waren verschwunden oder zerbrochen. Was die Juden gestern waren, ist der Stoff vieler Erzählungen. Die goldene *pave*, der ihre Kinder nachfliegen, ist das, was herüberglüht, die Musik. Sie ist heute Weltmusik. Die *pave* erzählt von den Wanderungen der jüdischen Musiktraditionen aus Osteuropa, Arabien, Asien, Afrika. Mich hat sie hinter sich hergezogen, seit der Vater in den fünfziger Jahren anfing, jiddische Platten mit nach Hause zu bringen.

Einer der Musiker, die sich dem Pool dieser Kulturen zugewandt haben, war Mickey Katz, von dem wir zwei Vinyls hatten, der erste Fusion-Klezmer, den ich hörte. Mickey sang Jinglish, amerikanisches Jiddisch, mit einer Band, die Kosher Jammers hieß und einen furiosen Mix aus Klezmer, Jazz und Latino spielte. Seine Spezialität waren bissige Kommentare über den Alltag der amerikanischen Juden. Er machte sich über ihre Anstrengungen lustig, Amerikaner zu werden, und verteidigte gleichzeitig ihre Sprache, ihre Küche und ihre *meschugaß*, ihre Verrücktheiten. Die Nummern waren Parodien bekannter Schlager und hießen »Borscht Riders in the Sky«, »Mechaye in Hawaiye«, »Hänsel and Gänsel« und so weiter. Seine Musik war nur daheim und nirgendwo sonst zu hören. Bis dreißig Jahre später ein junger Klarinettist in Wien auftauchte, mit einer Band, in der schwarze und jüdische Musiker die Musik von Mickey Katz spielten. Ein aufregendes Konzert. Der Bandleader war ein junger Schwarzer aus New York, Don Byron.

Byron war der erste Afroamerikaner, der in den frühen achtziger Jahren am Boston-Konservatorium die Klarinettentechnik der Klezmorim erlernt hatte und dabei auf die alten Aufnahmen von Mickey Katz gestoßen war. Begeistert zog er sie herauf ins Heute. Darunter meine Lieblingsnummer über das Wehgeschrei einer Ente, die hört, wie sie um sechs Dollar verkauft wird, der Händler das Messer wetzt und sie sich in ihrer Not ausmalt, was die Lady alles mit ihr anstellen wird: füllen, braten, das Schmalz auslassen. Auf dem Cover des Albums »Don Byron plays the music of Mickey Katz« ist der Künstler mit der armen gerupften Katschke zu sehen, an der Gurgel festgehalten in seiner weitausgestreckten Hand.

Noch prägender war Theo Bikel. Auf einem Album steht er vor einer Ziegelwand der Lower East Side, hinter ihm ein jiddisches Theaterplakat, das seine Songs ankündigt. Auf der Rückseite schrieb er: »Als religiöser Gläubiger bin ich eine Niete, als Ungläubiger aber fühle ich mich noch trostloser. Das eine lässt mich unbefriedigt zurück, das andere leer.« Gegen Ende seines Lebens traf ich ihn.

Theo erzählte mir, wie er am 1. Mai mit seinem Vater im Zug der Wiener Sozialdemokraten mitmarschierte, hinter der Fahne von *Poale Zion*, den Linkszionisten, mit dem blauen Stern Davids auf weißem Grund und einem roten Band an der Fahnenstange. Wie er am Sonntag mit ihm durch den Wienerwald wanderte und von ihm die Lieder lernte, mit denen er zwanzig Jahre später die Renaissance des Yiddish Folk Songs einleitete. Wie er die Wehrmacht unter dem Wohnzimmerfenster einmarschieren sah und die Familie nach Palästina entkam. »All das«, sagte er, »ist in mir. Alle Sprachen, in denen wir zu Hause sprachen, sind in mir, Deutsch, Ukrainisch, Jiddisch.« Er sprach Wienerdeutsch mit leicht amerikanischem Zungenschlag und Jiddisch mit wienerischem Akzent, wenn er in New York auf der *Folksbiene* auftrat. »Mit meiner Mutter sprach ich Deutsch«, erzählte er, »sie kam wie mein Großvater aus Czernowitz. Mit der Großmutter Jiddisch, mit dem Vater Ukrainisch. Und später kamen Hebräisch, Englisch und Französisch dazu.«

Er ging von Tel Aviv nach Paris und London und schließlich

nach New York, um ein Broadwaystar zu werden, als Baron von Trapp in »Sound of Music«. Das war 1959. Wenn er »Edelweiss« sang, was hat er da empfunden? »Der Baron war halt eine Rolle. Wir waren auf dem Sprung zur Premiere nach New York, als Rodgers und Hammerstein fanden, da fehlt noch was. Für den Bikel müssen wir noch was schreiben. Ich war mit meinem österreichischen Akzent für den Trapp besetzt, und Gitarre spielen konnte ich auch.« So entstand der einzige Song in diesem altvaterischen Musical, der für die Ewigkeit geschrieben ist. »Ja, ich weiß«, seufzte er. »Die Salzburger wissen gar nicht, wer ihnen die amerikanischen Touristen zutreibt.«

Mehrere Male erlebte ich ihn auf der Bühne, ein mächtig gebauter Mann mit einem Löwenhaupt, großem Charisma und einer phänomenalen Stimme. Im November 2013, in seinem neunzigsten Jahr, gab er ein Konzert im Wiener Parlament. Wenige Wochen vorher traf ich Frank London von der Gruppe Klezmatics. »Ohne Theo gäbe es uns alle nicht«, sagte Frank. »Rede mit ihm, lass ihn erzählen, du wirst vielleicht keine Gelegenheit mehr dazu haben. Er ist schwer krank.«

Ich fürchtete, dass seine Stimme brüchig geworden war. Keine Rede davon. Theo stand aufrecht, begleitet von einer Akkordeonistin, und sang eineinhalb Stunden lang in fünf Sprachen. Woher nahm er diese Kraft? »Ich bin am Anfang und am Ende ein Sänger«, sagte er. »Zehn Jahre möchte ich noch leben.« Es blieben ihm noch eineinhalb.

Das dritte Elementarereignis war der erste Auftritt der Klezmatics im November 1990 am Stadtrand, in der Szene Wien in Simmering. Der Saal ist voll. Vorne stehen fünf Musiker, einer sitzt am Schlagzeug, eine Frau mit braunen Locken hat die Fiedel in der Hand. Alle haben früher Rock und Jazz gespielt. Sie sagen Hi! und legen los. Das Programm heißt »Shvaign is Toyd«, Schweigen ist Tod, dementsprechend laut ist es. Klezmer-Cross-

over mit treibendem Schlagzeug, karibischem Ska und Improvi-
sationspassagen. Die alten Nummern der zwanziger und dreißiger Jahre, schnell und straight gespielt. Das Publikum ist überrascht, gebannt, elektrisiert, einige sind empört. »Not so loud!«,
schreien sie. »We are a loud band«, kommt es von der Bühne.

Der Mann, der Don Byron, Theo Bikel und die Klezmatics nach
Wien geholt hat, gehört selbst zu den Pionieren des Klezmer-
Booms. Edek Bartz und ich lernten uns in den sechziger Jahren
auf der Hakoah-Hütte kennen. Den Edek sehen und hören und
liebhaben war eins, aber wer liebt ihn nicht? Schon damals war
er ein großer Geschichtenerzähler und schilderte seine Begeg-
nungen mit einer Musik, die nur ein kleiner Kreis von Eingeweihten kannte.

Edek wurde in einem sowjetischen Flüchtlingslager geboren,
in Karaganda, Kasachstan. Seine Mutter Irene ist noch unter
uns, als ich dies schreibe, eine bezaubernde Frau, mit einem Akzent, der wie aus weiten Fernen klingt, wienerdeutsch-polnisch.
Als ich sie kennenlernte, war sie hoch in den Achtzigern, saß neben mir im Café Central und schaute zu, wie ich eine Bouillon
mit Ei vertilgte und Brot hineinbröckelte. »Keine Suppe für
dich«, fragte ich. Sie schüttelte sich. »Ich hab so viel Suppe im
Lager gegessen, für mein ganzes Leben hat es gereicht, dreimal
am Tag Suppe. Eine dünne Brühe und pickige schwarze Brotkanten dazu ...«, und bestellte ein Schnitzel.

Irene Geduldig ist vierzehn und lebt mit ihrer Mutter und der
kleinen Schwester Vera in Krakau, der Vater in Wien, als ihre
große Familie 1938 nach dem »Anschluss« auseinandergerissen
wird. »Meine Tante Franziska Geduldig und ihr Sohn Heinrich
wurden in Indien begraben, Lilly in Pakistan, Joseph in San
Francisco, Fabian und sein Vater Salomon in Wien. Karola, die
Schwester von Lilly wurde mit ihrem Mann und ihrer Tochter in

Maly Trostinez ermordet, meine Tante Amalia in Auschwitz …«
Die Flucht in die Sowjetunion wird zu einer Odyssee quer durch
Sibirien bis nach Kasachstan. Irene, die behütete Tochter, überlebt in Baracken mit nacktem Boden, arbeitet beim Eisenbahn-
bau, als Holzfällerin, im Winter bis 39 Grad minus. »Das Land
war im Krieg, und Flüchtlinge mussten arbeiten wie alle. Mehr
als wir hatten die Russen auch nicht. Sie waren anständig zu uns.
Es hat uns nie einer angerührt.« Irenes Mutter überlebt die Stra-
pazen nicht. Ich frage mich, ob ich sie überlebt hätte. Die wo-
chenlangen Transporte in Viehwaggons, Frostbeulen, Durch-
fälle, die Myriaden von Mücken, die Steppe, die sich im Winter
in eine Schneehölle verwandelt, im Frühjahr in einen Morast
und im Sommer in einen Glutofen.

Unter den Vertriebenen und Verbannten waren die jüdischen
Flüchtlinge nur ein Staubkorn. Drei Millionen Menschen wur-
den von den Sowjets weit nach Osten verbracht, darunter die
Führungsschicht Polens, des Baltikums und Bessarabiens, zehn-
tausende Finnen und die Deutschen aus Westrussland. Ebenso
eine halbe Million Tschetschenen, Krimtataren und Kalmücken.
Sie alle verschwanden in den Tiefen Zentralasiens, weit weg vom
Krieg.

Irene landet 1942 im Flüchtlingslager Spassk, sechzig Kilometer von Karaganda entfernt. Deutsche, Wolgadeutsche, Polen,
Österreicher. »Die Männer haben in Extrabaracken gewohnt
und mit uns Frauen gearbeitet. Immerhin haben wir überlebt.
Es war Glückssache, ob man überlebt hat oder nicht. Aber man
hat uns weder geschlagen noch schlecht behandelt.« Rund um
das Lager dehnte sich die endlose Steppe, die von den Lagerin-
sassen Hektar um Hektar urbar gemacht und mit Gemüse und
Getreide bepflanzt wurde.

Für Edek sind diese Geschichten graue Vorzeit. Sein Vater,
den Irene im Lager kennengelernt hat, ist ein katholischer Volks-

deutscher aus Polen. Er bringt die kleine Familie Ende 1946 in seine Heimat. Die Schwiegereltern mochten weder sie noch den Enkel, erzählt Irene. Edek erinnert sich nicht an sie und auch nicht an Waldenburg / Wałbrzych, wo er aufgewachsen ist. Kindergarten, Volksschule, die Besuche seines Vaters, der in Posen eine Universitätskarriere startete, alles versunken. Zwölf Jahre sprach er nur Polnisch, aber auch das hat er vergessen. »Ich habe Polen wegradiert«, sagt er. »Polen hat sich ausgelöscht. Ich bin auch nie zurückgegangen.«

»Aber an irgendetwas wirst du dich doch erinnern?«

»Nein … Warte. Doch. Kürzlich hab ich von der Straße geträumt, in der wir gewohnt haben. Dreistöckige Häuser. Ich bin die Straße hinaufgegangen. Elende, triste Bilder.«

»Wusstest du, wer du bist?«

»Ich habe gewusst, dass ich jüdisch bin, aber keine Ahnung vom Judentum gehabt. Meine Mutter hat nie was erzählt, auch keine Lieder gesungen. Sie wollte nicht, dass ich mit jemandem darüber spreche. Polen war sehr antisemitisch aufgeladen in den fünfziger Jahren. Es gab böse Worte und Pogrome. Für Juden war dort kein Platz mehr. Dann hat sich ein Zeitfenster aufgemacht, und meiner Mutter gelang es, uns herauszubringen, mithilfe des österreichischen Botschafters. Über Nacht sind wir weg.«

»Gibt es etwas, das dir einfällt, wenn du an Polen denkst?«

»Nein … Doch. Die Maiaufmärsche! Die waren toll. Sehr viele Leute. Da gingen welche als Schwarze, als Sklaven mit Ketten, und dicke Weiße, die sie vor sich hergetrieben haben. Es gab Tafeln mit Lenin und Stalin und Transparente gegen Ausbeutung und Kapitalismus, rote Fahnen und viel Musik. Die Warschawjanka wurde gesungen und die Internationale. Diese Inszenierung hat mir gefallen.«

»Hast du etwas davon behalten?«

Edek Bartz, Albert Misak, Warren Brickell, 1970

»Das Soziale, das hat sich eingebrannt. Damit haben sich auch die polnischen Kinderbücher beschäftigt. Die Ungerechtigkeit in der Welt. Das ist später als Thema weitergegangen.«

»Gibt es auch schlechte Erinnerungen?«

»Nein, kein Dramaerlebnis. Und wenn, hab ich's vergessen.«

Edek hat Wien sofort umarmt. Er erobert die Stadt ohne ein Wort Deutsch. Sie ist für ihn ein Abenteuerspielplatz, die große, freie Welt. Er sieht nicht, wie ärmlich sie ist. Es macht ihm nichts aus, dass er auf zwei zusammengeschobenen Fauteuils schläft, die am Morgen wieder auseinandergezogen werden, weil die Vermieterin nicht wissen darf, dass in dem Untermietzimmer auch ein Kind wohnt. »Ich habe als U-Boot in Wien angefangen. Aber die Gegend war interessant. Um die Ecke in der Währinger Straße war eine große Fachbuchhandlung, dort hab ich mich herumgetrieben. Ich liebe Bücher.« Er hat nie verstanden, warum so viele Wiener über diese Wunderstadt herziehen. Überall gibt es Neues zu entdecken, und niemanden kümmert es, woher er kommt. Er vergisst einfach alles, was hinter ihm liegt, die Schule, die Feindseligkeiten, die Sprache. Er schneidet den Faden hinter sich ab und dreht sich nie wieder um.

Edek ist überzeugt, dass jeder Mensch sein Schicksal hat. Die goldene *pave* ist früh vor ihm aufgetaucht, und er flog ihr nach, wo immer sie ihn hinzog.

Seine Mutter und er kamen mit nichts als ein paar hastig eingepackten Kleidungsstücken an. Sie sind sehr arm, es gibt wenig zu essen, aber Irene, die als Büglerin arbeitet, schickt ihren Buben in die richtige Schule. Die Hauptschule in der Zedlitzgasse liegt mitten in der City, für Buben und Mädchen, beides ist ihr wichtig. Edek wird in den B-Zug gesteckt, in den die Sitzenbleiber abgeschoben werden, die Arbeiterkinder und die Randständigen. Neben ihm sitzt ein dunkler Wuschelkopf, Albert Misak.

»Der Albert kommt aus einer alten sozialdemokratischen Eisenbahnerfamilie, die mich ganz selbstverständlich adoptiert hat. Sie haben in einem Gemeindebau in der Judengasse gewohnt. Das war eine große Familie. Dort habe ich viel soziale Wärme erlebt.«

»Und wie war es in der Schule?«

»Na ja, ich habe mich so durchgeschummelt. Unser Klassen-
lehrer war ein alter Nazi, der unter Hitler seine beste Zeit gehabt
hat. Um uns hat er sich nicht geschert. Ich konnte kein Wort
Deutsch, Grammatik und Rechtschreiben habe ich nie richtig
gelernt, bis heute nicht. Dementsprechend hatte ich schlechte
Noten. Der Albert und ich waren Prolo-Schüler aus dem Arbei-
termilieu, aber superschlau. Als wir ein bisschen älter waren,
sind wir nach der Schule beim Gymnasium Stubenbastei her-
umgehangen, weil dort sehr hübsche Mädchen waren, alle aus
dem linken Milieu. Einige haben uns zu Partys eingeladen. Das
war unser Eintritt in die gute Gesellschaft.«

Albert macht eine Lehre zum Radio- und Fernsehmechani-
ker, Edek sucht sich einen Job als Aushilfe in einem Lebensmit-
telgeschäft, beim Meinl am Stubenring. »Ich glaube ja, dass die
Wege des Lebens vorherbestimmt sind. Der Meinl lag vis-à-vis
der Akademie für angewandte Kunst, ich habe dort die Regale
geschlichtet. Zu Mittag kamen die jungen Künstler, um sich eine
Wurstsemmel zu holen. Mit denen bin ich ins Gespräch gekommen, und sie haben mich in ihre Ausstellungen eingeladen. So
bin ich in diese Kunstszene hinein.«

Eins kam zum andern. Edek lernt in der Eisenbahn einen
Herrn kennen, der ihm eine Einladung für eine Kunstaktion in
die Hand drückt. Darauf wird eine nackte Frau mit Öl und Mehl
übergossen. »Das war Otto Mühl, und natürlich bin ich hinge-
gangen, um mir das anzuschauen. Sehr wichtig war auch eine
Ausstellung im Künstlerhaus über Surrealismus. Ich bin zufällig
in eine Führung geraten. Das war ein großes Aufwachen. Ich
habe zum ersten Mal etwas über Traumdeutung und Psycho-
analyse gehört und war infiziert! Dann bekamen wir Tickets für
ein Konzert von Oscar Petersen geschenkt und haben nachher
Cannonball Adderley und Ray Charles erlebt. Das hat mein Le-

ben geprägt. Da wusste ich, dass wir in einem Kaff der World Music leben.«

»Und wann habt ihr angefangen, selbst Musik zu machen?«

»Der Berti und ich haben uns für die amerikanische Folk Music interessiert, für Joan Baez, Bob Dylan, Pete Seeger, der ganz wichtig war. Musik mit Message, gegen den Rassismus. Wir hatten kein Radio, aber einen Plattenspieler. Und dann erlebten wir einen Auftritt von Shlomo Carlebach.«

»War das nicht im Porrhaus? Ich hatte dort ein Filmabo, und da hing ein Plakat, darauf stand: Der singende Rabbi. 1963?«

»Ja, ganz früh. Also – wir waren hin und weg. Ein Hippie-Rabbi.«

»Er hatte so eine Mischung aus Folk, Gebeten und Nigunim. Mit viel Dadada, Lalala, zum Mitsingen. War ein langes Konzert. Das Publikum wollte ihn nicht gehen lassen.«

»Plötzlich war uns klar, wohin wir wollten. Wir durften ihn am nächsten Vormittag im Hotel besuchen. Er war sehr freundlich, hat sich mit uns unterhalten und mir ein Kapperl und Tefillin geschenkt.«

Sie gründen die Gruppe Les Sabres, gemeinsam mit dem Israeli Willie Weigel, und bieten drei Programme an: jüdische und hebräische Lieder, Popsongs, Protestsongs. »Damals war das Wort Klezmer noch nicht erfunden. Wir waren die ersten Juden, die die Leute zu Gesicht bekommen haben, und die erste Band, die sich im deutschen Sprachraum mit jüdischer Musik auseinandergesetzt hat. Wir waren schon optisch eine Überraschung. Drei gutaussehende Burschen, das Gegenteil des antisemitischen Stereotyps. Wir traten im katholischen Bildungsheim in der Annagasse auf und in einem Kloster. Albert war bei den Roten Falken, und so wurde die Wiener SPÖ auf uns aufmerksam. Die veranstaltete im Volkstheater so Jugendweihen. Die Themen waren Sozialismus, Freundschaft, Kampf für die

Armen. Texte gegen die Atombombe und Gedichte von Brecht. Total verstaubtes Programm, die Jugendlichen haben das halt abgesessen. Wir kamen zum Schluss und waren die Erlösung.«

»Wie hat die jüdische Community reagiert?«

»Den Jungen hat es gefallen, aber den Älteren waren wir suspekt. Die lebten nach der Devise: nur nicht auffallen. Wir machten das Gegenteil, und das wurde uns übelgenommen.«

»Ich erinnere mich, dass ihr beim Hakoah-Ball aufgetreten seid.«

»Klar, die Hakoah war ein Sportklub und eher links. Wir legten gute Auftritte hin, aber wir hatten keinen Schimmer, was jüdische Musik wirklich ist. Bis wir einmal am Semmering aufgetreten sind, im Hotel Panhans. Dort hat uns Herr Rebenwurzel gehört und vorgeschlagen, bei einer Hochzeit in seinem koscheren Restaurant zu spielen.«

»Mutiger Mann.«

»Rebenwurzel hat uns zu einem Geiger geschickt, Herrn Lustig, der uns erklärt hat, wie wir uns zu benehmen haben. Ihr werdet für die Frauen spielen! Nur für die Frauen, warum? Weil die nicht zusammen mit den Männern feiern. Wir hatten keine Ahnung. Als wir bei Eisler und Rebenwurzel hereinkamen, sind wir uns vorgekommen wie in Afrika! Wie unter einen fremden Stamm gefallen. Wir hatten noch nie streng religiöse Juden getroffen, die waren damals in Wien unsichtbar. Aber als die Männer mit ihren schwarzen Hüten und ihren Pejes den Nigun gesungen und wie in Trance im Kreis getanzt haben, waren wir fasziniert. Es hat unser Interesse am Judentum geweckt. Wir wollten wissen, was das alles zu bedeuten hat. Wir wurden dann eine Hochzeitsband und haben angefangen, Jiddisch zu lernen und uns ernsthaft mit der jüdischen Volksmusik zu beschäftigen. Theo Bikel hat dabei einen großen Einfluss ausgeübt.«

Die beiden sammeln Schellacks, sehen sich alte Fotos an und

lassen sich von einem amerikanisch-polnischen Musikfilm inspirieren, »Yidl mitn Fidl«, der noch vor dem Krieg gedreht wurde und sie mit einer Welt konfrontiert, von der nichts geblieben ist als die Erinnerung an die Wandermusikanten, die Klezmorim. Dann gründen sie unter den Mädchennamen ihrer Mütter, Geduldig und Thimann, eine neue Formation. Zwischen 1975 und 1986 erscheinen vier Alben. »Damals begann die Aufarbeitung der Nazizeit. Die Konzerte wurden zu psychoanalytischen Veranstaltungen. Die Leute brachen in Tränen aus und kamen nachher zu uns, um uns ihre Lebensgeschichte zu erzählen. Als dann der Streit um Kurt Waldheim eskalierte, haben wir aufgehört. Jeder Auftritt wurde als politisches Statement verstanden, das wollten wir nicht.«

1992 nehmen sie in New York mit amerikanischen Musikern, darunter Elliott Sharp, John Zorn und Don Byron, ihr letztes Album auf, »a haymish groove«. Es ist ihr schönstes Werk, ein Crossover-Projekt von Tradition und zeitgenössischem Klezmer zwischen vielen kulturellen Klangfarben. Als CD rasch vergriffen, kam es 2016 noch einmal als Doppel-LP heraus. »Ich kann a haymish groove nicht oft genug hören, Edek. Das werden die Menschen noch in hundert Jahren hören wollen.«

Die goldene *pave* zieht Edek noch als Teenager in das ehrwürdige Musikhaus Doblinger, in die Notenabteilung. Er begegnet dort vielen Künstlern, David Oistrach, Leonard Bernstein, hört Klassik, Madrigale und Bachkantaten. Dann fliegt er der *pave* in das Musikhaus ¾ nach und macht daraus ein Zentrum des Rock. »Es hat gebrannt, es hat gewurlt in den Leuten. Und die Rockmusik war eine treibende Kraft in der Jugendkultur. Das Dreiviertel war ungeheuer wichtig, weil es zu einem Treffpunkt der Jungen geworden ist. Es sind irrsinnig viel junge Leute gekommen. Natürlich haben nicht alle gekauft, aber jeder wollte sich informieren und hören, was es Neues gibt, und viele Leute, mit denen ich heute befreundet bin, kenne ich aus dem Geschäft.«

Ende der Sechziger wurde Edek zu dem, was man heute einen Netzwerker nennt, bestrickte alle mit seinem Charme und guter Laune und saugte wie ein Schwamm in allen Ecken der Stadt Informationen und Wissen auf. Er lebte emotional in der Rockmusik und in der jüdischen Musiktradition, politisch im linken Umfeld, damals eine ausgefallene Mischung. Abends besuchte er seine Privatuniversitäten, die Cafés und Ateliers der Künstler und die Orte der Freundschaft, die Klubs der Hakoah und des Haschomer und die kommunistischen Partys, wo er seine erste große Liebe kennenlernt, Vera David, die Schwester von Alexander David. Er geht von einem Terrain in das nächste, als DJ im legendären Voom Voom, »mein bester Job«, als Konzertveranstalter für die Agentur Stimmen der Welt und Betreuer vieler Stars, wenn sie nach Wien kommen, Jimi Hendrix, Frank Zappa, die Rolling Stones, Jimmy Cliff, Van Morrison, Bob Dylan … und jahrelang als Tourmanager von Falco, über den er, wie über alle Künstler, denen er begegnet ist, abenteuerliche Geschichten erzählt. Zusammen mit Wolfgang Kos kuratiert er fünf experimentelle Musikausstellungen, »Töne – Gegentöne«, bei denen Musik und Tanz aus verschiedenen Kulturen auf die Bühne kam, ein faszinierendes, von mir sehr geliebtes Projekt. Später wird er Lehrbeauftragter für Design an der Universität für angewandte Kunst und führt fünf Jahre die Kunstmesse Viennafair, die sich auf osteuropäische Kunst spezialisiert.

»Mein Manko ist«, kokettiert er gerne, »dass ich nix gelernt habe. Vier Jahre Hauptschule im B-Zug, mehr hab ich nicht vorzuweisen. Mir war früh klar, dass ich nicht geeignet bin für ein braves Leben.« Wenn man seiner Mutter zuhört, war er immer ein guter Sohn. Vielbeschäftigt und nie äußerlichen Moden zugeneigt. Akkurate Blue Jeans, gebügeltes Hemd, dunkelblauer Pulli, Jacke und gute englische Schuhe, seit Jahrzehnten. Man trifft ihn unterwegs in der City, in seinem Stammcafé, dem Prückel, und ab und zu in New York.

Der Sprung nach Amerika war entscheidend. »Wir wollten raus, Albert und ich. Das größte Glück war, im Plattengeschäft der Tower Records herumzustöbern. New York! Wen wir dort alles getroffen haben! Begnadete Musiker, die schon lange nicht mehr unter uns sind, wie Nusrat Fateh Ali Khan, ein Pakistani. Aber diese Geschichte muss ich dir noch erzählen …«

15

HELDISCH LEBEN

Wir sind, was wir tun.

GIACOMO PUCCINI, TOSCA

Als ich Marina Fischer-Kowalski kennenlernte, war sie mit einem jungen Studentenführer verheiratet und hatte einen Ruf: furchtlose Frau, schlagfertig und jeder Sentimentalität abhold. Eine auffallende Erscheinung, mit ausgeprägten Backenknochen und schrägen Augen, hochbeinig und großem Busen. Ich schnitt nicht gut ab neben ihren locker hingestreuten Bemerkungen über heiße Liebe und kalte Schlafzimmer. Auch ihr Ehemann, Peter Kowalski, war eindrucksvoll, ein gutaussehender Intellektueller und brillanter Rhetoriker. Ein Traumpaar der Wiener Linken in einem kuscheligen Siedlungshaus in Wien-Hütteldorf. Und eine kleine Tochter hatten sie auch.

Ich war soeben aus Paris zurück und hatte dort viele Frauen angetroffen, die sich um alte Liebesordnungen nicht mehr kümmerten. Sie schliefen, mit wem sie wollten, und sangen mit erhobener Faust nach der Melodie der »Moorsoldaten« die Hymne der französischen Feministinnen, in der von gesprengten Ketten die Rede war. Sie endete mit »Debout!«, Erhebt euch! Und jetzt begegnete ich der Wiener Version.

Zehn Jahre später war Marina geschieden und frisch verliebt, bekam zur selben Zeit wie ich ein Kind und baute ein altes Fuhrmannshaus um. Wir freundeten uns an, nachdem sie ein schrecklicher Schicksalsschlag getroffen hatte. Ihr Gefährte, der Pädagoge Peter Seidl, hatte sich einige Wochen zuvor umgebracht. Sie war sehr glücklich mit ihm gewesen, ein Schwelgen in Freude über das langerwartete Kind. Dann stülpte sich eine schwere Psychose über den Liebsten und nahm ihn ihr weg. Sie verbarg tapfer den Schmerz, er dauerte jahrelang.

Bei meinen Besuchen lernte ich ihre Mutter kennen, Ruth von Mayenburg.

Unter den vielen interessanten Paaren im kommunistischen Milieu waren Ruth und Ernst Fischer das schillerndste: Fischer, Schriftsteller, Politiker und intellektuelles Aushängeschild der KPÖ, und Mayenburg, Dramaturgin und Übersetzerin. 1969, lange nach dem Ende ihrer Ehe, brachten sie ihre Memoiren heraus. Beide Bücher wurden Bestseller und zogen sarkastische Kommentare der ehemaligen Genossen nach sich. Vor allem der Titel von Mayenburgs Bericht, »Blaues Blut und rote Fahnen«, stieß auf Hohn. Auf welchen Barrikaden war sie eigentlich gestanden?

Es gibt darin ein Foto mit ihr, aufgenommen am 1. Mai 1934 in Moskau, in der ersten Reihe der geflüchteten Kämpfer des Republikanischen Schutzbundes. Die Baskenmütze mit dem Sowjetstern schräg in die Stirn gezogen, trotziger Mund, kühner Blick, die rechte Hand zur Faust erhoben. Sie wusste sich wirkungsvoll in Szene zu setzen. Dann folgte ein zweites Buch, über das Moskauer Hotel Lux, bis heute die einzige penibel recherchierte Quelle über die Absteige der Weltrevolution.

Ruth war eine Sudetendeutsche. Ihre Familie lebte im Nordwesten Böhmens, der Vater Max Heinsius von Mayenburg war hier Direktor eines Bergwerks. Für die Familienfotos musste er auf einem Kissen sitzen, damit er nicht von der stattlichen Mutter, Lucie Freiin von Thümen-Blankensee, überragt wurde. Die Familie war nicht reich, verfügte allerdings über einen in ganz

Europa verzweigten Stammbaum, in dem es von Grafen und Komtessen nur so rauschte. Die junge Ruth wurde als Mona Lisa von Teplitz-Schönau verehrt.

Sie ging schon früh nach links und war entschlossen, ein heldisches Leben zu führen. Niemals verleugnete oder schmähte sie ihre Herkunft. Sie hasste die Konvention und liebte das Mondäne, die Jagd, das Reisen, Eleganz, ältere und jüngere hochgewachsene Herren. Ihren fast Verlobten, einen jungen Aristokraten, verließ sie für einen Redakteur der Wiener *Arbeiter-Zeitung*. Er hieß Ernst Fischer, war Sozialdemokrat und umschwärmter Mittelpunkt der jungen Linksintellektuellen. 1932 heirateten sie. Zwei Jahre später, nach dem niedergeschlagenen Februaraufstand, wurden beide Kommunisten. Flucht nach Prag, dann nach Moskau. Im Herbst 1945 kehrte Ruth als Major der Roten Armee nach Wien zurück, mit ihrer Tochter Marina unterm Herzen.

»Ich hatte eine absolut interessante Kindheit«, erzählt Marina, Diti gerufen, »mit großen Freiheiten. Als einziges Kind von nicht mehr jungen Eltern, beide mit viel Arbeit und einem großen Freundeskreis beschäftigt, blieb ich früh mir selbst überlassen.« Marina genoss den Trubel im Elternhaus, in dem sich alles um die Welt, die Politik und die Kunst drehte und wenig um sie. 1955 ließen sich die Eltern scheiden, und Ruth hielt sich, ihre Tochter und einen jungen Lover über Wasser.

»Ich wurde nicht besonders erzogen, solange ich mich bei Tisch gut benahm«, erinnert sich Marina. »Ein einziges Mal gab mir mein Vater einen Klaps auf die Finger, als ich eine Ölsardine über das Tischtuch zog. Wir wohnten zuerst in Gersthof, mitten im amerikanischen Sektor, mit Köchin und Kindermädchen und Gästen jeden Abend. Ich erinnere mich an Ferien im Sommerhaus von Bert Brecht und seine Frau Helly Weigel, an den klavierspielenden Hanns Eisler, aber auch an die Konzerte des

Ensembles der Roten Armee, den Roten Stern am Weihnachtsbaum und die Geschichten von Väterchen Frost, ein zauberhaftes Fest, mit geheimnisvollem Klingeln und gebratener Gans. Österreichische Weihnachten. Auch das Krampusfest wurde begangen, mit meinem Vater als Krampus und Ruth als Nikolo. Und Eiersuchen zu Ostern.«

»Ist über die Kriegsjahre gesprochen worden?«

»Kaum. Mit Heldengeschichten bin ich nicht behelligt worden. Kinder vor verstörenden Erinnerungen zu schützen halte ich für sehr sinnvoll. Ruth hat viele abenteuerliche Geschichten erzählt und dennoch wenig über das, was sie wirklich erlebt hat. Sie hatte unglaublich viel Glück gehabt, war nie in Haft, ist nie gefoltert worden. Aber einige Male war es wirklich haarscharf. Es wurde oft auf sie geschossen. Oder es hat den Bunker, in dem sie an der Front in Weißrussland hauste, komplett zerrissen, als sie über Nacht woanders war.«

Als ich sie zum ersten Mal traf, war Ruth achtundsiebzig und lebte mit ihrem früheren Liebhaber und zweiten Ehemann, dem Publizisten Kurt Dieman, und dem letzten ihrer vielen Scottish Terrier, alle namens Mäckie, im Anbau des alten Fuhrmannshauses. Marina konnte den Stiefvater, der Dichtl gerufen wurde, wie er eigentlich hieß, nicht ausstehen. Zwischen den beiden herrschte innige Abneigung. Ruth hatte den sechzehn Jahre jüngeren Dieman, einen Opernsänger, im *Österreichischen Friedensrat* kennengelernt, eine Vorfeldorganisation der KPÖ. Ursprünglich Monarchist und nach Kriegsende ein *fellow traveller*, driftete Dieman später wieder nach rechts. »Ruth stand unter seiner politischen Knute«, sagt Marina. Eine schwierige Beziehungssituation zwischen den dreien, die fast fünfzig Jahre dauerte.

Was Ruth an Dieman fand, war mir schleierhaft. Ein steifleinener, bis in die manikürten Nägel gepflegter, hochfahrender

Herr mit etwas zu fettigem Gesicht, der mir flüchtig die Hand reichte, wenn ich bei ihr auftauchte. Was hatte ich hier zu suchen? »Er ist sehr besorgt um sein Aussehen«, spöttelte Ruth nachsichtig. »Jede Woche lässt er sich das Gesicht massieren und Masken auflegen. Eigentlich sollte ich die kriegen.«

Marina war neun Jahre, als Ernst Fischer die Familie verließ. »Mein Vater hat seine eigene Biografie zu überwältigen versucht«, sagt Marina. »Aber gelungen ist ihm das nicht.« Ernst Fischer verlor sich nach dem Krieg an den Stalin-Mythos und verfasste linientreue Texte gegen alle Abtrünnigen, zu denen er eines Tages selbst gehören wird. Darunter ein abscheuliches Theaterstück über Tito, der Stalin die Gefolgschaft verweigert hatte und in die kommunistische Hölle gestoßen wurde, hätte es eine solche gegeben. Eine Verfinsterung seines Bewusstseins, schrieb er am Ende seines Lebens. Ich habe ihn noch als Schülerin bei Vorträgen über Kafka und Picasso gehört. Er war ein großer Redner, der Essays über Kunst und Literatur, über Grillparzer, Goethe und Kleist und einen Roman über Prinz Eugen geschrieben hat. Ein großer, hagerer Herr in einem schlotternden Anzug, mit heftigen Augen in einem scharfkantigen Gesicht und dünnem, nach hinten gestriegeltem Haar. Fischer war damals schon lange mit Lou Eisler, Literatin und frühere Ehefrau des Komponisten Hanns Eisler, verheiratet. Ruth ist nie darüber hinweggekommen.

Spielte nicht auch ihre Romanze mit dem jungen Kurt Dichtl eine Rolle, der im Hause Fischer ein und aus gegangen war? Ruth winkte ab. Mit solchen Kleinigkeiten hat sie sich nie aufgehalten. Sexuelle Treue – pah! Darauf kann man doch Liebe und Ehe nicht reduzieren. Dass Fischer Ruth in seinen Lebenserinnerungen fast verschwieg, ließ sie kühl: »Was immer der Ernst geschrieben hat oder nicht: Es war eine außergewöhnliche Ehe.« Sie hat die wichtigste Zeit ihres Lebens ohne ihn verbracht, dennoch blieb er ihr geliebtester Mensch. Wie er berauschte sie sich an der Idee einer künftigen klassenlosen Gesellschaft.

»Du hast daran geglaubt?«

»Das ging gar nicht anders. Um uns herum waren viele Leute, die uns einhämmerten, dass alles, was wir bisher gedacht hatten, falsch gewesen ist. Ich habe mich nicht täuschen lassen. Vieles war absolut abstoßend. Aber die Energie, die dahinterstand, war faszinierend.«

»Vielleicht auch, weil es ein konventionelles Leben ausschloss?«

»Aus heutiger Sicht – vielleicht. Und ich war überzeugt, dass die Nazis besiegt werden müssen. Sie steuerten schnurgerade auf einen neuen großen Krieg zu. Diese Hunde! Hinter uns stand eine gewaltige Armee, in der ganzen Welt. Sie werden daran zugrunde gehen.«

In Moskau konnte sie dazu nichts beitragen. Die exilierte kommunistische Führungselite lebte im Hotel Lux Tür an Tür und wartete darauf, zurückzukehren nach dem großen Krieg, den sie voll Angst und Hoffnung kommen sah. Sechshundert Menschen, überwacht von der Geheimpolizei. 1936, als die Moskauer Prozesse gegen die alten Bolschewiki begannen, brach die Paranoia aus. In jeder Ecke des Lux lauerte die Denunziation. Und überall liefen die Ratten herum.

Ruth war nicht da. Sie hatte sich von der Vierten Abteilung beim Generalstab der Roten Armee, dem Auslandsgeheimdienst, anwerben lassen und ging im Herbst 1934 nach Prag. »Ihr war fad in Wahrheit«, sagt Marina, »sie wurde angeheuert wegen ihrer aristokratischen Familienbeziehungen, als Spionin.« Dieses hässliche Wort existierte nicht in Ruths Vokabular. Sie war Kundschafterin, mit vorzüglichen Umgangsformen, sehr gut angezogen und mit genügend Geld versehen. Sie ließ sich in Prag von Fischer scheiden und tauchte als Mayenburg in

Berlin auf. Ihr hartes Sudetendeutsch war eine ebenso gute Tarnung wie ihr richtiger Stallgeruch. Sie verschaffte sich Zugang zu den Offizierskasinos. Nicht alle hielten ihr Erscheinen für Zufall, aber niemand zeigte sie an.

Ihr wichtigster Kontakt war die Bekanntschaft mit General Kurt von Hammerstein-Equord, dem außer Dienst gestellten Chef der deutschen Heeresleitung. Er war durch keinen Treueeid an Hitler gebunden. Was er über die Nazidiktatur dachte, war nicht unbekannt. Ruth wollte herausfinden, ob der General an einem militärischen und politischen Masterplan gegen das Regime arbeitete. Hammerstein hatte in der Weimarer Republik langjährige Freundschaften mit den Stäben der Roten Armee unterhalten. Weltanschauung war eine Sache, Hochachtung eine andere.

Als Hitler an die Macht kam, nahm er seinen Abschied und begann, ein gefährliches Doppelleben zu führen. Und nicht nur er. Vier seiner sieben Kinder gingen in den Widerstand. Zwei seiner Töchter waren mit jüdischen Kommunisten liiert und spionierten für die Komintern, stöberten in seinem Schreibtisch und gaben Interna weiter, ohne dass er eine Ahnung davon hatte. Zwei seiner Söhne waren am Stauffenberg-Attentat auf Hitler im Sommer 1944 beteiligt.

»Meine Mutter hatte einen Logenplatz bei Hammerstein«, erzählt Marina. »Sie hatte ein Faible für alles Militärische, konnte mit Waffen umgehen und ausgezeichnet schießen. Natürlich war Hammerstein beeindruckt. Die beiden hatten eine innige Beziehung.«

Ruth begegnet Hammerstein am Silvesterabend 1930 auf Schloss Neindorf bei Magdeburg. Dass ihre Verlobung gefeiert werden soll, stimmt sie nicht froh. Sie hat Ernst Fischer von der *Arbeiter-Zeitung* kennengelernt. Ein aufregender Mann, »der unentwegt sprach, geistreich, witzig, aggressiv, flirtig. Groß, hundsmager. Ein Erosbesessener, worttrunken.« Ein Offizierssohn, der ein Roter geworden ist. Er gefällt ihr sehr. Er schickt ihr einen Brief: »Werden Sie meine Frau!« Er geht ihr nicht mehr aus dem Kopf.

»Also hör mal, Ruth, wenn das nicht romantisch ist, dann weiß ich nicht …«

»Ach was. Das war ein Aufruf zu einer großen Liebe, zum Wagnis eines Lebens in Leidenschaft. Und Schönheit. Und Freiheit.«

Unerwartet mischt sich Hammerstein ein. Er rät ihr von der geplanten Ehe ab und rettet sie vor einem Leben in Eintracht und Langeweile. »Als wir in unsere benachbarten Gastzimmer hinaufgingen«, erzählte sie, »lud ich ihn zu einer kleinen Unterhaltung ein, die unsere später gefährliche Freundschaft begründete.« Jetzt baute sie ihre Verbindung zu ihm wieder auf. Nach wie vor flossen ihm Informationen aus der Wehrmacht zu. Wie weit würde er gehen? Wenn sie von Prag nach Berlin reist, überwältigt sie würgende Angst.

Sie wusste, dass jeder Kontakt eine Bruchstelle haben konnte. Sie hatte verschiedene Pässe, saubere Papiere, aber ob sie der Kontrolle standhielten? In ihren Handschuhfingern steckten fünfhundert Dollar, als Notgroschen für Bestechungszwecke. Wenn das aufflog, setzte es Daumenschrauben. Sollte die Gestapo sie erwischen, war sie entschlossen, sich umzubringen. An ihrem linken Ringfinger steckte ein Wappenring von ihrer Mutter. Sie hielt die Hand mit gespreizten Fingern hoch, zeigte ihn vor, öffnete den Golddeckel mit den Zähnen, klappte ihn wieder zu.

»Was war da drin?«

»Zyankali. Den Ring hätte ich auch mit gefesselten Händen aufgekriegt, das habe ich trainiert. 1936, bei den Olympischen Spielen in Berlin, hat mir Hammerstein einen Sitz verschafft.

Hitler ging mehrmals knapp an mir vorbei, inmitten der ganzen Naziprominenz. Die Führerloge war auf Schussnähe, wie ein Wildwechsel. Ich hätte den Kerl todsicher abknallen können. Die Pistole hatte in meiner Handtasche Platz.«

»Und?«

»Ich habe es nicht getan.«

»Warum nicht?«

»Weil einem Kommunisten so was absolut verboten war. Individueller Terror! Wir waren keine Anarchisten.«

»Du bist auch nicht der Typ für ein Selbstmordkommando.«

»Nein. Aber ich schlug mich lange damit herum, welch einmalige Chance das gewesen ist. Es wäre eine Entscheidung auch gegen mich selbst gewesen, gegen meinen unbedingten Wunsch zu überleben.«

Schließlich wurde sie beauftragt, nachzufühlen, ob Hammerstein bereit wäre, einen Aufstand der Nazigegner unter den deutschen Generälen anzuführen. Er lehnte ab. Für seine alten Freunde in Moskau hatte er aber ein paar Ratschläge parat: bessere Beziehungen zu den Briten, bessere Ausbildung der Roten Armee und maximale Motorisierung. Zum Abschied warnte er Ruth: »Hüte dich vor Tuchatschewski.« Hammerstein wusste also, dass finstere Gerüchte über Marschall Michail Tuchatschewski kursierten. Der deutsche Geheimdienst organisierte eine gefinkelte Desinformationskampagne gegen den Führungsstab der Roten Armee. Sie führte prompt zu ihrer Enthauptung. Tuchatschewski wurde 1937 verhaftet, wegen Verschwörung zum Tod verurteilt und erschossen. Damit begann die Tschistka, die Große Säuberung. Als Ruth nach Moskau zurückkehrte, war der Terror vorbei. Ratlosigkeit und Schweigen im stickigen Hotel Lux.

»Bist du auf einer der Listen gestanden?«

»Mit Sicherheit. Ich gehöre zu den wenigen Überlebenden der Vierten Abteilung. Wahrscheinlich hat mich Dimitroff gerettet, der Chef der Komintern. Ernst hatte sehr gute Verbindungen zu ihm.«

»Und? Bist du in deinen Überzeugungen wankend geworden?«

»Nein. Ich hielt damals den Versuch eines Umsturzes für plausibel.«

Es folgten zähe Jahre. Ruth lernte Russisch, sprach und schrieb es vorzüglich. Dann beschloss sie, wieder Soldatin zu werden. 1943 ließ sie sich nach Weißrussland versetzen und klapperte mit ihrem Lautsprecherwagen die Front ab, um die Österreicher in der Wehrmacht zum Überlaufen zu bewegen. Eine Gefangennahme bedeutete den sicheren Tod. Aber das schreckte sie nicht. Sie überstand Bombenangriffe, lebte in Erdlöchern, ihre Füße erlitten schwere Erfrierungen. Sie hat diese Jahre ausführlich beschrieben. Kein Zweifel, es war ihre beste Zeit.

Mayenburg war immer unter Männern gewesen. Sie verfocht sexuelle Freiheit für Mann und Frau, eine typische Emanzipierte der zwanziger Jahre. Sie hat es nie für nötig erachtet, sich von der Männerwelt abzugrenzen, und warf der neuen Frauenbewegung Humorlosigkeit vor, in ihren Augen ein schweres Versäumnis.

»Nimm einmal Alice Schwarzer. So eine gescheite Frau. Aber warum muss sie ihre Anliegen mit diesem Bierernst vorbringen? Und dann diese nachlässige Aufmachung. Wozu soll das gut sein?«

»Du redest wie ein Mann.«

»Das sagt meine Tochter auch. Und diese ewige Schmuserei zwischen den Frauen!«

Sie ging mit ihrem raschen Schritt hin und her, wenn ich sie besuchte, zündete sich eine filterlose Zigarette nach der anderen an. Immer in einem knappen Hosenanzug, immer kerzengerade. Sie erlaubte sich keine Schwäche. Ihr Gesicht war vom Alter gezeichnet, aber nicht zerstört, die spröde Stimme nicht brüchig.

»Wie wird eine schöne Frau wie du mit dem Alter fertig?«

»Schade ist es schon. Der Verfall des Fleisches ist nicht angenehm. Ich vermag ja zu überspielen, dass ich alt geworden bin. Die Männer nehmen mich immer noch so in den Arm, wie man das mit einer Frau eben tut. Dieses distanzierte Begrüßen von alten Menschen war mir immer schrecklich. Solange ich noch zum Anfassen bin, solange es eine Berührung von Haut zu Haut gibt, ist nichts zu Ende.«

»Die Männer sind immer noch wichtig?«

»Ich kann eben nicht ohne Liebe leben.«

Ich war sprachlos. Dann sagte ich matt: »Klingt wie ein Lied von Zarah Leander«. Sie lachte und zündete sich eine Zigarette an. »Was meinst du, wie ich sonst die Illegalität und den Krieg überstanden hätte?«

Marina war fasziniert von ihren Geschichten. »Erst spät hat sie erzählt, dass man in Weißrussland bei diesem wahnsinnigen Sterben ganz viel Sexualität brauchte, um nicht verrückt zu werden. An ihren Füßen waren furchtbare Frostbeulen, unter denen sie ihr ganzes Leben gelitten hat. Hin und wieder hatte sie nachts Panikattacken. Aber sie war sehr stabil, konnte gut arbeiten, gut schlafen. Ihr Körper hielt erstaunlich Balance.«

»Hat sie den Krieg – geliebt?«

»Den Krieg selbst natürlich nicht. Aber das Leben unter den Soldaten, die ständige Herausforderung, diese Intensität, das schon.«

Nach ihrer Rückkehr arbeitete Ruth als Chefdramaturgin der sowjetischen Hälfte der Wien-Film (es gab auch die amerikanische). In den Studios am Rosenhügel entstanden Filme, die heu-

te längst vergessen sind. Als die Sowjets abzogen, brachen harte
Zeiten an. Ruth wurde arbeitslos, ging eine Zeit lang für die ost-
deutsche DEFA nach Paris, schlug sich nach ihrer Rückkehr als
Übersetzerin durch. Marina wuchs schnell aus den Kinderschu-
hen heraus, ließ sich von niemandem etwas sagen, trieb sich mit
Halbstarken herum, arbeitete am Frachtenbahnhof, um ein
paar Schillinge zu verdienen. »Ernst hat nichts gezahlt«, erzählt
Marina. »Keinen Groschen. Er war neu verheiratet, mit Lou,
und meine Mutter war sich zu edel, ihn zu klagen. Wenn ich ihn
in der verlotterten Villa im Prater besuchte, sorgte er sich um
meine literarische und politische Bildung. Aber sonst um nichts.
Nicht einmal die Kinderbeihilfe hat er mir überwiesen. Meine
Mutter war zu stolz, das durchzusetzen. Die erste Hälfte der
sechziger Jahre war herb, weil wir überhaupt kein Geld hatten.
Wir haben das Holz zum Heizen aus dem Wienerwald geholt
und uns am Sonntag um ein Blatt Extrawurst gestritten. Meine
Mutter ist kaum ausgegangen, weil sie keine Strümpfe mehr
hatte und nicht zum Friseur gehen konnte. Dass ich studieren
konnte, stand auf der Kippe. Es ging dann aber doch.«

Marina wurde Soziologin, war in der alternativen Szene aktiv, gründete das Institut für Soziale Ökologie in Wien, leitete
große Wissenschaftsprojekte. Sie gerät ihrer Mutter nach, auch
äußerlich. Je mehr Jahre vergehen, desto ähnlicher wird sie ihr.
Mit dem Kommunismus hatte sie aber nie was im Sinn. Es dauerte lange, bis auch Ruth sich von ihm lossagte. »Mitte der sechziger Jahre hab ich es sattgehabt zu lügen«, erzählte sie. »Wir
haben alle wahnsinnig viel gelogen. Wir haben den Terror in
der Sowjetunion verheimlicht. Und was das Schlimmste war:
Wir haben unsere Kinder belogen.«

1986 rief Ruth zur Wahl von Kurt Waldheim auf. Überall
klebten die Plakate mit ihrem Namen. Sie scheiterte an der
Nachgiebigkeit gegenüber ihrem zweiten Ehemann, Kurt Die-

man, einem Wortführer für die Wahl Waldheims. Marina war wütend. »Ich habe sie gefragt: Bist du nicht ganz bei Trost? Da sagte sie, na ja, das ist doch ein gebildeter Mann, der Waldheim, war UNO-Generalsekretär und so. Aber ich war ihr nicht böse. Ich konnte ihr nie böse sein für irgendwas.«

Auch ich fragte sie, warum sie das getan hatte. Sie zuckte die Achseln. »Aus Liebe.« Was soll man dazu sagen? 1993, mit 86 Jahren, ist Ruth von Mayenburg in Wien gestorben.

Das ist lange her. Fünfzehn Jahre später las ich Hans Magnus Enzensbergers Buch über Kurt von Hammerstein. Er war an der Planung des Stauffenberg-Attentats beteiligt, bevor er 1942 starb. Ruth hat sich also nicht in ihm getäuscht.

16

HERKUNFTSNACHWEIS

Der Fuchs weiß viele Dinge,
aber der Igel weiß eine große Sache.

ARCHILOCHOS / ISAIAH BERLIN

»Mein Vater«, erzählt Anita Pollak, »hat deutsch ausgeschaut, oder, wie das damals hieß, arisch, und das war sein Glück. Als er 1944 aus einem ungarischen Gefangenenlager deportiert werden sollte, sprang er während des Abmarsches über eine Mauer ins Ungewisse. Das war lebensgefährlich, aber er ahnte, wohin es ging. Nach Auschwitz.« Dann hielt Alfred Getreider einen Lastwagen mit deutschen Soldaten an. »Nehmt mich mit, Kameraden!« Und weil er groß war und so aussah und sprach und zackig auftrat wie ein Deutscher, denn er war Offizier (wenn auch ein polnischer, er stammte aus Bielitz in Oberschlesien), taten sie das, ohne viel zu fragen. Er schlug sich nach Budapest durch und tauchte unter, bis die Rote Armee kam.

Die Antisemiten glauben, einen Juden hundert Meter gegen den Wind zu erkennen. Eine Anmaßung, über die zahlreiche Anekdoten kursieren. Als sich die Juden assimilieren durften und nicht mehr den Ghettobildern ähnlich waren, begannen die Anthropologen mit umständlichen Messungen, um herauszufinden, was die Juden von anderen Erdbewohnern und vor allem von der arischen Superrasse unterscheidet.

Den Nazis war das nicht genug, weil Klischees nicht ohne

weiteres anzutreffen waren: große, gebogene Nase, mächtige Ohren, schwarze krause Haare, verschlagene Augen, ein lüsterner Mund und krumme Beine. Feige sind sie und kriecherisch. Dazu kommt noch eine Reihe unheimlicher Eigenschaften: magischer Geschäftssinn. Große Geldmacher, die hinter den Kulissen die Strippen ziehen, getarnt durch unauffällige Bürgerlichkeit. Eine Ahnentafel musste her, um den Ariernachweis bis zu den Urgroßeltern zu belegen. Und weil dazu weder der Augenschein noch der Name reichte, wurde die Zugehörigkeit zur Religion als Kriterium herangezogen. Ein einziger Übertritt in der Generation der Großeltern reichte, um alle Nachkommen mit dem Bannfluch des verseuchten Blutes zu belegen. Das wurde sechs Millionen Menschen zum Verhängnis, und um ein Haar auch Alfred Getreider.

Der Wiener Schriftsteller Jakov Lind, der als Dreizehnjähriger sein Schicksal in die eigene Hand nahm, unter einem holländischen Namen den Krieg auf deutschen Schiffen zubrachte und schließlich in einer Abteilung des Berliner Luftfahrtministeriums landete, sagte einmal in einem Interview: »Die einzigen, die wirklich wie Juden ausschauen, sind die Tiroler.«

Antisemitismus, sagte Jean-Paul Sartre, ist das Gerücht über die Juden. Er ist auch das Gerücht über ein Klischee. Ein gewisser Christian Schilcher, ehemals FPÖ-Vizebürgermeister von Braunau, hat unter dem Titel »Die Stadtratte« das uralte Bild von den Juden in ein ausschweifendes Gedicht gekleidet. Er publizierte es am Karfreitag 2019 im Braunauer Blatt seiner Partei. So was schreibt sich nicht von allein. Schilcher muss lange gebrütet haben, und dass es nicht gegen Juden, sondern gegen Muslime ging, ist erst auf den zweiten Blick erkennbar.

Damit schaffte er es im Nu in die internationalen Medien. Ausgerechnet Braunau! Und das zu Ostern! Viele erinnerten sich an die rituelle Verfluchung der Juden am Karfreitag, was schon eine ganze Weile unter anständigen Christen verpönt ist. Schilcher entschuldigte sich lahm, nahm seinen Hut und flog aus seiner Partei, vorläufig zumindest. Das Foto zeigt einen Mann in den Vierzigern, kein unsympathisches Gesicht, mit kurzem grauem Haar und dichtem Bart. Setzte er sich einen großen schwarzen Hut auf, könnte er ebenso gut als Jude oder Türke oder Afghane oder was auch immer durchgehen, trotz seiner blauen Augen. Auch Juden, Türken und Afghanen haben häufig blaue Augen. Wer soll sich da auskennen! Am besten, man orientiert sich nach dem Stamm, bis ins hinterste familiäre Glied.

Anita Pollak ist nie angepöbelt worden und ich auch nicht. Vielleicht, weil man es uns nicht an der Nase ablesen konnte. Vielleicht, weil wir eine Schuldirektorin hatten, die keinen Rassismus zuließ und einen modernen Mädchenunterricht förderte, Anita in der bürgerlichen Josefstadt, ich im proletarischen Meidling. Wir hatten einfach Glück.

Andere jüdische Kinder haben Einschlägiges erlebt. »Schau, dass'd weiterkummst, sonst brenn i dir a Hakenkreuz in den Rücken«, wurde der elfjährige Robert Horn von einem Maturanten angeflegelt, im Stiegenhaus des elitären Stubenbastei-Gymnasiums. Katja Rainer erzählt, dass sie in ihrer Volksschulklasse in der letzten Bank sitzen musste, »damit ich die anderen nicht rassisch infiziere«. Katja und ihre Schwester Eva hatten beide »schwarze Wuckerln, die wir mit Brillantine eingeschmiert oder mit Tixo festgeklebt haben, um sie glatt zu kriegen«. Der jungen Eva Ribarits, bildschön mit ihrem dunklen Teint und den schwarzen, gekrausten Haaren, ist »schleich dich, du Negerweibel« auf der Straße nachgerufen worden. »Wir haben nach dem Krieg in das von Juden und Zigeunern gesäuberte Land einfach nicht hineingepasst«, sagt sie. »Ich habe mich nie als weiße, sondern immer als schwarze Frau gesehen. Daher war ich so gerne in Südamerika, dort bin ich nicht aufgefallen.« Prononciertes

Aussehen, wie Robert Schindel sagt. Schwarzes Haar, prominente Nase. Sein ausgeprägtes Profil hat sich Robert durch einen unbehandelten Nasenbeinbruch geholt, aber wer fragte schon danach. »Ich schau eben aus wie tausend Jahre Ghetto«, sagt er. »Man hat mir klar zu verstehen gegeben, dass ich ein Außenseiter bin. Geh zu deinen Freunden nach Israel.«

Auch Milli Segal, die aus einer traditionellen Familie kommt, wurde beschimpft, im Gymnasium Schottenbastei, wo die bürgerlichen Kinder der City hingingen. »Ich war das einzige jüdische Mädel in der Schule, neben einigen Judenbuben, die aber weggehört haben, wenn was durch die Luft geschwirrt ist. Ich nicht. Ich habe hingehaut, so schnell haben die gar nicht schauen können. Schon in der Volksschule. Ich war acht, als mich ein Mädel aus unserer Klasse, so eine Blonde mit blauen Augen, auf dem Klo aus dem Nichts heraus angefaucht hat: du blöde Saujüdin! Meine Hand ist einfach ausgefahren. Ich habe ihr eine geschmiert, dass sie alle fünf Finger auf der Wange picken gehabt hat. Nie wieder hat sie so was gesagt. Sie ist auch nicht petzen gegangen.«

»Wann war das?«

»1962.«

»Haben alle gewusst, dass du jüdisch bist?«

»Klar! Wir waren drei in der Klasse, und in unserem Zeugnis stand: mosaisch.«

»Bei mir lief das so«, sage ich. »Die Mama hat in meinem Geburtszeugnis ›mosaisch‹ mit rotem Kugelschreiber durchgestrichen und ›Ohne relig. Bekenntnis‹ drübergeschrieben. Die Direktorinnen der Volksschule und am Gymnasium gingen darüber hinweg. Zwölf Jahre lang. Keine klärte meine Mutter auf, dass ihre Korrektur ungesetzlich war. Ich habe nichts Böses erlebt, obwohl alle wussten, woher ich kam. Das war in der Innenstadt anders.«

»So ist es. Dort waren viele Juden, vor allem aus Osteuropa. Ich war bekannt als Schlägerin, wenn was Antisemitisches war. Als mir so ein Idiot im Gymnasium gesagt hat, du blöde Jüdin, geh zurück nach Israel, hab ich ihm das Reißbrett auf den Kopf gehaut. Die Beule, die er gekriegt hat, war nicht von schlechten Eltern. Der Direktor hat das durchgehen lassen. Er ließ mich kommen und fragte: Tessler, was ist schon wieder los? Beruhige dich, hörst du! Das war alles.«

»Wenn ich dich so ansehe, groß und stark …«

»Ich war damals klein und dick. Aber mein Papa hat gesagt: Komm mir ja nicht damit, dass dir jemand was gegen die Juden gesagt hat! Du prackst ihm eine, verstanden? Er war alles andere als ein Linker. Aber am 1. Mai ist er mit mir auf den Ring gegangen, um den Aufmarsch der Kommunisten zu sehen. Weil die dann ›Nieder mit dem Faschismus!‹ skandiert haben, mit hoch erhobener Faust.«

»Eines hat man uns nachhaltig beigebracht«, erzählte Toni Spira. »Lass dir nix gefallen. Man lässt sich nicht zum Opfer machen. Dich wird niemand weinen sehen. Wenn nötig, schlag zurück.«

»Das konnte aber auch schlecht ausgehen.«

»Sicher. Ich bin ja feig. Aber einmal hab auch ich zugeschlagen, mit sechzehn. Ich war mit Freunden auf einer Berghütte, und da saßen die strammen Jungs vom Alpenverein herum. Die haben rasch spitzgekriegt, dass wir nicht arisch waren. Lauter schwarzhaarige Exoten. Und schon haben sie zu stänkern angefangen und unsere Burschen provoziert, und dann ist eben gerauft worden. Ein blonder Hüne hat irgendeine Sauerei über Juden gebrüllt, und da hab ich einen Sessel genommen und ihm ins Gesicht geschmissen. Er hat geblutet wie ein Schwein, denn ich hab ihm die Nase gebrochen. Diese gebrochene Nase ist bis heute mein größter Stolz, die kommt noch vor allen Preisen und

Mit Paul Haber im Wiener Stadionbad, 1965

Ehrungen. Der Typ musste runter ins Tal, und ich musste mir
nie mehr was beweisen, denn ich wusste: Wenn's darauf ankommt, kannst du dich wehren.«

Auch im Sportklub Hakoah wurde mitunter zugeschlagen.
Der Semmering war zu Weihnachten traditionell von der jüdischen Community in Beschlag genommen. 1964 keuchte jemand
herauf in die Hakoah-Hütte, um zu berichten, dass im Schwimmbad des Hotels Panhans zwei Gäste die anwesenden Juden mit
Nazisprüchen provozierten. Paul Haber und Walter Sitzmann,
beide keine Raufer, zogen sich wortlos die Goiserer an und gingen hinunter, marschierten in das Schwimmbad und nahmen
sich die Übeltäter vor. Eine Stunde später kamen sie mit etlichen
Blessuren zurück. Noch größere hatten sie hinterlassen. Die Sache erregte ziemliches Aufsehen, wurde aber außergerichtlich
beigelegt. Kurz darauf organisierte Paul mit einigen Freunden in

der Bude einer berüchtigten Burschenschaft ein Go-in. Es endete vor Gericht, was die Sache noch ehrenhafter machte. Paul, damals einundzwanzig, erschien mit einem dicken Verband um den Kopf, kassierte eine Verwarnung und ein schönes Foto in der *Wochenpresse.*

Nichtjüdisch aussehen war während des Krieges enorm wichtig. Da spielte die genetische Lotterie eine große Rolle. Das hing weniger von der Nase ab, sondern davon, ob man seine Tarnkappe perfekt überziehen konnte. Für Frauen war das einfacher als für Männer, denen die Häscher die Hosen herunterzogen. Manche Männer, die im Untergrund überlebten, ließen sich die typische hochrasierte Nazifrisur schneiden, wie sie heute wieder modern ist, legten sich ein Hitlerbärtchen zu, trugen Kniebundhosen und lernten, als Nichtjuden aufzutreten. Dazu brauchte es eine große Portion Selbstvertrauen, Entschlossenheit und ein verschwiegenes Netzwerk.

Edeltrud Posiles war zweiundzwanzig, als sie ihren Prager Freund Walter und seine beiden Brüder Hans und Ludwig aufnahm und über den Krieg brachte, gemeinsam mit einem Freundeskreis und ihrer Schwester Lotte, einer Souffleuse am Wiener Volkstheater. Lotte und einige Ensemblemitglieder, darunter Dorothea Neff, Judith Holzmeister, O. W. Fischer und Curd Jürgens, sammelten Lebensmittelmarken und Geld. Edeltrud entwickelte eine komplexe Logistik, mit der die drei U-Boote untergebracht, ernährt, bekleidet und bei Laune gehalten wurden. »Wir haben ja kriminelle Sachen gemacht«, erzählte sie. »Aber wenn einem das Wasser bis zum Hals steht, dann macht man, was man kann.«

Die drei Brüder fahren mit der Straßenbahn, flanieren herum, machen Besorgungen. Ihre Losung war: »Wir sind keine Ratten. Wir scheuen das Tageslicht nicht, wir verkriechen uns nicht.« Sie gehen dorthin, wo keiner einen Illegalen vermutet: in die Oper, ins Theater, ins Kino. Nie eine Kontrolle. Edeltrud produziert gefälschte Ausweise und findet einen Arzt für den Notfall. Und sie organisiert Alkohol. Er hilft über die Niedergeschlagenheit hinweg, wenn sie die drei U-Boote überfällt. Um sich über den Kriegsverlauf zu informieren, gehen Walter und sie ab und zu in ein Kaffeehaus, Zeitungen lesen. Trotz Zensur und Propaganda ist immer noch genug aus ihnen herauszuholen. Es ist Herbst 1944, lange kann es nicht mehr dauern.

Das Café Magistrat in der Taborstraße ist ein großräumiges altes Lokal, verraucht und heruntergekommen. Walter holt die Zeitungen, bestellt beim Ober zwei Schalen Melange. Da tauchen, den Hut heruntergezogen, zwei Herren auf. Gestapo. Einer bleibt beim Eingang stehen, der andere geht zwischen den Tischen hin und her, schaut allen anwesenden Männern ins Gesicht, beginnt mit der Ausweiskontrolle. Sie suchen untergetauchte Stellungspflichtige. Sofort wird es still im Café. »Eine Perlustrierung«, sagt Walter. »Rühr dich nicht vom Fleck. Wenn dich jemand fragt – du kennst mich nicht. Und auch nicht den Hut, der da liegt.« Dann steht er auf, nimmt seinen Stoß Zeitungen, geht von einem Gast zum anderen, sammelt weitere ein, geht zum Zeitungstisch, legt den Packen ab und verlässt das Lokal. Der Aufpasser am Eingang schenkt ihm keine Beachtung. Edeltrud dreht sich nicht um, es geht sie ja nichts an. Schräg gegenüber sieht sie Walter in einem Haustor verschwinden. Als die Gestapo abzieht, zahlt sie, nimmt seinen Hut, einen schönen grauen Filzhut, und geht. Das Herz schlägt ihr bis zum Hals. »Das war das letzte Mal, dass ich mit ihm in ein Kaffeehaus gegangen bin. Und falls es nicht geklappt hätte – ich habe in der Handtasche eine Zyankalikapsel gehabt. Weil, wenn das aufgeflogen wär – es wäre für uns alle schrecklich schlecht ausgegangen. Die haben nämlich die Leute zum Speiben gebracht!

Aber wir haben halt Glück gehabt. Du kannst noch so gescheit sein, man muss auch Glück haben. Und darf sich nicht zu viel fürchten.«

Einer, der eine regelrechte Handlungsanleitung über das Leben mit einer falschen Identität verfasst hat, war Seev Eisikovic, der Vater einer Freundin. Ein äußerst charmanter Herr, Unternehmer und während seiner Untergrundjahre in Ungarn ein genialer Fälscher. Er hat hunderten ungarischen Juden einen kompletten Dokumentensatz verschafft und ihnen damit das Leben gerettet. Personalausweise mit der Stampiglie des zuständigen Polizeireviers, Geburtsschein, Meldezettel, Taufschein, Geburtsscheine und Heiratsurkunden der Eltern und Großeltern, Arbeitsnachweis über die Beschäftigung in einem kriegswichtigen Betrieb. Für die Produktion eines Stempels benötigte er Farben, Gelatine, Pauspapier und Konzentration. Worin der Zahlenschlüssel der Seriennummern auf Dokumenten bestand, lernte er von slowakischen Juden, die bereits Anfang der vierziger Jahre abgetaucht waren und sich mit Decodierung auskannten.

Seev beschrieb, was nötig war, um als Jude zu verschwinden und als Nichtjude wieder aufzutauchen: erstklassige Papiere. Auf Draht sein. Eingeschworene Helfer. Unterkünfte bei Christen. Vor keiner Razzia davonlaufen. Immer einen Plan B haben und die Augen offen halten. Bei einer Kontrolle ruhig bleiben und für den Notfall Bestechungsgeld dabeihaben. Nicht zu jüdisch aussehen. Die Körpersprache war das Wichtigste: selbstbewusstes Auftreten, fließendes Ungarisch und das Augenspiel. Wenn man wusste, wie man jemand anzuschauen hatte, war alles gewonnen. Die neue Identität glaubwürdig zu übernehmen musste an gefährlichen Orten trainiert werden, in Straßenbahnen, auf Kreuzungen und Bahnhöfen.

Er war zwanzig, unbekümmert und tatendurstig, als er sich

in Budapest einer der fünf zionistischen Widerstandsgruppen anschloss. Mit dem Geld, das er durch seine Fälscherwerkstatt verdiente, baute seine Organisation unterirdische Bunker, um Juden zu verstecken, die keine Chance hatten, sich in die offene Illegalität zu begeben. »Das fühlte sich ebenso gut an wie eine geladene, entsicherte Pistole in der Tasche, die ich immer mit mir herumtrug.« Möglichst jung sein war kein Fehler. »Dass ich heute noch am Leben bin, ist reiner Zufall. Ich war felsenfest davon überzeugt, nicht mit dem Leben davonzukommen, und dank dieser Einstellung verspürte ich auch so gut wie keine Angst«, erzählte er. »Es war für mich ein Unterschied, ob ich im Kampf sterbe oder aufgrund der Tatsache, dass ich Jude bin.«

Im Herbst 1944 wurde die Gruppe unvorsichtig. In Budapest herrschte Chaos. Tag und Nacht fielen Bomben, amerikanische, britische, russische. Die Pfeilkreuzler, die ungarischen Faschisten, jagten Juden, holten sie aus ihren Wohnungen, banden sie aneinander und warfen sie in die eiskalte Donau. Rundherum starben Juden und Nichtjuden. Seev und seine Freunde waren zu jung, um das, was rundherum geschah, zu interpretieren. Sie zogen eine Pfeilkreuzler-Uniform an und gingen ins Kino, um sich die Wochenschauen anzuschauen. Wo stand die Front? Sie stand gut, vor Budapest.

Als er im Dezember verhaftet wird und die Beamten seinen Personalausweis sehen, mit einem falschen Namen, »wollten sie nicht glauben, dass ich ihn selbst hergestellt hatte. Sie waren außer sich, denn so ein Dokument war mit einem bestimmten Code und einem streng geheimen Schlüssel gefertigt. Sie betrachteten den Ausweis wie ein Heiligtum und standen fast stramm vor mir.«

Seev überlebt Folter und Verhöre in der Gewissheit, im letzten Moment hingerichtet zu werden. Er hört die russischen Maschinengewehre, die Front ist da, als eine der Wachen in die Zelle kommt. »Mach dich fertig, wir holen dich bald.« Er ritzt mit einem Drahtstück seinen Namen und das Datum – 24.12.1944 – in die Zellenwand und dazu die Nachricht: Heute werde ich exekutiert. Er wird mit seinem Freund Zwi herausgeholt, nach Budapest in ein anderes Gefängnis gebracht, in eine Massenzelle verlegt. Sie phantasieren über ihr bevorstehendes Ende, als die Zellentür auffliegt. Herein kommt ein barscher Oberst der ungarischen Armee und ein Ziviler, der eine Liste in der Hand hält und Namen aufruft. Darunter auch – Eisikovic. Sein wirklicher Name! Er rührt sich nicht. Zwi stößt ihn an. »Melde dich, du kannst eh nichts verlieren.« Der Oberst brüllt herum, lässt ihn, Zwi und weitere zehn Leute abführen.

Es war vorbei. War es vorbei? Der Oberst brachte sie unter schwerer Bewachung zur Kettenbrücke und verschwand, um den Rest der Widerstandsgruppe herauszuholen. Alle überlebten.

17

THE REAL THING

Excuse me while I kiss the sky.

JIMI HENDRIX, PURPLE HAZE

Als die Raketen der US-Jugendkultur einschlugen, ging ich in die Volksschule. Sie lösten eine Welle von Visionen aus, von einem anderen Leben. Es waren nicht nur ihr treibender Beat und das Saxofon. Es waren die elektrischen Gitarren, die diese Euphorie erzeugten. Sie entfesselten alle Empfindungen, ließen Haut und Muskeln glühen, Herz und Schoß erzittern. Die Medien schmähten diese Gefühlsausbrüche der Teenager und verglichen sie mit den Ekstasen von tanzenden Afrikanern. Rock galt als obszön, *Negermusik*, gegen die ein zäher Kampf geführt wurde. Wortführer war der österreichische Rundfunk.

Der Direktor der Sendeanstalt, ein katholischer Volksbildner, hieß Dr. Alfons Übelhör und hatte sein Büro im vierten Bezirk, um die Ecke des Funkhauses in der Taubstummengasse. Einmal wöchentlich hob »Achtung Sprachpolizei« den nörgelnden Finger (»Streng vermerkt der Sprachpolizist, was gegen die Gesetze der Grammatik ist«), und jeden Nachmittag träufelte »Ein Gruß an dich«, auch Erbschleichersendung genannt, mit dem Roland Trio die Mahnung »Sei zufrieden« ins Ohr. Darin die unvergesslichen Zeilen: »Was nützt das viele Denken, bleibt die Welt doch, wie sie war.« Der Rock drang dennoch durch alle Ritzen der Vorstadt, trotz des Gesabbers der Kulturwächter.

Gegenüber der Kabelfabrik in der Oswaldgasse verwandelte sich ein Tennisklub im Winter in einen Natureislaufplatz. Der Betreiber hatte Platten von Eddie Cochran und spielte sie über den scheppernden Platzlautsprecher. »C'mon everybody!« Eddie traf mich wie ein Blitz und breitete sich im ganzen Körper aus, wie Jahre später die erste Liebe. Fünfzig Groschen kostete der Eintritt, fünfzig die Garderobe. Ich bekam zwei Schilling Taschengeld pro Woche und investierte sie in die Eislaufnachmittage, drehte meine Runden und wartete auf Eddie. Dann habe ich im Sommer an der Alten Donau zum ersten Mal »Mystery Train« von Elvis Presley gehört und vergaß Eddie. Manche Burschen hatten einen tragbaren Plattenspieler, mit Transistorverstärker. Um sie herum bildete sich ein Zuhörerkreis, der das Programm mitbestimmte. Ich lieh mir heimlich die *Bravo* aus, um zu sehen, wie Elvis aussah. Wie hätte ich sonst von ihm träumen können?

Am Nachmittag zog es mich zu meiner Freundin Lisl Bala, in die verwunschene Wohnung im Altmannsdorfer Schloss. Ihre Eltern waren Wesen aus einer fremden Welt. Sie rochen, woher ich kam. Der Vater, ein schweigsamer, ältlicher Herr mit Schmerbauch, richtete nie das Wort an mich, nicht einmal, als er dahinterkam, dass wir im Gartenzimmer seine parfümierten Zigaretten pafften. Die stille Frau Bala mit dem grauhaarigen Dutt und in der immer gleichen Haushaltsschürze verbarg sich in der Küche und kam nur kurz herein, um uns eine Mehlspeise auf den Tisch zu stellen. Lisl hatte einen großen Bruder, einen Bodybuilder, der alles Amerikanische liebte und Radio Luxemburg auf das Tonband des Alten überspielte. Stundenlang hörten wir, was Keith Richards später »the real thing« nannte. Elvis, Wanda Jackson, Jerry Lee Lewis, Ray Charles. Little Richard und seine wüste Mischung aus Rock und Punk.

Und Chuck Berry. »Nadine!« Es dauerte lange, bis ich den

Text verstand. Vom Bus aus sieht er auf der Straße seine zukünftige Braut, springt hinaus, läuft ihr hinterher. Sie entschwindet im Gewühl. Er sieht sie in einen »coffee coloured Cadillac« einsteigen, nimmt ein Taxi, folgt ihr, verliert sie wieder. Nadine! Ich stellte sie mir groß und schön und elegant vor und ebenso kaffeefarben wie der Caddie. Hohe Absätze, enges Kleid, lange glänzende schwarze Haare und ein rot gemalter Mund. Wie konnte man sich ein Gedränge vorstellen, in dem ein eigensinniges Mädchen auf- und abtaucht wie in einem Ozean? In Wien gab es kein Menschengewühl.

Oben auf dem Kleiderkasten stand Papas graues Armeeradio, das abends, wenn ich seine zwei Antennen vorsichtig manipulierte, die amerikanischen Soldatensender aus Westdeutschland herausrückte, mit auf- und abschwellendem Rauschen. Eines Nachts hörte ich eine neue Stimme, einen zärtlich fließenden Song, »Corinna, Corinna«, eine Gitarre, eine Mundharmonika, und kaufte kurz darauf meine erste LP, Bob Dylans »The Freewheelin'«.

In den Schulpausen zeigten die Mädels, welche Schritte sie in der letzten Tanzstunde gelernt hatten. Sie erzählten, dass die Burschen Handschuhe tragen mussten und viel Walzer und Slow Fox geübt wurde. Und wie sie fürchteten, als Mauerblümchen sitzenzubleiben. Das war nichts für mich. Ich wollte Boogie tanzen, und den lernte ich in der FÖJ. Früher, bis Ende der Fünfziger, hörte ich von den Altvorderen, schritten sogenannte Boogiesheriffs ein, wenn offen getanzt wurde. Dann gab die Partei es auf, diesen Ami-Schund zu untersagen.

Nirgendwo wurde dem Rock so intensiv gefrönt wie in der kommunistischen Jugend. Ihre Feste in der Wielandschule, einem KPÖ-Haus in Wien-Favoriten, waren wild und laut. Ich bekam vierzig Schilling mit, um in der Nacht mit dem Taxi heimzufahren. Um eins war Schluss, was nie eingehalten wurde, dann kamen zwei höfliche Polizisten und sagten, »Sperrstund is, meine Herrschaften, jetzt is genug, draht's die Musi ab«. Um halb drei war ich zu Hause, und so leise ich auch hereinkam, die Mama hörte mich, stand auf, kam im Schlafrock heraus und kochte mir heiße Milch mit Honig.

»In meiner Klasse in der Stubenbastei«, erzählt mir Franzi Naëtar bei einer Kinderjause, »sind alle auf den Rock abgefahren, bis auf Robert Schindel. Robert war ein bissl ein Außenseiter, hat Gedichte geschrieben und war auf Klassik abonniert. Wir haben ihn Beethoven gerufen. Er hatte schon damals seine Fans um sich versammelt. Die Hälfte der Klasse waren Kommunistenkinder, fast alle in der Emigration geboren. Rock war lange verpönt, aber wir haben uns gesagt, das ist schwarze Musik, die Musik der Unterdrückten.«

Black Music. Das war's. Uns wurde beigebracht, an der Seite der Afroamerikaner zu stehen. Unsere Heroes waren Mahalia Jackson, Odetta, Billie Holiday, Nina Simone und die Girl Power Groups: The Marvelettes, The Ronettes, The Supremes, Martha & the Vandellas.

Ich erinnere mich an ein Krampusfest der FÖJ Wieden. An einem Flügel die Ponger-Brüder, Robert und Peter, die vierhändig R & B spielten, danach kam Richard Schönherz, so schön wie sein Name, der viele Jahre später zusammen mit seiner Frau Angelica Fleer das großartige Rainer-Maria-Rilke-Projekt schrieb und spielte. Damals hämmerte er Boogie, wie alle jungen Pianisten.

»Ich habe von einem Weihnachtshappening gehört, im FÖJ-Lokal Belvederegasse, warst du da dabei?«, frage ich Franzi. »Eine kommunistische Version der Herbergssuche, mit dem Schriftsteller Rolf Schwendter als Ehrengast. Er ist als Weihnachtsengel aufgetreten, mit Strumpfhosen und Flügerln. Und einen Tannenbaum gab es auch, mit rosa Nitrolack angesprayt.«

»Der ist dann in Flammen aufgegangen. Es gab gewaltigen Ärger mit der Partei.«

»Einmal bin ich bei euch in der Belvederegasse aufgetaucht. Alle haben mich erstaunt angeschaut. Wenn man nicht von einem Eingeweihten eingeführt wurde, war man nicht dabei. Ihr wart wie eine Freimaurerloge.«

»Ich habe gleich daneben gewohnt und Schmuseparties veranstaltet. Meine Mutter, die Rosl, ist dann abends ausgegangen und hat uns das Feld überlassen.«

»Alles ziemlich inzestuös. Ihr habt nur untereinander geschmust.«

Meine erste Single, »Breathless« von Jerry Lee Lewis, habe ich von Fritz Kerber geschenkt bekommen, in den ich verliebt war, weil er aussah wie Paul Anka und eine samtene Stimme hatte. Er hatte gerade seine Druckerlehre beim Globus-Verlag beendet, küssen war erlaubt, mehr nicht, deshalb hat es nur ein halbes Jahr gehalten und mir den ersten großen Liebeskummer eingebracht. Und den Boogie.

Die SPÖ (unter Kommunisten EsPee genannt) organisierte jenseits der Donau für die proletarische Jugend am Samstag Tanznachmittage. Wenn sein Freund Franz Kostmann spielte, nahm der Fritz mich mit.

Ich fahre mit der Straßenbahn von Altmannsdorf im tiefen Süden nach Floridsdorf im Nordosten der Stadt, die Stöckelschuhe im Turnbeutel. Unter dem Dufflecoat trage ich einen engen schwarzen Rock und einen schwarz-goldenen Lurexpulli. Tiefer Winter, die Füße stecken in knöchelhohen Après-Ski-Schuhen. Zuerst geht es mit dem 62er am Meidlinger Bahnhof und den blicklosen Ziegelbauten vorbei, in dem die Eisenbahner wohnen. Dann fährt er durch die trostlose Eichenstraße, wirft sich mit einem Ruck in den Margaretengürtel und braust durch eine lange Unterführung, um in der Wiedner Hauptstraße hochzukommen und zur Oper zu schleichen.

Die Innenstadt ist genauso ausgestorben wie die Vorstadt. Um ein Uhr Mittag wurden die Rollläden heruntergezogen. Außer der Konditorei Aida sind alle Lokale zu. Wer Geld hat, geht in die Bar des Hotels Bristol. Langes Warten unter einem windigen Himmel auf einen Ringwagen, kalte Rumpelkästen mit Schiebetüren zum Waggon, die bei jeder Station vom übellaunigen Schaffner aufgerissen und nach dem obligaten »Zugestiegään?« wieder zugeschnalzt werden. Sitzbänke aus Holzleisten und eine offene Haltestelle, in die der Wind den Schnee hereinfegt. Umsteigen am Schottenring, wo der Fritz schon wartet, in einen 331er, die Luxusversion der Wiener Tramway, Amerikaner genannt. Einer der ausrangierten Streetcars aus New York, ein Geschenk des Marshallplans. Der breitspurige Triebwagen, ziegelrot lackiert, ist gut geheizt, mit Polstersitzen und selbstschließenden Türen. Über den Gaußplatz fährt er durch die Brigittenau, quert die erstarrte, von Eisschollen überzogene Donau und zieht flott nach Stammersdorf, an die Schwelle zum Weinviertel.

Die Reise dauert zweieinhalb Stunden. Draußen versinkt das graue, verschneite Wien in bleierne Stille. Niemand auf den Straßen, die pockennarbigen Fassaden dunkel, unterbrochen vom schummrigen Licht der Beisln an den Straßenecken. Dann aber dringen aus einem Betonbau dumpfe Gitarrenklänge. Das Volksheim Stammersdorf! Eintritt acht Schilling, inklusive einer Cola. Vor der doppelflügeligen Saaltür steht ein Bezirkssekretär der Floridsdorfer Sozialisten, der aussieht wie James Dean, und reißt die Karten ab. Jahre später sah ich ihn im Fernsehen wieder. Der strenge junge Herr war der neue Finanzminister und hieß Hannes Androsch.

In dem riesigen, neonbeleuchteten Saal war bereits die Floridsdorfer Jugend versammelt. Gedränge auf dem Parkett, die

Gläser auf den Tischen klirren. Vorne schwenken drei Figuren lässig ihre Gitarren herum, eine vierte bearbeitet das Schlagzeug. An der Rampe windet sich die Hauptperson, schwarz-weißes Sakko, Milanos mit gedoppeltem Absatz. Little Franky and The Shamrocks nennt sich die Truppe. Vor der Bühne stauen sich die Mädchen, schwenken die Arme und kreischen entzückt. Wien dämmert in der Fadesse des Wochenendes vor sich hin, aber in der äußersten Ecke der Stadt herrscht das wahre Leben.

Franz Kostmann, der missratene Sohn von Jenö Kostmann, geboren in London, ließ sich nicht auf den bildungsbürgerlichen Weg seines Vaters ein. Er flog aus der Stubenbastei, zuerst aus der Klasse des 43er- und dann des 44er-Jahrgangs, weil »an Schädl zum Lernen hab i nie g'habt«, scheiterte bei einigen Lehrherren, bis ihn der geplagte Vater, der einige Stockwerke höher in der Chefredaktion des Parteiblatts *Volksstimme* saß, im Globus-Verlag unterbrachte. Der Franzi, so nennt ihn jeder bis heute, lernte das Druckergewerbe und blieb dabei.

Seit früher Jugend kultivierte er sein Image, legte sich eine schwarze Lederjacke zu und spitze Boots. »Wahnsinnsdinger waren das«, erzählte sein Klassenfreund Bruno Geir, der wenig später seine Jahrgangsgenossen zum Jazz bekehrt. »Blutige Zehen haben wir davon gekriegt.« Franzi studierte bei Marlon Brando, wie sich ein Rocker zu benehmen hat, den langsamen, wiegenden Gang, die im Mundwinkel klebende Zigarette, Players Navy Cut, eine Reverenz vor seiner Geburtsstadt London. Gedehntes Sprechen, tiefster Dialekt. Respekt verschaffte er sich durch die Halbstarken, mit denen er sich umgab, das Springmesser, die Handschellen, mit denen er hantierte. Dann besorgte er sich eine Gitarre, lernte ein paar Griffe und gründete seine erste Gruppe. Sie spielten den frühen schwarzen Rock, Little Richard vor allem, Franzis Abgott, und was bei Radio Luxemburg aufzusammeln war.

Seine Eltern schämten sich sehr und probierten alle möglichen Repressionen, ohne Erfolg. Die Rebellion des Sohnes wandte sich gegen ihre strenggläubigen Auffassungen, was die Bewohner des großbürgerlichen Hauses auf der Wieden, Graf-Starhemberg-Gasse 4, mitbekamen, fast alle Kommunisten. An der Außenmauer hing ein großes Transparent: »Dieses Haus kämpft für den Frieden.« Franzi erzählt gerne und in immer weiter ausgeschmückten Versionen, wie er einmal die DDR-Platten seines Vaters in den Hof schmiss und ein schwarzes Fähnchen in der Fensterhalterung montierte, wo am 1. Mai Hammer und Sichel wehten.

In der Pause gehe ich mit Fritz hinter die Bühne, um dem Star vorgestellt zu werden. Er ist wirklich klein. »Von unten schaust viel größer aus«, rutscht es mir heraus. Fritz wirft mir einen warnenden Blick zu, aber der Franz reagiert gutmütig. »Waaßt eh«, sagt er, »i bin a Jud, und so ana wia i muss größer ausschau'n können, als er is.« Kurz darauf erlebt er sein Waterloo. Die Band trennt sich von ihm und wird als The Hubbubs mit Schlagern wie »Leis' rauscht das Meer« berühmt. Darüber kommt er lange nicht hinweg. Konzessionen an den gängigen Publikumsgeschmack lehnt er ab. »Der Kommerz«, sagt er, »is ärger als jede Arbeit, denn die is um vier Uhr aus.« Er ist eine Randfigur der Musikszene geblieben, war aber länger auf der Bühne als alle anderen. Berufsmusiker wurde er nie.

Für den Musiker Stefan Weber war er der Vater der österreichischen Rockszene. »Der Franzi war der Erste, der den schwarzen Rock gespielt hat. Er hat viele Musiker beeinflusst. Auch mich. Für mich war er das große Idol, gelebter Rock 'n' Roll, net nur auf der Bühne. So wie er bin i a nur auf die harte Rockmusik g'standen. Gegen die, so hamma g'funden, san die Beatles Seicherln.«

Weber und ich begegnen uns beim Volksstimmefest. Der

junge Wilde mit dem brennenden Blick, der auf der Arena-Bühne herumspringt und seine Songs herunterschreit, macht Eindruck. Nach seinem Auftritt sieht er mich herumstehen und schlendert herüber. Ich stelle mich artig vor. »Aha«, sagt er erfreut. »Hab schon g'hört von dir. Mein Vater hat dein Vatern a Haus baut!« Ja, sage ich, wir ziehen bald ein. Jahrzehntelang, wann immer wir uns über den Weg laufen, wechseln wir zeremoniös diese Ansage.

Stefan war der geborene Bürgerschreck. Seine Weltsicht war schlicht und geradlinig. Schon möglich, dass der Kommunismus die Zukunft war, aber der Rock war die Gegenwart. Er liebte das dunkelrote Milieu, das er später immer wieder auf der Bühne inszenierte, seinen Heimatbezirk Wieden, wo er sein ganzes Leben verbrachte, und den 1. Mai, eine gute Gelegenheit, Mädchen aufzureißen. »Das war die Hauptattraktion. Als wir älter waren, haben wir für den Maiaufmarsch tolle Puppen gemacht mit guten Losungen. Schon die Vorbereitung war eine Mordshetz. Da haben wir uns am Abend getroffen, und dann sind die Ideen nur so explodiert.«

Sein Vater, der Architekt Fritz Weber, ein weltgewandter Bildungsbürger, war nach dem Krieg aus Überzeugung Kommunist geworden und schickte seine beiden Söhne in die Russischklasse der Stubenbastei. »Er hat mir gesagt, wirst sehen, in zwanzig Jahren ist die Welt kommunistisch, und da wirst du Russisch brauchen.« Stefan wollte lieber Englisch lernen, sein Traum hieß Amerika. In seiner Klassenvoliere war er als sehr spezieller Vogel bekannt. Er gab den Westernhelden und schoss in den Pausen mit einem angedeuteten Colt herum. Seine schrägen Kommentare waren berühmt, und den Lehrern ging er schwer auf die Nerven. Ihm war die Politikbesessenheit seiner Mitschüler egal. »Diese Diskussionen haben mich nie interessiert. Da war mir immer stinkfad. Ich bin ein Mann der Aktion. Ich brauche die Bühne. Das Wort war mir nie so wichtig.« Die Hetz war wichtig. Die Mädchen waren wichtig. Die Russen? Die haben zu Weihnachten großartige Kinderfeste in der Hofburg gemacht. Er war ein Sturmvogerl mit weißer Bluse und blauem Halstuch und hat dabei viel Hetz gehabt. Nachher wurde er ein Junggardist im Blauhemd, mit einem aufgenähten Streiferl. »Darauf stand: Junge-Garde-Prüfung 1957, und die hab ich bestanden. Die Prüfungsfrage war: Wer war Lenin? Hab ich gesagt: ein Russe. Bestanden.« Dann entdeckte er den Rock und den Wilden Westen. »Mit zwei anderen Burschen bin ich immer gegangen wie der John Wayne, im Wackelschritt. Wir haben uns gefühlt wie die ärgsten gefährlichen Typen, die es gibt in Wien.«

1969 gründet er die Gruppe Drahdiwaberl. Sein Ziel ist, die wüsteste Band Österreichs daraus zu machen. Der Name hat einen sexuellen Aspekt, ein Drahdiwaberl ist eine ekstatisch kreiselnde Frau. Vom Wiener Aktionismus geprägt, erfindet er ein Rocktheater mit obszönen Einlagen, mehreren Nackten auf der Bühne und viel Kunstblut. Ihm ist nichts heilig. Immer wieder kommt die Polizei und durchsucht die Garderoben nach Drogen. Einige Auftritte enden vor Gericht, was dem Ruf nicht schadet. Sein Vater erträgt die Eskapaden mit Würde und Humor.

Bernhard Rabitsch erlebt sie 1970 im Wiener Konzerthaus, bei einem Monsterkonzert mit Karl Ratzer, der Hallucination Company und Drahdiwaberl. Stefan zerlegt dabei eine Schaufensterpuppe mit einer Amifahne. Bernhard ist sechzehn und begeistert. Zwei Jahre später wird er als Trompeter und Darsteller engagiert und spielt bis 2014 mit. Bernhards erster Auftritt war im Mautner-Schlössl in Floridsdorf. »Ich war der Law-and-order-Man mit der Trompete. Mein Text war: Johnny Wayne is my name. Lotte Pawek, eine alte Prostituierte, hat mich mit einer Peitsche traktiert. Einmal waren wir in London engagiert.

Der Besitzer des Klubs hat aber kurz zuvor das Video eines Auftritts in New York gesehen und das Konzert verboten. Unsere Show ließ sich mit dem britischen Jugendschutz nicht vereinbaren. Wir verlegten das Ganze auf die Straße und verschreckten die Passanten mit unseren Ledermasken und Messern. Die Punks waren schwer begeistert.«

»Hatte Weber ein Drehbuch für jeden Act?«

»Ja, eine komplexe Choreografie. Ein oder zwei Wochen vorher war eine Besprechung im Celeste, einem Beisl in der Hamburgerstraße. Stefan war immer perfekt vorbereitet und hatte den Ablauf mit Fineliner notiert. Diese Anweisungen in seinem unverwechselbaren Comic-Stil sind heute begehrte Sammlerstücke. Jeder Auftritt hatte drei Phasen. Zuerst etwa: Das Volk rebelliert. Und: Hilmar Karas (ein Wiener FPÖ-Politiker) wird getortet, das war ich. Dann: Alles endet im Chaos. Die letzte Phase war die wichtigste.«

»Und die Besetzung?«

»Es gab drei Kategorien: Akteure, Musiker, und Akteure und Musiker. A, B und C. Ich war C. Kostüme und Masken hat jeder selbst mitgebracht. Die Polizeiuniformen waren original, die haben wir uns aus dem Fundus der Fernsehserie ›Kottan‹ ausgeborgt. Die Akteure mussten geborene Exhibitionisten sein. Der Punk-Aktionist General Guglhupf war dabei, der Spontanaktionen lieferte, der Dichter Franz Bilik und die Jazz Gitti. Es war Weber wichtig, dass sich der Wahnsinn auf der Bühne ausbreitet.«

»Wie habt ihr verhindert, dass die Sache entgleitet?«

»Das ist immer wieder passiert. Die Truppe war eingespielt, aber wenn die Leute sich vorher mit zu viel Drogen oder Alkohol stimuliert hatten, sind sie aus dem Gleis gesprungen.«

»Falco, damals noch Hans Hölzel, blieb immer cool und elegant?«

»Drahdiwaberl war sein Trampolin in die Solokarriere. Bei ›Ganz Wien‹ flippte das Publikum aus. Stefan war sehr überrascht. Er hat dem Hans die Nummer nur zugestanden, weil er sich in der Zwischenzeit umziehen wollte.«

»Später seid ihr krawallig geworden. Das hat mir weniger gefallen.«

»Als bei einem Weihnachtskonzert in der Stadthalle gerupfte Hendln von der Bühne geflogen sind und der Pater Dieter, ein Architekt, als Nikolo auftrat, bekamen wir eine Anzeige wegen Religionsstörung. Was wie ein Sog für den nächsten Gig wirkte.«

»War das, was nach Sex auf der Bühne aussah, echter Sex?«

»Echter Sex, ja. Der Exzess war nicht gespielt.«

Webers schwarzer Humor und Selbstironie wurden Kult. Ich hatte ihn einfach gern. Privat eher wortkarg und zurückhaltend, führte er keineswegs ein ausferndes Leben. Er unterrichtete am Gymnasium Waltergasse, einige Gassen von seiner Wohnung entfernt, eine bürgerliche, liberale Schule. Sein guter Engel war der Kunsterzieher Friedrich Polakovics. »Wir haben uns blendend verstanden«, erzählte er. »Er war eigentlich ein Schriftsteller. Ich war gleich sein Herzbinkerl. Nach zwei Tagen in der Klasse hat mich der Direktor holen lassen und gesagt: Ja, leider können Sie nicht bei uns bleiben. Sie müssen nach Ottakring, in die Maroltingergasse. Das war hinterste Vorstadt. Da hat sich der Polakovics in die Bresche gehaut und mich gerettet. Er hat nämlich den Landesschulinspektor gut gekannt. Die sind miteinander saufen gegangen.«

Der Filmregisseur Harald Sicheritz war jahrelang Webers Schüler.

»Er kam in der zweiten Klasse mit dem Polakovics herein, damals noch als sein Beiwagerl. Beeindruckend. Westernboots mit hohen Absätzen, enge Jeans und lange Haare. Das war 1969.

Bald darauf war er unser Zeichenlehrer. In der ersten Stunde kam er mit einem Kofferplattenspieler an, ließ Frank Zappa and The Mothers of Invention erdröhnen und sagte, so, jetzt zeichnets ein Plattencover dazu. Das war superspannend, denn niemand von uns hatte je solche Musik gehört. Dann setzte er sich an den Lehrertisch und hat geschrieben. Das hat er oft gemacht. Wir bekamen eine Aufgabe, und er hat Comics gezeichnet. Er hat immer seine Arbeit mitgehabt. Stefan Weber konnte kreative Ideen sehen. Er hat dich taxiert, ob du von Wert bist oder nicht. Falls ja, hat er sich mit dir beschäftigt. Ansonsten wurdest du bestenfalls toleriert. Er hat uns vorgelebt, was Stilsicherheit ist. Er hat alle, die ihn interessierten, animiert, ihren eigenen Stil zu finden und auszuleben. Als ich mit meinem Mitschüler Lothar Scherpe anfing, Musik zu machen, drängte er uns, eine Band zu gründen. Herumklimpern ohne Band schien ihm sinnlos. So entstand unsere Band, die Wiener Wunder.«

»Dein erster Film, ›Muttertag‹, muss dem Stefan sehr gefallen haben. Ein direkter Angriff auf die bürgerlichen Werte.«

»Ich bin stark von ihm beeinflusst worden.«

»A man driving under influence.«

Ich habe Drahdiwaberl in den Siebzigern bei ein oder zwei Kling-Klang-Festen erlebt, in großen, alten Locations. Wunderschöne Frauen aus der Modelbranche, Livemusik, die Gäste kostümiert, alles sehr freizügig und privat. Zu Mitternacht traten Dragqueens auf. Keine Plakate, keine Fotografen, keine Filmer und keine Presse, nur kleine diskrete Einladungen mit Glitzergrafik, die von Hand zu Hand gingen. Man war dabei oder nicht dabei.

Damals konnte ich mich noch nicht für Drahdiwaberl erwärmen, mir waren die Auftritte zu brachial und zu ordinär. Aber dann: »Mad Cat Sadie«, mit einem phantastischen Sax-Solo von Andy Kolbe und dem jungen Hans Hölzel aka Falco an der Bass-

gitarre, das gefiel mir sehr. Falco hat einmal bei einem Garten-
fest Mitte der Achtziger erzählt, als ich ihn auf Drahdiwaberl
ansprach: »Das waren die besten Jahre und die geilsten Auftritte.« Ohne Robert Ponger, der drei Alben, darunter »Junge Rö-
mer«, komponierte und produzierte, und seinem Tourmanager
Edek Bartz wäre der Falke später wohl nie so hoch und weit geflogen.

Nur wenige wussten, dass Weber dreißig Jahre lang Parkinson
hatte, der ihn so langsam wie grausam zu Fall brachte. Er ertrug
die Krankheit mit großem Gleichmut. Als er 2005 das silberne
Ehrenzeichen der Stadt Wien erhielt, trat er in Polizistenuni-
form und mit einer Klobürste an, die er wie eine Fackel vor sich
hertrug. Zwei Tage später wurde ihm der Amadeus verliehen,
die höchste Auszeichnung der österreichischen Popmusik. Er
ließ sich im Rollstuhl hereinbringen und stieg in einer weißen
Anstaltskluft auf die Bühne. »Wenn man als linkslinker, extrem
gewaltbereiter Steinzeitkommunist innerhalb einer Woche mit
zwei Auszeichnungen beglückt wird«, teilte er der versammelten Szene mit, »dann muss man sich schon fragen, was man
falsch gemacht hat.« Er war unglaublich tapfer. Zwei Jahre später sang er: »I derf mir jetzt kaa Blöße gebn / I spüü, ois gangats
um mei Lebn / I kriag a Dauererektion / Ich scheiße auf den Parkinson.«
   Zuletzt habe ich ihn bei einer Filmpremiere im Gartenbau-
Kino gesehen. Noch einmal unsere rituelle Begrüßung. Er stütz-
te sich auf zwei Stöcke, es riss ihn schon arg hin und her. »Servus
Helly«, sagte er. »Waaßt eh, i bin's, der Stefan, der wo sein Vater
deinem Vater a Haus baut hat.« Er lächelte mühsam, seine Mi-
mik war eingefroren. »Servus Stefan, ja, ich weiß, und das Haus
steht noch.« Ich umarmte ihn und gab ihm ein Bussi, und hoffentlich hat er nicht mitbekommen, wie schockiert ich war. Sei-

ne letzten Jahre versank er in Bewegungslosigkeit, und im Frühling 2018 ist er gestorben. Die Verabschiedung in der rot illuminierten Feuerhalle Wien war seiner würdig, mit Ausschnitten aus dem Film »Weltrevolution«, seinem Vermächtnis, und einem langen Solo des Gitarristen Helmut Bibl. Stefan lag aufgebahrt im offenen Sarg, angetan mit seiner alten Lederjacke, in der Linken den Colt, wächsern wie Lenins Mumie.

18

IM REICH DES NEBELS

Anybody got a match?

LAUREN BACALL, TO HAVE
AND HAVE NOT

Vor kurzem sah ich »Leto«, einen russischen Film über Leningrader Rocker der achtziger Jahre, die sich ständig, in Anlehnung an ihre westlichen Vorbilder, eine Papirossa in den Mund steckten, hastig anzogen, die halb gerauchte Zigarette wegwarfen und eine neue anzündeten. Es war nicht unkomisch.

Die Zigarette trieb die Handlung an, seit es das Kino gibt. Rauchen war aufgeladen mit vielen Bedeutungen: Lässigkeit, wenn das Requisit im Mundwinkel des Helden hing. Verführung, wenn die Femme fatale es aus der silbernen Tabatiere herausholte, es sich von einem Feuerzeug Marke Dunhill anzünden ließ, die Augenlider hob und den Rauch stilsicher durch die Nase entließ. Hass, wenn es zwischen den zusammengepressten Lippen des Bösewichts aufglühte. Verwegenheit, wenn es der Desperado in aller Ruhe zu Ende rauchte, während der Sheriff auf ihn zustürmt. Nervosität, wenn es zwischen zwei Fingern zerbröselt wurde. Drohung, wenn es langsam an den Rand eines Aschenbechers gelegt wurde und sich dort in schlängelnde Spiralen auflöste. Verzweiflung, wenn die Verlassene ihre Handtasche durchwühlt auf der Suche nach einer letzten Zigarette, und aggressiver Flirt, wenn es zwischen Lauren Bacall und Humphrey Bogart darum ging, wer jetzt wem Feuer gibt. Belmondo war die Zigarette zu wenig sexy, er steckte sich eine dicke Zigarre zwischen die bleckenden Zähne, auf seine körperlichen Vorzüge hinweisend. Wollte die Regie einen Schnitt machen, schnipste sie das abgebrannte Zündholz weg oder ließ es aus der geöffneten Hand zu Boden fallen. Kino ohne Rauchen war undenkbar. Heute rauchen dort nur mehr die Finsterlinge.

Der Film, in dem die Schwaden sich von Szene zu Szene steigerten und das diverse Rauchzeug sowie die dazu benötigten Werkzeuge eine wichtige dramaturgische Rolle spielten, war »M« von Fritz Lang. Alle paffen ständig, die Kriminalbeamten, die Unterwelt, die hysterisch werdenden Bürger, die Denunzianten und auch der Mörder, wenn er nicht gerade ein kleines Mädchen umgarnt. Sein Zigarettenstummel, aufgefunden am letzten Tatort, führt die Polizei auf seine Spur.

Die Qualmerei auf der Leinwand fällt mir erst jetzt auf. Es wurde immer und überall geraucht. Bis in die neunziger Jahre war der Zigarettenkonsum im Kino allgegenwärtig wie im richtigen Leben auch. Kein Kaffeehaus, aus dem man nicht nach einer Stunde mit stinkenden Haaren und Kleidern herauskam. Wir hängten unsere Jacken und Hosen über Nacht zum Auslüften auf den Balkon, so einer da war, oder mit einer Schnur am Kleiderbügel aus dem Fenster, was in der kühlen Jahreszeit Wunder wirkt. Im Bett, nach dem Sex und vor dem Einschlafen, nach dem Aufwachen und während der Arbeit, nach dem Essen und bei jeder Schale Kaffee in den Kantinen, in den Hörsälen der Universität, in der Eisenbahn und in den hinteren Reihen der Flieger, geraucht wurde überall.

Am ärgsten war es im damaligen Kaffee Alt Wien, wo sich eine gewisse räudige Szene traf. Wie spät es auch war, die Tür stand offen, man musste sich durch die blaugrauen Schwaden durchkämpfen, bevor man erkennen konnte, wer da war. Tagsüber war es fensterdicht geschlossen, damit sich der Rauch gründlich in den Wänden mit den aufgezwickten Plakaten festsetzen konnte. Dann das Café Hawelka. Sein Markenzeichen war neben den Buchteln der Chefin die kaffeebraune Decke, gebeizt von den Millionen Zigaretten, die im Lauf des langen Lebens der beiden Hawelkas hier geraucht wurden. Eine Nebelhölle war auch das Bräunerhof, wo die älteren Herrschaften schon frühmorgens beim kleinen Braunen ihre Smart Export herauszogen, um die erste, zweite oder vielleicht schon fünfte des Tages genussvoll zwischen die nikotingelben Zähne zu stecken. Allerdings verfügte es über einen Gang von der Küche bis zu einer Tür in der Bräunerstraße, die offen stand, wenn der Koch eine rauchen ging. Im Café Savoy, heute ein libanesisches Restaurant, wo sich um einen großen runden Tisch die philosophierenden Exponenten der Kommune Wien trafen, nachdem sie vom Hawelka hierher umgezogen waren, wurde auch anderes geraucht, worüber der Herr Theo, der ebenfalls vom Hawelka hierher als Ober gewechselt war, routiniert hinwegsah.

Die anderen Lokale waren nicht besser. Im Oswald & Kalb, Ende der Siebziger von den Kunsthändlern Evelyn Oswald und Kurt Kalb gegründet und zehn Jahre mein verlängertes Wohnzimmer, wo es das beste Essen gab und sich die Linken trafen, standen auf jedem Tisch tellergroße Aschenbecher aus schwerem, geriffeltem Industrieglas. Um Mitternacht waren sie bis an den Rand mit Stummeln gefüllt. Manchmal setzte sich die Belegschaft aus Kroaten, Serben, Bosniern und Montenegrinern um zwei Uhr morgens zusammen und fing zu singen an. Dem hat der jugoslawische Bürgerkrieg ein Ende gesetzt. Dann ging der Mitbesitzer Hans Peter Daimler wegen Beihilfe zum sechsfachen Mord und versuchten Versicherungsbetrugs bei der sogenannten Lucona-Affäre für vierzehn Jahre ins Gefängnis. Das alte Ossi fiel auseinander.

Bis zum Millenium gehörte Rauchen zu jeder öffentlichen Zusammenkunft der Gegenkultur. 1998 kommentierten die Satiriker Stermann & Grissemann in der früheren Straßenbahnremise Engerthstraße den Eurovision Song Contest live. Die TV-Übertragung wurde auf einer großen Leinwand eingespielt. Das Ereignis fand vor Publikum statt, das auf einem Sammelsurium von alten Couches, Theatersesseln und Fauteuils lümmelte und alles inhalierte, was es an Rauchwaren mitgebracht hatte. Vor dem Voting traten die Geschwister Pfister aus der Schweiz auf, jodelten und warfen Joints aus einem gedrechselten Kästchen unter die Leute. Rückwärts beim Eingang stand die Polizei und lehnte entspannt an der Hallenwand. Unter großem Jubel siegte Dana International, eine transsexuelle Künstlerin aus Tel Aviv. Die anwesende queere Szene schwang eifrig israelische Fahnen.

Apropos Israel. Auf einem Flug von Wien nach Tel Aviv erlebte ich, wie an die zehn Herren, die ihnen zugeteilten Sitze ignorierend, die letzten Reihen okkupierten, um sich, nachdem das Zeichen »No Smoking« erloschen war, zusammenzustellen, sich gegenseitig ihre Virginias anzuzünden und nach dem ersten Zug anzufangen, über geschiedene Frauen zu schimpfen, Preise für ungarische Salami auszutauschen, Witze zu erzählen und sich bestens zu unterhalten, bis das Essen serviert wurde, um nachher eine zweite Runde einzulegen. Niemand regte sich darüber auf. Die Leute waren daran gewöhnt, dass die Welt nach allem Möglichen roch.

Das olfaktorische Universum war hochdifferenziert: der stechende Geruch in der Drogerie Vykokal nach Chemikalien, Kampfer und Essig. Die schwefelige Wolke über den Kanaldeckeln. Die Körpergerüche, die durch den vollgestopften Bus 64a waberten, überdeckt von Pitralon, dazu die Unterhosen, die eine gewisse Fäulnis verströmten und mich im Sommer auf die offene Plattform hinaustrieben. Die nie gelüfteten Umkleideräume des Turnsaals, ein ganzes Schulleben lang. Der ekelhafte Geruch von Chlorphenol, der einen schon im Stiegenhaus ansprang, wenn man zum Zahnarzt ging. Der erdige Mief der Kohlenkeller in jedem alten Zinshaus. Dazu der durchdringende Kloakengeruch der Gangklosetts, in den sich die Dünste der Küchen mischten, weil sie zum Stiegenhaus gerichtet waren. Auch ich habe einige Zeit auf Zimmer-Küche-Kabinett gewohnt, allerdings habe ich nie herausgefunden, mit wem ich das Klo zu teilen hatte. Der große Schlüssel hing neben der Tür, und da diese Klosetts fensterlos und durch ein Fallrohr über alle Stockwerke miteinander verbunden waren, blieb jede Putzaktion ergebnislos.

Die feuchten Nebel der Waschküchen, die nach Kernseife und etwas säuerlich nach Stärke rochen. Der Mix aus Leder und Gummisohlen in den Schusterwerkstätten. Das Odeur der Likörstuben nach Sliwowitz und Zigaretten. Die Mischung aus kaltem Rauch, Männerschweiß und Bierdunst in den Stehbeisln. Der Urinschwaden der Pissoirs, die oft genug auch aus den Telefonzellen drangen. Der Gulaschgeruch, der durch das Jörgerbad zog, wenn sich die Badewascheln ihr Essen wärmten. Der verführerische Dampf nach Fleisch, Speck und einer Prise Knoblauch und Pfeffer, der aus jeder Fleischhauerei drang, an der man nicht vorbeikam, ohne eine Scheibe heißen Leberkäse in einer frischen Semmel zu kaufen. Die Aromen der Wiener Volksküche in den Stiegenhäusern, die keinesfalls nur nach Kohl, oder, wie es in Wien heißt, nach Kööch rochen. Kamen wir nach Hause, witterten wir, was es gab: Gefüllte Paprika. Schinkenfleckerl. Millirahmstrudel. Palatschinken. Eiernockerl mit Salat. Im Sommer die Marillen- und Zwetschkenknödel, in gerösteten Butterbröseln gewälzt, deren Geruch uns anzog wie die Fliegen.

Dann, Anfang der sechziger Jahre, ein Quantensprung. Wir fahren am Sonntag im Familien-Konvoi nach Thallern. Dort hat sich im alten Klostergasthof eine populäre Backhendlstation etabliert. Schon am Parkplatz überfallen mich fettige Hendl-schwaden. Sie legen sich unerbittlich über die langen Tische im Garten. Die Mengen an gebratenen und gebackenen Poularden, die aus der Küche strömen, sind unglaublich. Die Gäste, die wie Hühner dicht nebeneinander auf den Bänken sitzen, drehen un-geduldig den Kopf zur Küchentür, werfen sich auf ihre Portio-nen, ohne auf den Schweiß zu achten, der ihnen dabei ausbricht, lutschen die Knochen aus und bestellen als Nachspeise Nuss-torte mit Schlag. Über Jahre hinweg beobachte ich die dünne, grauhaarige Kellnerin mit dem sorgenvollen Gesicht, die sich, die schweren Tabletts über die rechte Schulter hochgestemmt, zwischen den Gästen hindurchwindet. Ein weiblicher Sisyphos, der unentwegt in blauen Schnürschuhen ein und aus läuft, volle Teller serviert, leere abräumt. Vor diesen Ausflügen sich zu drü-cken gilt nicht. Ich esse den Reis mit Saft und Salat und lasse mir mein Brathendl, das mich vorwurfsvoll anstarrt, einpacken.

Seither meide ich Volksfeste samt Fressmeilen. Als mein Mann und ich vor Jahren den Austro-Krimi »Der Knochen-mann« sahen, waren die Ekelwellen des Publikums während der legendären Backhendl-Szenen körperlich zu spüren. Als wir heimkamen, nahm ich das Sonntagshuhn aus dem Kühlschrank und entsorgte es im Container.

19

OPER, ÜBERALL UND IMMER

Welch ungewohntes Angstgefühl
Fesselt und lähmt die Sinne mir,
Gewittersturm umbrauset mich
Und wilden Feuers Glut.

WOLFGANG A. MOZART, DON GIOVANNI

Am Anfang war Tante Trude, genannt TeTe, eine Ziehtante von Robert Schindel. »Die TeTe hat mich mit dreizehn Jahren zum ersten Mal in die Oper mitgenommen, zu Fidelio. Ich war überwältigt«, erzählt er. »Von einem Tag zum anderen ist das Leben ein anderes geworden. Fidelio blieb lange meine Lieblingsoper. Sie nimmt die Themen auf, die mein Leben von Anfang an bestimmt haben: Tyrannei, Gefangenschaft und Rettung aus höchster Not.«

Viel mehr Familie hatte Robert nicht. Fast alle Mitglieder seiner weitläufigen Familie wurden deportiert und umgebracht. Außer der TeTe und ihrem geschiedenen Mann, Onkel Erich, dem viel geliebten OE, gab es nur seine Mutter Gerty und den Stiefvater Georg Nürnberger. Wie viele Kommunisten im Kalten Krieg brach Gerty Schindel verwandtschaftliche Kontakte außerhalb der Partei ab.

Kaum auf der Welt, war Schindel ein Übriggebliebener, im Hintennach ein Feuerchen, wie er einmal schrieb. Die Eltern Gerty Schindel und René Hajek werden im August 1944, vier

Robert Schindel, 1953

Monate nach seiner Geburt, als getarnte Fremdarbeiter in Linz
verhaftet. Gerty arbeitete unter dem Decknamen Suzanne Soël
als Zimmermädchen. Sie wurde von einem Genossen verraten.
Verraten hat sie eigentlich ein Rad des Kinderwagens, das weg-
brach, als sie ihren Neugeborenen spazieren führte. Ein Mann,
der zufällig vorbeikam, half ihr, es wieder zu montieren, sah
dann hoch und sagte überrascht, Servus Gerty! Er hieß Martin
Sorger, sie kannten sich aus Frankreich. Wer weiß, wie er zuge-
richtet wurde, bevor er redete? Er hat die Haft nicht überlebt.
Auch Roberts Vater nicht. René Hajek wird Ende März 1945 in
Dachau von der SS hingerichtet.

Inmitten des Stroms der Ermordeten und Krepierten ist
Überleben das unerwartete Wunder, mit dem niemand rechnet.

Bevor Gerty aus der Liesl, dem Wiener Polizeigefängnis an der Elisabethpromenade, nach Auschwitz deportiert wird, klopft sie eine Nachricht durch die Wände: Wer von euch am Leben bleibt, soll nach meinem kleinen Robert suchen. Er hat am rechten Arm einen braunen Fleck. Gerty überlebt das Lager und den Todesmarsch nach Ravensbrück und wird dort zusammen mit Toni Lehr und Edith Wexberg von Kameradinnen versteckt. Eine jugoslawische Ärztin schneidet ihnen die eintätowierten Nummern aus dem Unterarm. Gerty kehrt im August 1945 nach Wien zurück und erfährt, dass ihr Kind bei Pflegeeltern ist, einer Meidlinger Familie namens Schuberth, illegalen Kommunisten.

Robert kann bis heute weder die Rettung seiner Mutter noch die eigene nachvollziehen. Ein Kommunistenbankert wie er wird normalerweise sofort deportiert, aber die Gestapo bringt ihn nach der Verhaftung seiner Eltern in ein Kinderheim und schickt im November 1944 die Fürsorgerin Franzi Löw-Danneberg, die für die Kultusgemeinde arbeitet, nach Linz, um den Säugling nach Wien zu holen. Dort wartet bereits die Gestapo am Westbahnhof und nimmt Frau Löw das schreiende Bündel ab, um es ihr wenige Tage später wieder zu übergeben, mit der Weisung, den Buben im jüdischen Kinderspital abzuliefern. Warum dieser bürokratische Aufwand? Vielleicht war Robert ein Faustpfand, um von den verhafteten Eltern Geständnisse zu erpressen, vielleicht war es einfach der Amtsweg, der eingehalten werden musste, selbst unter den absurdesten Umständen. Im Spital kümmert sich die Kinderschwester Mignon Langnas um ihn und verhindert, dass er nach Theresienstadt deportiert wird. Das Kind hat Diphtherie, erklärt sie, und ist eine Quelle der Ansteckung. Also bleibt er.

Rundherum sterben die kleinen Patienten, aber Robert Soël übersteht Krankheiten, Hungerödeme und eiskalte Nächte in überfüllten Luftschutzkellern, von seinen Schutzengeln aus einem Quartier in das nächste getragen. Rundherum das Heulen der Sirenen und fallende Bomben, ohrenbetäubendes Krachen, das Schreien der Verschütteten und Sterbenden, das Chaos der letzten Kriegswochen, als sich die Kampfhandlungen zwischen Russen und Deutschen mitten in der Leopoldstadt ausbreiten und die SS verratene U-Boote und Deserteure aus den Kellern herausholt und abknallt. Er überlebt im Zentrum des Zyklons und schreit sich, wie er einmal schrieb, »von Hitler unbemerkt der Befreiung entgegen«. Was hat dein erstes Lebensjahr in dir zurückgelassen?, frage ich ihn.

»Erinnerung habe ich keine. Aber etwas ist geblieben und lässt mich nicht los. Die Angst vor Wegsperrung und geschlossenen Räumen. Während der ganzen Kindheit hatte ich große Angst vor Dunkelheit. Und fiebrige Träume, die immer wiederkehrten, von fallenden Ziegeln und feuerspeienden Drachen mit riesigen Zähnen und hellroten Flammen, die aus ihrem Maul herausschlagen. Diese Ängste kennen viele Kinder, die die Bombenangriffe erlebt haben. Aber ich bin versteckt worden, ich stand auf der Deportationsliste. Ich habe anscheinend mitbekommen, wie gefährdet ich war. Die Anspannung um mich herum, und die unendliche Einsamkeit.«

»Woran hat dich deine Mutter erkannt?«

»An meinen schwarzen Locken und dem Leberfleck am Arm. Den dunklen Augen.«

»Und die Nase? Du hast auf den Kinderfotos eine schöne Nase.«

»Hochaufragend, ja. Diesen Zinken, den ich herumtrage, habe ich mir beim Fußballspielen geholt, auf der Jesuitenwiese im Prater. Robert Lettner, mit dem ich in der Jungen-Garde-Gruppe war, hat mit der Faust draufgeschlagen.«

»Und?«

»Nasenbeinbruch.«

»Operation?«

»Aber geh. Ich glaube, ich habe ein Pflaster gekriegt. Damals ist man bei solchen Sachen nicht zimperlich gewesen.«

»Hat Lettner Aversionen gegen dich gehabt?«

»Es war eine Bubenrauferei. Er war ein handfester, kämpferischer Bub und ich ein versponnenes Kind, ein extremer Träumer, immer ein Außenseiter. Ich bin auch immer wieder als Judenbua auf der Straße angegangen worden.«

In den Jahren, als Kurt Waldheim als Präsident in der Hofburg residierte, begann Schindel, eine Sprache für das Schweigen der Davongekommenen und das Dilemma ihrer Kinder zu suchen, die in einer Welt aufwuchsen, die nie die ihre wurde. Die Hartnäckigkeit, mit der die Täter bis zum letzten Moment die Auslöschung fortsetzten. Das Rätsel, dass sie nicht mit dem Abschlachten aufhören konnten, bis zur letzten Minute nicht. Der Klagegesang der Ariseure, die entschlossen waren, ihre Raubzüge zu verteidigen. Der erste Roman, »Gebürtig«, wurde sein großer Wurf.

Wir kennen uns seit der Jugend, Robert ist ein treuer Freund, aber seine Opernliebe hat er geheim gehalten. Die Genossen in der Kommune Wien und später bei den Maoisten hielten Opern für bürgerliches Zeug. Schindel zog brav mit und versagte sich seine Leidenschaft für lange Zeit. Trafen wir uns, unterhielten wir uns über alles Mögliche, nicht aber über Musik. Inzwischen hat ihn die Oper längst wieder, aber das fand ich erst heraus, als ich ihm einmal über den Weg lief und er in eine Vorstellung ging. In welche? »Tannhäuser.« Wagner! »Ich liebe Wagner«, sagte er, und weg war er. Und da er am liebsten darüber redet, was ihn und sein Leben anlangt, hatten wir auf einmal neuen Gesprächsstoff. Wie kam einer wie er, als geborener Kommunist, zu Wagner? Opern, sagte er, sind Gefühlskraftwerke. Das hat auch was Therapeutisches. »Ich setze mich hin, entspanne mich, höre und fühle, kann das Denken ausschalten. Das ist wohltuend bei dem ständigen Wortchaos in meinem Kopf. Und was Wagner anlangt: Diese Geschichten von Suchen, Irren, Qual und Erlösung, das ergreift mich jedes Mal.«

»Was liebst du noch?«

»Fast alles. Mozart natürlich. ›Don Giovanni‹ ist vielleicht sogar die Oper aller Opern. Mozart hat alle Ambivalenzen des Verführers und Vergewaltigers Giovanni musikalisch ausgespielt, seinen widersprüchlichen Charakter. Das Interessante ist doch, dass ein Schurke auch viele sympathische Seiten aufweist.«

»Verdi? Da gibt es viele Schurken. Verrat und Verhängnis.«

»Der fasziniert mich auch. ›Macbeth‹ ist nicht nur musikalisch eine sehr schöne Oper, sondern auch literarisch interessant. Alles ist da: Liebe, Eifersucht, Rache, Machtgier, Wahnsinn.«

»Gibt es einen Lieblingskomponisten?«

»Gustav Mahler. Ihm fühle ich mich verwandt. Über ein paar Ecken bin ich das auch. Mahler versuchte, Unvereinbares zu vereinen, Hohes und Niedriges, und gleichzeitig das Pathetische, das Erhabene zu brechen. Das ist sehr modern.«

Wir beschlossen, miteinander in die Staatsoper zu gehen, zu »Parsifal«. Ich hatte Jahre zuvor eine aufwühlende Inszenierung mit Thomas Quasthoff als Amfortas gesehen. Die Wunde, die Wunde! Aber wer hier wen und wodurch erlöst, wurde mir nicht klar, auch diesmal nicht.

Das Publikum ist festlich gekleidet und weiß, was es erwarten darf. »Parsifal« gehört zum Osterritual des Wiener Bürgertums. Wir sitzen am Balkon, nicht die besten Karten und nicht die schlechtesten, dort, wo sich die Stammgäste einfinden. Vor uns nimmt eine Dame Platz, die eine Partitur herauszieht und ihre Leselampe zückt. Punkt halb sechs geht es los. Der Dirigent Christian Thielemann wird mit frenetischem Beifall begrüßt. Schon die Ouvertüre versetzt das Publikum in eine sanfte Trance, die fünf Stunden andauern wird.

In der Pause reden wir über das Weihespiel, seine religiöse Symbolik, den Reinheitsmythos, den Gral mit dem Blut Christi und Wagners Sprache, die ich kaum aushalte. Robert wiegt den Kopf, seufzt und sagt: »Aber die Musik ist großartig.«

Das ist eine ganze Weile her. Inzwischen ist ihm Wagner etwas eintönig geworden. Die Leitmotive wiederholen sich zu oft, sagt er, später ist ihm nichts mehr eingefallen. Die frühen Opern begeistern ihn nach wie vor, der »Ring«, »Tristan und Isolde«, »Der Fliegende Holländer«. Das Literarische, das Rauschen und Schwelgen.

Otto Schenk, der das fast Unmögliche in sich vereint, ein großer Geschichtenerzähler, Schauspieler und Komödiant zu sein und zugleich ein Regisseur, der fast alle Opern von Wagner inszeniert hat, lässt in seinen Erinnerungen einen Zweiten Geiger sagen: »Man kann sich den Wagner angewöhnen, aber man kann sich schwer den Wagner wieder abgewöhnen. Wenn man nach einem Wagner in eine andere Oper geht, kommt sie einem a bissel dürftig vor. Man hat das Gefühl, die Direktion hat ein paar Musiker entlassen. Ganze Instrumente und Instrumentenreihen von Blechbläsern sitzen auf einmal nicht mehr da.« Das dürfte auch für Robert Schindel gelten.

20

DIE MENSCHENFISCHERIN

Hell is empty, and all the devils are here.

WILLIAM SHAKESPEARE, THE TEMPEST

Da steht sie mitten im Wurstelprater, ein kalter Märzwind bläst, und interviewt einen alten, zahnlosen Sandler, der gegen ein, zwei Viertel Rot die Hunde der Budenbesitzer spazieren führt. Der Sandler gibt träge Antworten, was hat er noch zu erwarten? Die Hunderln, na joo, die helfen ihm beim Spiegeltrinken. Da fragt Toni: »Was ist Ihr Traum vom Leben?« Er antwortet wie aus der Pistole geschossen: »A Reise nach Acapulco und a reiche Frau.«

Das war 1991, ich war auf dem Weg ins Fernsehen und völlig perplex über Frage und Antwort.

Drei Wochen vorher hatte sie mich in aller Herrgottsfrüh angerufen. Ich muss die nächste »Alltagsgeschichte« vorbereiten, sagte sie, und mir fällt im Moment nix Gescheites ein. Hast du vielleicht eine Idee?

Kurzes Nachdenken.

»Die Hunderln.«

»Was?«

»Die Hunderln! Die Herrln und die Frauerln und ihre Hunde! Wann öffnen die Österreicher ihre Mördergrube so bereitwillig, als wenn es um ihre Hundsis geht?«

»Aaah ja.«

»Denn Hundeherzen schlagen treu.«

»Gute Idee.«

»Toni? Wenn du sie nimmst, die Idee, darf ich mitmachen? Als Beiwagerl?«

Pause.

»Komm morgen Vormittag zu mir, ja? Um zehn. «

Am übernächsten Tag war ich unterwegs, Hundesalons und die einschlägige Szene besuchen. Den Dackelverein, den Yorkshire und Chihuahua Club, den Verein Assisi, der Hundebegräbnisse organisierte. Dann hinaus aufs Land, nach Sierndorf zum Hundefriedhof und nach Judendorf zu zwei schwulen Dackelzüchtern. Es machte großen Spaß. Toni arbeitete ihre Liste ab und ich meine, und am Wochenende schauten wir im Prater nach Passanten mit Hund aus. Sie ging auf alle zu, die ihr auffielen, sagte: »Mein Name ist Elizabeth Spira, darf ich Sie was fragen?« Und schrieb sich fünf Minuten später die Telefonnummer auf. Sie hatte einen absolut sicheren Instinkt, wer eine gute Geschichte liefern würde.

Eines Abends rief sie an und fragte, treffen wir uns im Stadtpark? Jetzt, mitten in der Nacht? »Ja, sicher! Da gehen doch jetzt viele Leut herum und lassen ihre Viecher in den Rasen kacken.« Zielstrebig steuerte sie eine alte, sehr bürgerlich aussehende Dame an, die mit ihrem schwerfälligen Mops Gassi ging und erzählte, dass er klüger sei als jeder Mensch und mehrere Sprachen spreche.

Toni war während der Produktion, unsere einzige gemeinsame Arbeit, nicht gerade mütterlich. Sie erklärte nichts und reagierte ungnädig, als ich mir einmal erlaubte, bei laufender Kamera eine Frage zu stellen. Damals habe ich gelernt, was am Set üblich ist und was nicht, wie die Hierarchie im Team funktioniert und worauf es beim Dokumentarfilm ankommt: abwarten, die richtigen Fragen stellen, zuhören, filmen. Nichts kom-

Toni Spira bei Dreharbeiten für die »Alltagsgeschichten«, 1996

mentieren, möglichst wenig inszenieren, den Geschehnissen ihren Lauf lassen. Im Schneideraum mutig die Schere schwingen. Alle Schnörkel – weg damit!

Ich war sechzehn, als ich ihr das erste Mal begegnete. »Gehen wir die Toni besuchen«, schlug ein Freund vor, als wir im Prater spazieren gingen. »Sie serviert in der Bowlinghalle.« Eine junge, auffallende Frau. Sie war klein, aber alles an ihr war groß: der schwarze Lockenkopf, die dramatisch ummalten Augen, der Busen, das Selbstbewusstsein. Schwarz angezogen, rauchige Stimme. Sie warf mir einen kurzen, prüfenden Blick zu. »Woher kennt ihr euch«, fragte sie streng. »Vom 1. Mai«, strahlte ich. Sie nickte. Dann sagte sie, »Ich hab zu tun«, drehte sich um und nahm Bestellungen auf. Sie hasste angeknipstes Lächeln, Pathos, Parolen und wehende Fahnen, aber das erfuhr ich erst später.

Toni Spira arbeitete zunächst für das Nachrichtenmagazin *Profil*, dann für den ORF und wohnte mit Georg Hoffmann-

Ostenhof, ebenfalls Journalist, in einem alten Haus am Stadtrand, in Hütteldorf. Die beiden waren damals kein Paar mehr, aber Freunde, Lebensfreunde. Georg, Hasi gerufen, war einer der wenigen Menschen, die sie an sich heranließ. Ab und zu besuchte ich ihn, traf dabei auch sie, dann gingen wir zu dritt ins Gasthaus Prilisauer. Gut essen und Pokern waren Tonis Lieblingsbeschäftigungen. Beides nahm sie ernst. Bei ihren Kartenrunden wurde immer um Geld gespielt. Zum Junggesellenhaushalt der beiden zählte auch eine Katze, die viele Flöhe hatte und darum das gastliche Haus verlassen musste. Vorher bekam sie noch Junge, auf einer alten Nummer des Magazins *FORVM* mit dem Titelblatt »Alle Männer sind Schweine«.

Toni und ich gehörten zum gleichen Freundeskreis, Freundinnen wurden wir nie. Sie genoss den Respekt, den ich ihr entgegenbrachte, und konnte unerwartet herzlich sein, anrufen und mir Gheorghe Zamfir vorspielen, den sie soeben entdeckt hatte. Das war das Netteste, das ich mit ihr erlebt habe. Mitte der Achtziger, als sie mit der TV-Serie »Alltagsgeschichten« anfing, sahen wir uns häufiger. Sie beschäftigte sich mit dem Leben der kleinen Leute in der Zwischenkriegszeit und holte sich, was sie an Ideen und Auskünften brauchte. Als ich selbst mit der Filmerei anfing, gefiel ihr das gar nicht. Wie sie es sah, trampelte ich in ihrem Terrain herum.

Sie war eine Künstlerin, auch wenn sie sich zeitlebens als Reporterin bezeichnete. Ihre Filme waren stilsicher gebaute Tragikomödien, Miniaturen der Einsamkeit mit ironischen Pointen, in denen sich das Publikum wiederfand. Ausschließlich auf sich selbst und ihre Arbeit bezogen, fand sie, dass neben ihr kein Platz war. Vor allem, wenn es sich um Frauen handelte. Ich war nicht die Einzige, die wenig Gnade vor ihr fand, noch dazu, als ich mich öffentlich über die Israelfeindlichkeit der Linken empörte. Sie konnte Israel nicht leiden, nicht nur wegen seiner Be satzungspolitik. Sie konnte vieles nicht leiden. Um sie herum stand ein Wald von Reibebäumen, und sie ging nur wenigen aus dem Weg.

Sie rieb sich vor allem an ihrer Kindheit. Toni hat sich oft über die fehlende Anerkennung ihres verehrten Vaters Leopold Spira beklagt. Er war ein kalter Typ. Nie ein Lob. Einmal beklagte sie sich bei ihm darüber. »Der Poldl hat geantwortet: Und, hat's dir geschadet?« Von ihrer scharfzüngigen Mutter erwartete sie sich ohnehin keine Zuwendung. Ihre Eltern waren Vielarbeiter, die ihre beiden Töchter der ungeliebten Großmutter überließen. Zu wenig Lob, zu wenig Liebe. Das hat ihren Ehrgeiz angetrieben, nicht aber ihre Empathie.

An meiner Hochachtung änderte das nichts. Sie war blitzgescheit, unbestechlich, formulierte scharf. Als ich eine längere Geschichte zu ihrem sechzigsten Geburtstag schrieb, fanden wir wieder zusammen. Was mich interessierte, war ihre Fragetechnik. Wieso erzählten ihr die Leute die ärgsten Sachen? Liegt es an der richtigen Frage?

»So ist es. Einfach soll sie sein und in den Gegensatz gefragt werden. Ich bin geil auf Geschichten, und die Leute spüren das und erzählen. Endlich jemand, der zuhört. Gleichzeitig bestehe ich auf Distanz. Ich mag keine Nähe, ich bin keine von ihnen und mach ihnen das auch nicht vor. Ich bin die Frau Doktor vom Fernsehen, und das schätzen sie, weil ich höflich und neugierig bin und ihnen endlich die Gelegenheit gebe, ihre Meinung in die Kamera zu sagen.«

»Man wirft dir vor, dass du die Leute vorführst.«

»Ich bin im Prinzip ein höchst unanständiger Mensch, nihilistisch, und ganz tief im Herzen hab ich immer geahnt, dass nichts veränderbar ist. Eigentlich mag ich dieses Land überhaupt nicht, und die Leute auch nicht, die meisten zumindest. Und es gehört keinesfalls zu meinen Aufgaben, sie zu verändern.

Aber ich möchte wissen, was geht in diesen Köpfen vor? Ich zeige dieses Land und seine Menschen so her, wie ich sie auffinde. Aufspüre. Rieche ich was Angebräuntes, kriege ich richtiges Jagdfieber. Einen großen Nazibären im dunklen Wald zu jagen und zur Strecke, das heißt zum Reden zu bringen, das ist ein richtiges Match. Wobei ich nicht auf Bekenntnisse aus bin, aber durchaus auf verräterische Sätze stehe.«

»Du hast dafür eine eigene Technik entwickelt.«

»Ja. Ich stelle mich blöd, denn einer Frau traut man sowieso keinen Grips zu, bin sehr freundlich, weiß zwar alles, zeige aber nichts davon her, und stelle ziemlich hinterfotzige Fragen. Das Komische ist, dass ich damit Erfolg habe. Je mehr man die Österreicher in natura herzeigt, umso mehr lieben sie dich. Sie haben einen Hang zum Masochismus. Die Nazis sind seit langem mein Stammpublikum. Von keinem krieg ich solche Lobeshymnen wie von ihnen, weil sie sich freuen, dass endlich jemand so mutig ist, sie auftreten zu lassen. Die Nazis haben mich immer interessiert, alle – die alten und die jungen.«

Elizabeth T. Spira wurde in den neunziger Jahren in Österreich ein Star mit einem Millionenpublikum, lange bevor sie mit den noch populäreren »Liebesg'schichten und Heiratssachen« angefangen hat. Eine Geburtslinke, in der Emigration geboren und unter Weltveränderern aufgewachsen. Fast alles Juden, die von sich sagten, dass sie keine mehr waren. Die meisten hatten die Nazizeit im Widerstand und im Exil überlebt. Eine ihrer Lieblingsgeschichten war diese: »Als ich 1942 in Glasgow auf die Welt kam, wollte meine Mutter mich als Toni in die Geburtsurkunde eintragen lassen, das war der illegale Name vom Poldl, meinem Vater. Das geht nicht, sagte der Beamte, sie ist doch ein Mädchen? Und schrieb Elizabeth in das Papier, den Namen der Kronprinzessin. Zwei Jahre später wurde meine Schwester Lisl geboren. What a name, sagte derselbe Mann und trug Lisl als

Margaret ein.« Sie fand das sehr komisch. »Es war eine tolle und sehr seltsame Welt, in die ich hineingeboren bin, eine totale Gegenwelt. Mit gescheiten Männern und meiner sehr klugen, sehr ironischen Mutter, die mir Bosheit beigebracht hat.«

»Eva Spira. Ich fürchtete sie«, bekannte ich. »Mit sechzehn habe ich im Sommer in der Spedition Express gearbeitet, einer Parteifirma. Vier Wochen lang Faktura getippt. Deine Mutter war meine Chefin. Sie hat sich einen Spaß daraus gemacht, mich fertigzumachen.«

Sie lachte.

»Nein, lieb war sie nicht. Aber sie hat mir Respekt vor den sogenannten kleinen Leuten eingebläut, denn mit denen wollte man ja die Welt verändern. Das war das ständige Thema: Wohin geht diese Welt, und wie kommen wir zum Sozialismus? Mir ist das Messianische mit der Zeit auf die Nerven gegangen, das Besserwisserische. Alle haben mich ständig belehrt. Meine Großmutter, eine knochenharte, magersüchtige Kommunistin, hat einmal gesagt: Die Toni ist nicht aus dem richtigen Holz geschnitzt, aus der wird nie eine Kommunistin. Darauf sag ich: Weißt was, ich pfeif dir auf die Kommunisten. Meine Welt ist nicht Karl Marx, sondern Woody Allen und Joseph Roth.«

In der Küche werkte ihr Mann, Hermann Schmid, Schauspieler und daheim fürs Einkaufen und Kochen zuständig. Die Wohnung mit den schönen alten Möbeln und modernen Bildern war stilsicher, wie auch das noble Jahrhundertwendehaus im dritten Bezirk. Sie selbst legte wenig Wert auf ihr Äußeres. Sie lief ihr Leben lang in Schwarz herum, Hosen, Blusen, lange Pullis, darüber ein Mantel und eine große schwarze Umhängetasche.

Wir sitzen in ihrem Esszimmer, trinken Tee und reden über Männer. Sie hat, wie über alles, feste Meinungen über die amourösen Beziehungen zwischen Juden und Nichtjuden.

»Toni, dein Mann ist kein Jude, und auch sonst kann ich mich nicht erinnern, dass du je mit jüdischen Männern zusammen warst.«

»Das ist kein Zufall. Ich habe mich schon lange vor meiner Ehe für nichtjüdische Männer interessiert und für die, die mit Politik nichts am Hut hatten. Endlich keine Kommunisten! Ich wollte Kaffeehaus, Kunst, Theater, Film, Jazz. Und neue Geschichten.«

»Mit den jüdischen Männern kommt man nie aus dem eigenen Topf heraus.«

»Sagen wir so: Ihre Geschichten kenne ich auswendig. Außerdem bin ich süchtig nach Bewunderung, und die habe ich nie von den Juden bekommen, weil die selbst bewundert werden wollen. Aber die großen Blonden haben mich verehrt.« Sie lacht. »Die sahen in mir die Exotin, die Frau mit den herumeilenden Gedanken, mit der man nächtelang im Kaffeehaus diskutieren kann. Außerdem hab ich keinen Kochlöffel angerührt, die fanden das toll.«

Alltagsgeschichte »Im Schrebergarten«.

Sie haben ja schon viele Regime erlebt, sagt die Toni. Na sowieso, sagt Herr Alois. Wie waren Sie denn politisch? Herr Alois: Politisch – eben. I bin immer, wia ma sogt, obn gschwumma, i bin net rot gwesn, net schwoaz, net blau gwesn. I bin scho, wia ma sogt, mit'n Haufn mitgrennt, net. Darauf die Toni: Waren Sie Mitglied einer Partei? Herr Alois: Naa. Eigentlich jo, woar i schon, oba nur papiermäßig. Bei welcher waren Sie denn? Sagt er: I hob schwoaz und rot ghobt, ha, ha, ha, ha … Und die Nazis? Jo, die … do woa i aa dabei. Darauf die Toni: Hat es sich wenigstens ausgezahlt?

Die besten Geschichten erzählten ihr die vom Leben Gebeutelten: zahnlose Strizzis, träumerische Luftmenschen, die nicht wussten, wovon sie morgen leben werden, alte, exzentrische Damen aus der besseren Gesellschaft, bissige Ehefrauen mit verschreckten Ehemännern, Prostituierte, Gescheiterte, die sich gerade noch über Wasser hielten. Dann folgten 21 Jahre lang die »Liebesg'schichten und Heiratssachen«, ihre Bühne für einsame Herzen. Ihnen gehörten Tonis Neugier und ihr Spott, ihren Sehnsüchten, ihrem Größenwahn, ihren spießigen Wohnzimmern und ihrer Lust an Selbstdarstellung. Es traten Frauen auf, die eine Frau, und Männer, die einen Mann suchten, als das noch lange nicht *comme il faut* war. Manchmal zeigte sie tattrige Herren her, die ungeniert junge Frauen für sich einforderten. Diese Dreistigkeit regte sie auf. Und das Schlimmste ist, erzählte sie, dass selbst die Miesesten unter ihnen Berge von Post bekommen, wenn sie über eine gute Pension verfügen. Aber es gab auch ältere Frauen, die vor der Kamera ihre Dessous herzeigten und ihren Körper zur Schau stellten.

Manchmal geschah ein Wunder, und die Richtigen kamen zur Tür herein. Zum Beispiel der Nackttänzer aus dem Film »Im Waschsalon«, der seine Reizwäsche mit dem kleinen braunen Strich hinten an der Hose aus dem Wäschesackerl holt und den alten Frauen, die gerade da sind, einen Schönheitstanz vorführt – den sucht man nicht. Der wurde ihr einfach vor die Füße geweht. Wie machte sie das?

»Ich forciere gar nix. Aber ich erlebe solche Dinge viel eher als andere Reporter. Vielleicht, weil ich durch meine Herkunft selbst ein Loch in der Seele habe, finde ich das Seelenloch bei anderen Menschen ziemlich rasch. Man muss gelebt haben, um etwas aufspüren zu können.«

»Könntest du woanders leben?«

»Nein. Zu meinem großen Ärger und zu meinem Glück kann

ich das nicht. Ich bin ja sprachsüchtig, ich mag die Vorstadt-sprache. Eine eingefleischte Wienerin, die sich über Wien ärgert und sich woanders nicht zu Hause fühlt. Glück und Geborgen-heit sind nicht mein Lebensprogramm. Ich stehe mit der Hei-mat in einem Dauerstreit. Das treibt mich an. Ich muss keine teuren Reisen nach Afrika machen, mir reichen schon Meidling oder Favoriten, um in mir exotische Gefühle zu wecken.«

»Du kannst dabei ziemlich erbarmungslos sein.«

»Wenn die Leute über Ausländer oder Zigeuner oder Juden schimpfen, zeig ich her, was für niederträchtige Figuren sie sind.«

Sie hat von Anfang an ihre scharfen Krallen ausgefahren. Für das ORF-Magazin »Teleobjektiv« drehte sie Reportagen wie eine Ethnologin, die fremde Stämme erforscht. Dreimal stand sie knapp vor der Kündigung. Das erste Mal 1974, nach einer Re-portage über, besser gegen den gefürchteten Abtreibungspara-grafen 144. Das zweite Mal, als sie sich der notorisch rechts-lastigen SPÖ Burgenland zuwandte. Darauf schob sie der ORF in ein neues Format namens »Alltagsgeschichten« ab, das am Samstagnachmittag versteckt wurde. Das dritte Mal 1988, wäh-rend der Waldheim-Zeit, als Toni durch das Land fuhr und Stammtischgespräche drehte. Dabei schlug der braune Sumpf heftige Blasen. Da war sie schon längst die Spira. Sie flog aus der Informationsintendanz, eine rote Bastion, und wurde von der bürgerlichen Kulturintendanz gerettet. Die »Alltagsgeschich-ten« wurden zum Quotenhit. Der Film »Am Stammtisch« ver-schwand im Giftschrank.

Spiras Obsession, sich mit den Nazis auseinanderzusetzen, hatte mit ihrer Herkunft zu tun und nichts mit Religion. »Ohne Hitler hätte mich das Judentum nicht interessiert«, sagte sie. Sie war skeptisch, was die Normalität von Juden anlangt, weil sie die Welt immer daran erinnern werden, was man ihnen angetan hat. »Ich habe wirklich Glück mit diesem Land, denn die Nazis sterben nicht aus. Ich frage mich, wo sind die Brüche der Menschen, wenn sie aus Nazifamilien kommen? Manchmal waren sie auch Opfer, nicht nur Mitläufer oder Täter. Deswegen habe ich aber noch lange kein Erbarmen mit ihnen, denn dass es einem nicht gut geht, ist noch lange keine Ausrede dafür, dass man am liebsten auf anderen herumtrampeln möchte.«

»Hast du je daran gedacht, in Deutschland zu arbeiten?«

»Nein. Ich brauche meine Wut und meine Angst ebenso wie meine Neugier und meine Bosheit. In Deutschland wäre das viel schwieriger. Die Deutschen sind meist Protestanten, sachlich, analytisch, aufrichtig, grüblerisch. Aber sie haben keinen Sinn für Neben- und Untertöne, keinen Schmäh. Dafür eine Bekennerwut, die mir auf die Nerven geht. Wenn mir einer sagt: Mein Vater war ein Schwein, weil er ein Nazi gewesen ist, dann krieg ich schon das Speiben.«

Kurz nachdem Toni Spira gestorben war, schrieb Niklas Frank, der Sohn des NS-Generalgouverneurs im besetzten Polen, Hans Frank, im *Spiegel*: »Obwohl ich gegen die Todesstrafe bin, habe ich sie meinem Vater immer gegönnt. Oft betrachte ich meines Vaters Totenfoto. Wie er nach seiner Hinrichtung da liegt mit kaputtem Genick.« Dieser Hass! Dieser Vater, der heute noch den über Achtzigjährigen beherrscht! Ich musste an Toni denken. Diese Rachegefühle gegenüber dem eigenen Erzeuger, die der arme Mann wie die Erbsünde lebenslang herumschleppt!

Kinder können nichts für ihre Eltern. Es gibt keine schuldig Geborenen. Das war Common Sense im kommunistischen wie im jüdischen Milieu. Man verheiratet sich nicht mit Nazikindern, aber auch das war nicht in Stein gemeißelt. Den Philosemiten geht man am besten aus dem Weg. »Die wären halt auch gerne Juden«, sagte Toni, »hängen sich einen Davidstern um den Hals, nennen ihre Kinder Sarah und Daniel, schlüpfen in ihre Identität, weil sie zu den Siegern gehören und zu den Opfern zählen wollen. Und haben große Flausen im Kopf, wenn sie von Juden sprechen. Dass man ausgerechnet von uns erwartet, dass wir edle Menschen sind, hat mich immer schon aufgeregt.«

Sie sprach oft davon, einen großen österreichischen Heimatfilm zu machen. Sie hat es nie probiert. Sie hätte auch nicht mehr die Kraft dazu gehabt. Die ewig glimmende Zigarette hat sie umgebracht. Sie wusste, dass sie ein großes Werk hinterließ, an dem sie bis zuletzt mit eiserner Disziplin arbeitete. Der Schnittplan des nächsten und übernächsten Tages band sie ans Leben, ihrer Hinfälligkeit zum Trotz. Auch sonst hielt sie an alten Gewohnheiten fest. Am Abend, bevor sie ins Spital musste, aus dem sie nicht mehr herauskam, lieferte sie ihrer Kartenrunde einen zähen Kampf und gewann. An einem strahlenden Frühlingstag im März 2019 wurde sie auf dem Wiener Zentralfriedhof von einer großen Trauergemeinde verabschiedet und in einem Ehrengrab bestattet. Sie hätte das in Ordnung gefunden und mit einem ironischen Kommentar versehen.

21

CAFÉ GAGARIN

Dunja, die alleine schlief, schläft jetzt nur im Kollektiv.
Hej, hej, Dunaja! Komsomolitschka moja.
RUSSISCHES KOMSOMOLZENLIED, ÖSTERREICHISCHE VERSION

An der Adresse Garnisongasse 24 in Wien-Alsergrund, mitten im Universitätsviertel, steht ein kollektiv geführtes Lokal, das Café Gagarin. Es bietet »Raum für soziales Miteinander, gutes vegetarisches/veganes Essen, Kultur, Musik und Politik«. Entscheidungen werden basisdemokratisch getroffen. Nach einer Probezeit kann jeder und jede um eine Aufnahme ins Kollektiv ansuchen. Frauen sind bevorzugt. Für alle Speisen gelten freie Preise. Jeder zahlt, was er glaubt, dass das Essen wert war.

Den Einfall, dieses alternative Wirtshaus nach dem ersten sowjetischen Kosmonauten zu benennen, hatte der Wiener Autor und Journalist Kurto Wendt. Er schlug bei einer Namensgeberparty für das neue Lokal Juri Gagarin vor, weil er eine Ikone ist, ein Popstar. Das Café Gagarin verweist aber nicht nur auf die Eckpfeiler der alternativen Lebensformen – Kollektivismus, Vegetarismus, Feminismus, Antirassismus –, sondern auch auf zwei Leuchttürme der kommunistischen Welt: Anton Makarenko und Juri Gagarin. Sie repräsentierten eine gelebte Utopie, der eine in der Pädagogik, der andere in der Technik.

Wenige andere Autoren haben die Idee von den Segnungen des Kollektivs so stark beeinflusst wie Makarenko. Er entwickelte in den zwanziger Jahren in Charkiw ein Jugendkollektiv, die Dserschinski-Kommune, um die »Besprisorni« von den Straßen zu holen, die Horden von verwahrlosten Kindern, die sich nach dem Krieg mit Diebstahl, Raub und Prostitution über Wasser hielten. Darüber entstanden zwei Romane und ein Film, in dem die Besprisorni sich selbst spielten. »Der Weg ins Leben« (1931) war der erste sowjetische Tonfilm und ein Riesenerfolg. Ich sah den Film als Fünfzehnjährige und war begeistert. Von Makarenkos Romanen weniger. Er propagierte Disziplin, Einordnung und Arbeitsethos durch Selbsterziehung. Das Kollektiv machte aus schlechten Kindern gute Kommunisten.

Viel interessanter war ein Jugendbuch, das bereits 1927 erschien: »Schkid. Die Republik der Strolche«, geschrieben von zwei ehemaligen Zöglingen der Dostojewski-Schule im damaligen Petrograd, später Leningrad, heute St. Petersburg. Es atmet die Aufbruchstimmung und den Optimismus der ersten zehn Jahre nach der Oktoberrevolution. Leonid Pantelejew und Grigori Bjelych waren kaum zwanzig und erzählten rasant und freimütig, wie couragierte Lehrer, Propheten genannt, mit einer Bande von Rowdys fertigwurden. Sie beschrieben, was der Krieg aus Kindern macht, die jahrelang um ihr Leben kämpfen müssen. Festhalten auf den Dächern der Züge, düstere Besserungsanstalten, die Schikanen der sadistischen Aufseher, Gefängnispritschen bei der Eisenbahntscheka, Läuse und nichts als Rübenkraut und schimmelige Brotkanten zu essen. Entweder sie starben, oder sie verwilderten.

Dementsprechend beliebt war der Radau. Neben und im Unterricht ging es hoch her: Wucher, Vandalismus, Diebstahl, Glücksspiel, die Gründung des Imperiums Hooliganien, rohes Mobbing von unfähigen Lehrern, Sklaverei, Erpressung, Korruption, Sodom und Gomorrha. Das Buch wurde sofort ein Bestseller.

Maxim Gorki war hingerissen und sorgte dafür, dass das Manuskript gedruckt wurde. »Wie verteufelt schwer Ihre Arbeit ist, lehrten mich zwei ehemalige kleine Diebe«, schrieb er an Makarenko. »Um zu verstehen, was ich Ihnen aus ganzem Herzen sagen möchte, müssen Sie dieses wundervolle Buch selber lesen.« Makarenko war anderer Meinung. Er verwarf das Buch als Dokument eines pädagogischen Misserfolgs. Der Schuldirektor Viktor Nikolajewitsch Sorkin war kein ideologischer Überflieger. Er sah in seinen Zöglingen nicht die letzten Reste einer missratenen Kindheit, sondern zähe Überlebenskünstler im Auf und Ab eines schwierigen Lernprozesses, der gelingen konnte oder auch nicht.

Die Geschichte der beiden Autoren endete tragisch. Bjelych wurde 1936 als Volksfeind verhaftet und starb im Gefängnis. Pantelejew, ein Vielschreiber, der das Schicksal der Straßenkinder zu seinem Lebensthema machte, überstand mühsam die stählerne Zeit. Die Republik Schkid versank in den Kellern der verstoßenen Literatur. 1959, sechs Jahre nach Stalins Tod, erschien in Ostberlin eine deutsche Ausgabe, kurz darauf brachte sie mein Vater nach Hause. Wenn es ein Buch gibt, das mich bis heute bezaubert und gleichzeitig vor der Vereinnahmung durch welches Kollektiv auch immer bewahrt hat, dann dieses.

In der kommunistischen Welt war nur der Mensch im Kollektiv der Schöpfer einer neuen Welt. Nikolai Ostrowskis Klassiker »Wie der Stahl gehärtet wurde« faszinierte ein weltweites Publikum. »Den haben, glaube ich, wir alle als Kinder gelesen, wie schon unsere Eltern«, sagt Robert Schindel. »Der Held, dieser Pawel Kortschagin, war der Archetyp eines Kommunisten. Unbeirrt nach vorne gehen, sich nie unterkriegen lassen, weder von einer Niederlage noch von einer Krankheit. Die Partei über alles andere stellen. Der Einzelne zählt nichts, das Kollektiv alles. Das ist, wie mir erst später klar wurde, eine grausame, eine menschenfeindliche Botschaft.«

»Du hast einmal geschrieben, der Stalinismus durchwächst die Kinderseele. Wir Bolschewiken sind ein besonderer Menschenschlag. Der immer ein Ziel vor Augen hat. Der eiserne Wille mit dem stählernen Blick.«

»Dazu gehörte auch, sich vor der bürgerlichen Verführung in Acht zu nehmen, die in Gestalt der Liebe daherkommen konnte. Eine Ehe schloss den Glauben an den Kommunismus mit ein. Noch mehr, sie wurde der Loyalität zur Partei untergeordnet. Meine Mutter und mein Stiefvater haben mir das vorgelebt. Sie haben sich aber geliebt, bis zum Schluss. Sehr geliebt.«

»Ist von der kommenden Welt gesprochen worden?«

»Nicht viel. Natürlich habe ich als Kind vom Sozialismus geträumt. Vorstellen konnten wir uns darunter wenig. Wir kämpfen für eine lichte Zukunft, hat es immer geheißen. Wenn wir in die Pionierlager nach Ungarn gefahren sind, haben wir schon noch geglaubt, dass dort das bessere Leben ist. Wir hatten eine große Sehnsucht nach dem sozialistischen Vaterland, inklusive Kolchose und Kollektiv.«

»Auch nach Väterchen Stalin?«

»Auch, ja. Als Stalin starb, weinte ich bitterlich. Stalin war eine Vaterfigur. Wir hätten nicht überlebt ohne ihn. Jetzt hatten wir ihn verloren. Wie wird es ohne ihn weitergehen? Meine Mutter hatte ihn persönlich kennengelernt, als sie Anfang der dreißiger Jahre in Moskau lebte. Davon hat sie ein Leben lang gezehrt.«

»Wann hast du das erste Mal von Josef Stalins Verbrechen gehört?«

»Im Frühsommer 1956, da war ich zwölf. Ich bin damals in die Russischklasse der Stubenbastei gegangen. Da haben mein Freund Christof Šubik und ich uns auf der Wollzeile die Hand gegeben und geschworen: Wir lassen uns den Genossen Stalin nicht aus dem Herzen reißen.«

Unsere Eltern sind in Zeiten aufgewachsen, die unüberbrückbar weit von uns entfernt sind. Der Vater von Alexander David begann sein Medizinstudium, als die alten Ordnungen zerfielen. Er war ein außergewöhnlicher Mensch.

Franz David, Jahrgang 1900, wächst als Eisenbahnersohn in einer Zinskaserne am Rand der Stadt auf, nahe dem Bahnhof Hütteldorf. Wie sein Bruder Rudolf ist er eines der wenigen Arbeiterkinder, die sich Matura und Studium zäh erarbeiten. Ein kurzer Moment der Euphorie, als die Erste Republik ausgerufen wird, dann das Nachkriegselend in Wien. Die Sozialdemokratie setzt auf Reformen und bindet alle revolutionären Energien durch ein engagiertes Programm an sich. In verblüffend kurzer Zeit gelingt es ihr, ein Experiment zu starten, das weltweit Aufsehen erregt: das Rote Wien.

Franz ist das zu wenig. Aus Russland weht ein aufrührerischer Wind. Der Sozialdemokrat wird Kommunist und heiratet Nina, eine hochgebildete Frau, die er an der russischen Handelsdelegation in Wien kennengelernt hat. Das junge Paar geht 1928 in die Sowjetunion. Die KPÖ ist damals eine radikale Splittergruppe und bekämpft die Sozialdemokratie als »Sozialfaschisten«, als linken Flügel der Nazis. Ein Kommunist hat keine Chance, als Chirurg in einem Gemeindespital zu arbeiten.

Im selben Jahr setzt Stalin die Zwangskollektivierung der Bauern und die mit harter Hand geführte Industrialisierung durch. Im Westen wird sein Kurs mit Interesse beobachtet. In dem Film »Another Country« sagt die Figur des Guy Burgess, der dem Spionagering der Cambridge Five angehörte: »Der Mann schwitzt Blut, um sein Land ins zwanzigste Jahrhundert zu stoßen.« Jedenfalls schwitzte Stalin nicht sein eigenes Blut.

In der Ukraine löst die Kollektivierung eine Hungersnot aus, den Holodomor, die zwischen drei und sieben, manche schätzen zwölf Millionen Menschenleben kostet. Die widerspenstigen Bauern, verächtlich Kulaken genannt, müssen sämtliche Lebensmittel abliefern, Getreide, Saatgut, Schlachtvieh, Gemüse, Mais. Jeder, der damals durch die ausgehungerten Dörfer fährt, wird Zeuge dieser Katastrophe, auch Franz David, der als angesehener Organisator von funktionsfähigen Spitälern in der Ukraine eingesetzt wird. Was mochte in ihm vorgegangen sein?

»Mein Vater hat sich nie dazu geäußert«, sagt Guki. »Er war 1930 ein Jahr lang in der südlichen Ukraine, in Molotschansk, wo eine große Gemeinde von Mennoniten lebte. Die meisten waren Bauern und litten schwer unter der Kollektivierung. Er hat dort ein Spital geleitet und nie von einer Hungersnot geredet. Aber du weißt: Das Wichtigste war Verlässlichkeit. Und Schweigen. Alles wissen, aber nichts erzählen.«

»Dieses Wissen ist manchmal so fest im Gedächtnis eingebunkert, dass es nie erzählt werden kann. Das stellt zu viel vom eigenen Leben in Frage. Wir wollen manchmal nicht wissen, was wir wissen.«

»Mein Vater hat mir nur einmal vom Schicksal der Kulaken erzählt. Nach der Ukraine ist er nach Archangelsk geschickt worden, das ist eine Hafenstadt knapp unter dem Polarkreis. Eines Tages ruft man ihn in ein Lager, in dem deportierte Kulaken mit ihren Familien leben. Er hat das Elend der Leute gesehen, aber das war der Preis des Neubeginns, der in Kauf genommen werden musste.«

»Ich erinnere mich, dass du einmal den Roman von Michail Scholochow über die Kollektivierung erwähnt hast. Ein furchtbares Buch, hast du gesagt.«

»Genau. ›Neuland unterm Pflug‹. Hast du es gelesen?«

»Ja, vor kurzem. Ein Roman über den erbitterten Kampf gegen die Kulaken, wobei, was hatten die schon? Nicht alle waren Großbauern. Zumeist fünf oder zehn Hektar Ackerland, zwei Ochsen, ein Pferd, eine Kuh, eine Frau und drei Kinder, wie einer aufzählt.«

»Scholochow hat dreißig Jahre später den Nobelpreis gekriegt. Eine Freundlichkeit des Stockholmer Preiskomitees.«

Der Kult, der im Westen um den Schlag gegen die alten bäuerlichen Lebenswelten gesponnen wurde, übersah völlig, was folgte. Tausende Brandlegungen, Viehschlachtungen und Weiberaufstände. Die Enteigneten wehrten sich. Der Holodomor war gezielter Massenmord, um ihnen das Rückgrat zu brechen. Überall lagen die Leichen, in den Straßen, entlang der Bahnlinien, in den Feldern. Bis heute ist er in der Ukraine weder vergessen noch verwunden.

Drei Jahre später, 1936, begannen die Schauprozesse. Nina, die Ehefrau von Franz, wird als Volksfeindin erschossen. Franz trauert lange um sie. Sein Leben bekam einen Riss, der nicht zu kitten war. »Mein Vater ist nie darüber hinweggekommen«, sagt Guki. »Er hat nur überlebt, weil er als Spitalsleiter unersetzlich war und der Chef der Komintern, Georgi Dimitroff, seine schützende Hand über ihn hielt.«

Gukis Mutter Walja, eine Tatarin aus Usbekistan, war der Prototyp des neuen Sowjetmenschen. Als Franz die junge Medizinerin im Krankenhaus kennenlernt, hat sie den Islam bereits weit hinter sich gelassen. Sie heiraten 1944, kurz bevor Franz per Fallschirm in Jugoslawien abgesetzt wird, als Funktionär des kleinen Österreichischen Freiheitsbataillons, das in Titos Partisanenarmee gegen Kriegsende aktiv ist. Im April 1945 wird er Unterstaatssekretär für Gesundheit in der provisorischen österreichischen Regierung.

»Tja«, sagt sein Sohn, »und wie das in Österreich üblich ist, wenn man aus einem hohen Amt scheidet, wurde er gefragt:

Und was wollen Sie jetzt werden? Chefarzt der Wiener Gebiets-krankenkassa, sagte er. Das ist er geblieben, bis zu seiner Pension. Das Hanusch-Spital, das er geleitet hat, ist bis heute ein hervorragendes Krankenhaus.«

»Kommunistischer Adel, sozusagen.«

»Mir war immer klar, dass ich sehr privilegiert aufwachse. Auch weil das ein offenes, liberales Elternhaus war. Bei uns sind viele Gäste ein und aus gegangen. Die Gespräche über den Kommunismus waren auf hohem Niveau und haben mich natürlich fasziniert. Gleichzeitig habe ich die Aushöhlung dieser Ideale erlebt. Wir sind immer wieder in die Sowjetunion eingeladen worden, mit allen Privilegien, die damit verbunden waren. 1962, ich war vierzehn, wurde ich im Sommer in ein russisches Pionierlager gebracht. Und da passierte Folgendes. In der Früh kommt der Mann mit der Trompete, der Gornist, und bläst ein Signal. Alle Jugendlichen stellen sich auf. Paramilitärischer Fahnengruß. Seid bereit! Immer bereit! Dann kommt der Direktor, schlägt das große Buch auf und liest das Tagesprogramm vor: Dies und das machen wir heute. Er klappt das Buch zu und verschwindet. Und dann machen alle, was sie wollen. Manche gehen zum Fluss, andere rauchen, das war nicht erlaubt, aber wurscht. Die Fassade eines Betriebs, der ein Soll erfüllen muss. Und in Wirklichkeit ist nichts. Die Häusln (Klos) waren desolat, das Essen okay. Meine Eltern dachten, ich würde ein Jugendkollektiv erleben. Erlebt habe ich den realen Sozialismus.«

Die Eltern ließen ihren Kindern alle Freiheiten. Sie waren so verschieden, wie es Geschwister nur sein können, jeder ein Kontinent für sich. Gukis jüngere Schwester Vera, ungestüm, kampflustig und emotional, die sich an keine gesellschaftlichen Konventionen hielt, verfiel einem in Algerien untergetauchten Black Panther und verscherbelte ihre vom Vater geschenkte Eigentumswohnung für die schwarze Revolution. Der Panther sagte danke, und das war's. Veruschka verbiss den Schmerz. Das war die Sache wert, sagte sie. Sie lebte in verschiedenen Kollektiven und schließlich auf Mallorca und zog mit ihrem Mann, einem Künstler, drei Töchter auf. Sie war ein Freigeist und ist viel zu früh gestorben. Der Jüngste, der liebenswerte Georgij, ein Tänzer und Träumer, der sich aus dem Streit der Älteren heraushielt, stürzte eines Tages mit seinem Paragleiter ab und musste in einen Verwaltungsjob wechseln, was sicher das Letzte war, das er sich als Junger vorgestellt hatte. Der pragmatische und eigenwillige Guki wurde schon als Medizinstudent zum Weltenfahrer. Nach jeder Prüfung ging er auf große Fahrt, die er penibel vorbereitete. Seine ethnografische Bibliothek ist eindrucksvoll, sein Leben strukturiert und durchgeplant. Einmal ersuchte ich ihn um eine Liste seiner Reisen. Wenige Tage später erhielt ich sechs eng beschriebene Blätter. Um die Neue Linke machte er wie seine Geschwister einen Bogen, den Kommunismus hält er für eine politische Religion. Sein Vater teilte am Ende seines Lebens diese Skepsis. Der Sohn erbte seinen Hang zu sozialer Verantwortung, gründete den Verein Dialog, heute die größte ambulante Suchthilfeeinrichtung Österreichs, und war jahrzehntelang Drogenberater der Stadt Wien. Gleichzeitig führte er eine Kassenpraxis als praktischer Arzt. Jetzt ist er die meiste Zeit des Jahres unterwegs, allein oder gemeinsam mit seiner Frau.

Alle drei David-Kinder gehörten zur 68er-Szene, in deren Wohngemeinschaften, Künstlergruppen und Kooperativen das Kollektiv in seiner alten konzeptuellen Pracht wiederauflebte. Während im Osten alle Kollektiv-Modelle untergingen, wuchern sie im Westen weiter, verwoben mit Ökologie, Genderpolitik und Fast-forward-Technologien.

Die radikalste Form des Kollektivs, der Kibbutz, wurde in Palästina und Israel umgesetzt. Davon nimmt die europäische Linke bis heute keine Notiz. Persönlichen Besitz gab es keinen. Die Kinder lebten in einem Kinderhaus. Die Arbeit wurde zwischen Männern und Frauen geteilt. Eine andere Siedlungsform war der genossenschaftlich geführte Moschaw. Zu diesen Pionieren stießen nach dem Krieg eine halbe Million Überlebende. Es erwartete sie ein bitterarmes Land.

Als meine Tante Miriam und mein Onkel Samuel »Schmuël« Wettreich nach Palästina flüchteten, waren sie siebzehn, Miriam als Tochter verarmter Leute, Schmuël als Sohn aus gutem Haus. Ihre Ehe mutete an wie ein Märchen. Sie wurden beide am selben Tag und Ort geboren, im Allgemeinen Krankenhaus, lernten sich im Hafen von Haifa kennen, wollten ohne den anderen nicht sein und starben, wenige Monate getrennt, in ihrem neunzigsten Jahr. Seit der Kindheit liebte ich die beiden, ihre Heiterkeit und das Glück, das sie miteinander teilten. Immer wieder kroch ich bei ihnen unter, als sie schon lange in London lebten. Würde ich heute mit der Northern Line bis Brent Cross fahren, fände ich ohne Zögern das kleine Reihenhaus in der Haslemere Avenue. Die helle Stimme, mit der sich Miriam am Telefon meldete – two-o-two-double nine-one-nine –, habe ich immer noch im Ohr. Im April 2006 flog ich nach Dallas, wohin sie und Sam ihrem jüngeren Sohn Danny gefolgt waren, um mit ihnen in ihr Leben zu reisen.

Schmuël: »Miriam ist in Haifa von Bord gegangen, gemeinsam mit sechzig Burschen und Mädchen. Ich habe auf die Gruppe gewartet. Als ich sie sah, sagte ich zu meinem Freund, der neben mir stand: Schau dir dieses Mädel an, sie schaut einfach schrecklich aus.«

Miriam: »Das war im März 1939, noch im Winter. Die Fahrt von Triest war furchtbar gewesen. Eine Woche Sturm. Das Schiff

Mit Tante Miriam, 1996

schaukelte die ganze Reise wild hin und her, ich wurde seekrank und habe eine Woche lang weder essen noch schlafen können.«

Schmuël: »Sie war grau und eingefallen im Gesicht und konnte sich kaum auf den Beinen halten.«

Miriam: »Wir zogen nach Kfar Vitkin, nahe Netanja. Die primitiven Steinhäuser waren in den Sand gestellt, die Gegend eine Steinwüste. Später gingen wir in den Negev, nach Beer Tuvia, und nachher in vier weitere Moschaws. In Kfar Vitkin haben wir in einem zweistöckigen Haus gewohnt. Jeder Stock hatte fünf Zimmer.«

»Wie groß war eure Gruppe?«

»Dreißig Burschen und Mädchen, alle zwischen fünfzehn und achtzehn. Schmuël hat die Gruppe angeführt. In einer Baracke wurde gekocht und an einem langen Tisch gegessen. Keiner von uns hatte eine Ahnung von Landwirtschaft. Anfangs haben wir versucht, Ziegen zu halten. Die sind uns alle eingegangen oder davongelaufen. Dann haben wir Wasser hochgepumpt und Gemüsegärten angelegt.«

»In der Wüste!«

»Wir waren so jung! Wir waren eine richtige Kommune mit einer Gemeinschaftskassa. Nichts hat uns selbst gehört. Manchmal haben wir sechzehn Stunden am Tag gearbeitet. Der Plan war, nach jeweils zwei Jahren eine neue Siedlung zu gründen. Das haben wir auch gemacht.«

»Waren das Wehrdörfer?«

Schmuël: »Ja, sicher. Es kam immer wieder zu Angriffen durch arabische Freischärler. Wir haben zu den Gründern des Palmach gehört, die Elitekampfgruppe der Hagana. Das war 1941. Wir wurden von britischen Offizieren geschult, illegal natürlich. Alle haben damals gefürchtet, dass die Deutschen von Nordafrika aus in Palästina einmarschieren. Sie waren doch mit dem Mufti von Jerusalem verbündet. Die Leute waren überzeugt, dass die Nazis uns Juden sofort umbringen würden. Wir wurden für Guerillaaktionen ausgebildet, um uns wehren zu können. Davon durften die Mandatsbehörden nichts wissen.«

»Warum habt ihr euch für einen Moschaw entschieden und gegen einen Kibbutz?«

Schmuël: »Miriam wollte ein eigenes Haus haben und die Familie bei sich. Ihr gefiel das genossenschaftliche Modell besser, mir auch.«

»Ihr habt zwanzig Jahre in Israel gelebt. Immer in einem Moschaw?«

Beide: »Immer. Es war unsere beste Zeit.«

Samuel Wettreich meldete sich 1942 zur britischen Armee, einer von 30 000 Freiwilligen in Palästina, kämpfte gegen Erwin Rommel in Nordafrika, wurde nach Taranto in Apulien versetzt und ging dann zur Jüdischen Brigade. Die Jewish Brigade, ein jahrelang vom Jischuv, den jüdischen Palästinensern, betriebenes Projekt, wurde erst in den letzten Kriegsmonaten von den Briten zugelassen, um zu verhindern, dass sie als kriegsführende Nation anerkannt wurden. Seine Einheit wurde nach dem Krieg in Westeuropa eingesetzt. In Holland machte sich Schmuël auf, über das Rote Kreuz nach Überlebenden der Familien Lewin-Maimann zu suchen, die es nicht aus Europa geschafft hatten. Er fand Willi Byk und dessen Vater Karl, die Cousine Karla Jamenfeld, die in der Schweiz überlebt hatte, und die Cousine Erika Lewin, die mit einem Kindertransport nach England entkommen war. Sonst fand er niemand mehr.

1946 kehrte er nach Palästina zurück, baute drei weitere Siedlungen für Neueinwanderer auf und diente seit 1948 als Sergeant im Intelligence Corps der neuen israelischen Armee. Wenn ich an meinen schönen, sanftmütigen Onkel denke, an sein gepflegtes Wienerdeutsch und sein strahlendes Lächeln, als er im Frühjahr 1956 bei der Tür hereinkam, kann ich kaum glauben, was aus dem behüteten Bürgersohn geworden ist. Er war das Gegenteil von dem, was man sich unter einem israelischen Militär vorstellt. Zuletzt war er Abwehroffizier im Sinai-Feldzug 1956. Danach hatte Miriam genug von der ständigen Angst um ihren Mann. Der nächste Krieg kam bestimmt, und sie hatte zwei Söhne. Jerachmiël, ihr Älterer, Milik gerufen, würde bald einrücken müssen, danach sein Bruder Danny. 1959 übersiedelten die Wettreichs nach London.

Für Milik ging es nicht gut aus. Das zeichnete sich schon drei Jahre vorher ab, beim ersten Familientreffen nach dem Krieg. Wir wohnten alle bei Onkel Max und Tante Anni. Ständig gab es Ärger mit Milik. Damals war er zwölf und mit berstenden Energien ausgestattet. Er schwang sich im Garten auf die Schaukel, übte mit dem wackligen Ding den Überschlag und sprang im richtigen Moment ab, ohne dass es ihm den Schädel einschlug.

Sam und Miriam Wettreich, Anni und Max Maimann, Friedl und
Martin Maimann (v.l.n.r.), London 1973

Ich war hingerissen, aber Miriam schmiss die Nerven weg. Nach
einer Woche wurde Milik in den Flieger gesetzt und zurück
nach Tel Aviv geschickt. Er war ein ungezähmter Bursche und
im langweiligen London nicht zu bändigen.

Das haben ihm die englischen Schulen dann schnell abge-
wöhnt. Als ich ihn wiedersah, war ich vierzehn und Milik siebzehn. Ein junger attraktiver Mann, groß wie sein Vater, mit den
blauen Augen, dem gewellten Haar, den markanten Augenbrau-
en und dem ausdrucksvollen Mund seiner Mutter und Großmutter. Ich entwickelte sofort unpassende Gefühle für ihn, was
rasch bemerkt wurde, außer von ihm selbst. Er schwankte wie
ein Schilfrohr zwischen Unsicherheit und Großsprecherei, litt
an allen Martern der Emigration und fand sich in der britischen
Klassengesellschaft nicht zurecht, in der man aus dem richtigen
Stall kommen muss mit dem richtigen Akzent. Er vermisste das

von Konventionen unbeeindruckte Leben in Israel. Warum gehst du nicht nach der Schule zurück? Das kann ich nicht, sagte er. Die Armee würde mich sofort einziehen und meine Mutter ihr Leben lang um mich zittern. Das kann ich ihr nicht antun.

Milik ging wie alle Männer der Familie ins Business. Ob das sein innerer Pfad war? Die Erwartungen an ihn waren groß und sein fünf Jahre jüngerer Bruder Danny weitaus selbstsicherer und erfolgreicher als er. Milik war aus anderem Holz geschnitzt, suchend, aber wonach? Eine überstürzte Heirat. Zwei Töchter, die Ehe scheitert. Jedes Mal, wenn ich ihn über die Jahre hinweg traf, spürte ich seine Ruhelosigkeit. Dann bekam er mit knapp fünfzig eine aggressive Form von Multipler Sklerose.

Plötzlich zeigte sich, was in ihm steckte. Er stellte sich der Krankheit, klagte nie, reiste regelmäßig nach Deutschland, um als Patient an einem Forschungsprogramm teilzunehmen, er kämpfte, begrüßte jede neue Therapie, gab die Hoffnung nicht auf, auch als er bereits im Rollstuhl saß und seine Stimme am Telefon rau und ihr Sprachrhythmus verlangsamt und verzerrt war. Wenn ich in London war, besuchte ich ihn. Er verschwendete keine Energien darauf, irgendetwas zu bedauern. Wir scherzten und erzählten uns Geschichten über die Verrücktheiten, die uns das Leben zumutete. Einmal schilderte er, was in London los war, als Juri Gagarin zu Besuch kam. »Wir sind alle mit der Schule losgezogen, um einen Blick auf ihn zu werfen. Dieser Razzmatazz, als er in einer großen Limousine durch Highgate fuhr, um Karl Marx auf dem Friedhof in Highgate zu besuchen!«

Womit wir wieder im Café Gagarin angelangt sind.

Eingeklemmt in einer Kapsel an der Spitze einer riesigen Rakete, flog Juri Gagarin im April 1961 ins Weltall und umrundete einmal die Erde. Aufgewachsen in einer Kolchose, wurde er zum personifizierten Symbol der Überlegenheit des Sozialismus. Im

Westen avancierte er sofort zur Popfigur. Der Kreml erkannte seinen propagandistischen Wert und schickte ihn auf eine Welttournee. Tausende Schulkinder in selbstgemachten Kosmonauten-Outfits säumten die Straßen, als er in England eintraf. Der junge Major mit dem berückenden Lächeln sprach von dem vieltausendköpfigen Kollektiv von Wissenschaftlern und Technikern hinter ihm. »Ich bin nur einer von vielen«, sagte er. »Ohne Kollektiv ist der Einzelne nichts. Ich sehe den Tag kommen, an dem sich Amerikaner, Sowjets und Briten auf den Raumstationen treffen werden.« Tosender Applaus. Im Mai 1962 traf Gagarin in Österreich ein. Tausende Fans feierten den Künder eines neuen Zeitalters in der Wiener Stadthalle. Etliche Jugendliche aus den Parteikadern durften ihm auf der Bühne die Hand schütteln und Blumen überreichen.

Das Logo des Café Gagarin zeigt den jugendlichen Helden als Skywalker, schwebend im All, was ihm nie vergönnt war. Im März 1968 stürzte Gagarin mit einer MIG in den Tod. Er entschwand wie Major Tom, der den Kontakt zu seiner Ground Control verliert und bis heute im Universum kreist. Keiner hat die furchterregende Einsamkeit und den Mut der ersten Weltraumpioniere so eindringlich beschrieben wie David Bowie.

22

BIGGER THAN LIFE

Ich habe zehn Gebote. Die ersten neun lauten:
Du sollst nicht langweilen. Das zehnte lautet:
Du sollst das Recht haben am Endschnitt.

BILLY WILDER

Mein erster Kinobesuch endete mit einem Fiasko. Als mich meine arglose Mutter an einem winterlichen Samstag in die Altmannsdorfer Lichtspiele führte. Sie waren, was man in Wien ein Tschingbumkino nannte, und lagen um die Ecke unseres Gemeindebaus in der Breitenfurter Straße. In den beiden Schaukästen hingen die nachlässig montierten Fotos der kommenden Wildwestfilme, aber heute Nachmittag spielten sie »Bambi«.

Ein langer Schlauch mit Holzstühlen. Im Saal hing kalter Rauch, der sich vom Vorraum hereinzog, wo sich die dickliche Dame von der Kassa und der Filmvorführer unterhielten und eine Zigarette nach der anderen anbrannten. Wir saßen fast allein da und ließen die Mäntel an, weil geheizt wurde nicht. Irgendwann ging das Licht aus, und der Film lief an. Ich war sechs Jahre alt und konnte fließend lesen, aber einen Film lesen konnte ich nicht.

Die Bilder bewegten sich von links nach rechts und umgekehrt. Die Figuren kippten aus der Leinwand und tauchten wieder auf, einmal größer, einmal kleiner. Die Musik war einmal fröhlich und dann bedrohlich. Ich sitze starr da. Meine Mutter merkt, dass der Kinobesuch vielleicht keine gute Idee war, und hält fest meine Hand. Als ich anfange, die Geschichte und ihren Fortgang zu verstehen, spazieren Bambi und seine Mama über das Schneefeld, und dann rennen plötzlich beide, und man hört einen Knall, und Bambi rennt in den finsteren Wald und bleibt stehen und dreht sich um und irrt hinaus und stapft durch den Schnee und ruft verzweifelt nach seiner Mama. Ich fange an, laut zu heulen. Die Mutter bringt das schluchzende Kind und sich selbst hinaus, vorbei an der gleichmütig qualmenden Kassierin.

Draußen fallen die Flocken wie im verschneiten Bambiwald. Wir queren die Straße, daheim knistert der Ofen, der Vater liest. Mama geht in die Küche, macht Tee und Sandwiches. Sie kämpft mit den Tränen. Sie war genauso schockiert wie ich, wenn auch aus einem anderen Grund. Ihre eigene Mutter wurde 1942 nach Riga deportiert und in den umliegenden Wäldern erschossen. Ich träumte lange von Bäumen und Schneewächten, die mich nicht weiterkommen lassen, und wollte nichts mehr mit Kino zu tun haben. Bis heute gehe ich jeder exzessiven Darstellung von Gewalt aus dem Weg und mache notfalls die Augen zu. Ich falle ja wie ein Kind in jeden Film hinein.

Meine Eltern reagierten auf das Desaster mit Kinosperre. Bald darauf hatten wir einen Fernseher, aber außer Kinderprogramm durfte ich nichts sehen. Tief beeindruckt war ich von den russischen Märchenfilmen bei den Weihnachtsfeiern in Papas Büro, die meinen unterernährten Hang zum Phantastischen fütterten. Inzwischen hatte ich mich in die Kunstmärchen eingesponnen, die vom Außergewöhnlichen und Abseitigen berichten, Selma Lagerlöfs »Nils Holgersson«, Pawel Baschows »Malachitschatulle«, Wilhelm Hauff und Hans Christian Andersen. Ich entwickelte eine Passion für Tagträumereien, die ich nie abgelegt habe und mich in Variationen von eigenen und anderen Wirklichkeiten und einem anderen Leben herumwandern lässt.

Also erwarte ich vom Kino, dass es mich verzaubert und mitnimmt ins Unbekannte, Unerhörte.

Ich hatte ein Filmabonnement im gewerkschaftseigenen Porrhaus und sah »La Strada« von Fellini, De Sicas »Wunder von Mailand« und »Die Schöne und das Biest« von Jean Cocteau. In der Kindheit, sagt Cocteau, glaubt man, was einem gesagt wird, und zweifelt nichts an. So ist es. Wenn ein Film Magie erzeugt, glaube ich ihm alles. Bis heute bezwingt mich Cocteaus leidende Bestie mit ihrem demütigen Blick, der Rauch aus den Pfoten steigt, wenn sie tötet. Ich zweifle nicht, dass es wirklich solche Kandelaber aus menschlichen Armen geben könnte und weißglühende Augen, die der bezaubernden Belle folgen, als sie ihr Herz an den Löwenmann verliert. Und dass ich mich vor den marmornen Dianen in den Museen hüten muss, damit sie nicht den Kopf wenden, den Arm mit dem Bogen heben und mir einen Pfeil hinterhersenden, wenn ich einen schlimmen Gedanken hege.

Richtig los ging es mit dem Kino, als ich in die FÖJ kam. Die Wiener Stadtleitung verfügte über beste Beziehungen zu der 1949 gegründeten Verleihfirma Universal-Film. Sie gehörte bis 1955 den Sowjets und importierte die neuen französischen, italienischen, sowjetischen und lateinamerikanischen Produktionen, meistens mit DDR-Synchronisation. In den Heimlokalen stand jeden Monat zumindest ein Filmabend auf dem Programm, die Projektoren wurden mit den 16-Millimeter-Fassungen angeliefert. Ich erinnere mich an meine ersten Belmondos, »Der Panther wird gehetzt« von Claude Sautet und »Außer Atem« von Jean-Luc Godard. Die Filme des Neoverismo, »Bitterer Reis« von De Santis, »Das Dach« von De Sica. Das Heim war gesteckt voll, eine erwartungsvolle Stimmung wie später nur bei Festivals. Nie mehr sollte das Kino diese Faszination auslösen wie damals, als der Radius so klein war und nur dort diese intensiven Räusche erlebt werden konnten, das andere Ufer, die andere Zeit, die ultramarine Welt.

Am Samstagnachmittag pilgerten wir ins Meidlinger Schlosskino, ein monströser Klotz mit Kuppeldach, der zwischen abgewohnten Gründerzeithäusern emporwuchs und an die tausend Plätze hatte. Der verblichene Vorhang hob sich majestätisch, während die Lichter ausgingen und sich mit Trommeln und Trompeten die Fox Tönende Wochenschau ankündigte. Die Burschen bevorzugten Thriller, ich ging mit und entdeckte Hitchcock. »King Creole« mit dem jungen Elvis sahen wir zweimal hintereinander, und die großen Schinken »Moby Dick«, »Spartacus«und »Lawrence von Arabien« im Apollo-Kino. Die amerikanischen Spionagefilme zählten wir zur gegnerischen Propaganda. Aber James Bond und Sean Connery mochten wir, seine Selbstpersiflage, die witzigen technischen Einfälle und die grobschlächtigen russischen Agenten, und rümpften die Nase über die Hollywood-Verfilmung von Pasternaks »Doktor Schiwago«. Der Westen hatte keine Ahnung von Russland und seinen Menschen. Wir aber schon. Dachten wir.

Unser Bild von den Russen war von ihren Filmen der späten Fünfziger und frühen Sechziger geprägt. Alle thematisierten den Großen Vaterländischen Krieg. Fünfundzwanzig Millionen Tote hatte er den Russen abgefordert. Wie lange hätte das Tausendjährige Reich ohne sie gedauert? Die Geschichten über den Iwan, die kursierten, waren ekelhaft. Wir sahen die Filme des sowjetischen Tauwetters, »Die Kraniche ziehen« von Kalatosow, »Die Ballade vom Soldaten« von Tschuchrai, »Das Haus, in dem ich wohne« von Kulidschanow und »Iwans Kindheit« von Tarkowski. Wir wurden in intime Porträts von jungen Menschen hineingezogen, die auseinandergerissen werden und ihre Hoffnungen begraben.

Mitte der Sechziger sperrte das Filmmuseum auf. Ich sah die

Klassiker des russischen Films, Eisenstein, Pudowkin, Dziga Vertov. Die frühen Filme von Fritz Lang, die Marx Brothers, Ernst Lubitsch, die Filme mit Mae West und W.C. Fields, der solche Sachen sagte wie »Women are like elephants. I like to look at them, but I don't like to own one«. Wien mochte langweilig sein, aber es gab das Kino und das Filmmuseum.

Eine große Liebesgeschichte habe ich mit Marilyn Monroe. Gleich beim ersten Mal verfiel ich ihr, als das Burg-Kino wenige Tag nach ihrem Tod »Some Like it Hot« spielte. Die Komödie aller Komödien, rasant, bissig, mit subversiver Erotik aufgeladen. Sie fängt als Blutbad an und kippt in eine ausgelassene Maskerade. Tony Curtis in der Rolle seines Lebens als Josephine / Shell Oil Junior, der mit Genuss seine Verwandlung in eine Dragqueen spielte und als verklemmter Millionenerbe den Kollegen Cary Grant parodierte. Jack Lemmon, den seine Maske als Daphne an die eigene Mutter erinnerte und der nach der Tangonacht aus seiner Frauenrolle herausgerissen werden muss, eine unvergessliche Szene, die er improvisierte. Die Monroe als Sugar Cane, eine zärtlichere Mischung aus Unschuld, Schönheit, Sex, Verlorenheit, Verführung und Unterklassentrauer war nie. Dazu die Typen, die Billy Wilder aus Wien und Berlin hinübergerettet hatte, Gamaschen-Columbo und Zahnstocher-Charlie, den Inspizienten Bienstock, ein habsburgischer Beamter, den polnisch-jüdelnden Schauspieleragenten Sigi Poliakoff. Alle hatten großen Spaß während der Dreharbeiten beim Garagenmassaker, im Zug, am Strand. Und dann schmiss Marilyn im Studio jeden Take, zwanzigmal, fünfzigmal, gefesselt von Unsicherheit und Drogen. Aber sie überstrahlte letzlich alle und ironisierte listig ihr eigenes Klischee. »Wissen Sie, wir müssen an das fertige Produkt denken und Marilyn alles verzeihen«, sagte Wilder. Das Publikum stürmte die Kinos. Drei Jahre später starb Marilyn an einer Überdosis des Schlafmittels Nembutal.

Sie wollte immer als große Schauspielerin anerkannt werden und wusste nicht, dass sie eine war.

Auf Michael Curtiz' »Casablanca« musste ich lange warten, bis Mitte der Siebziger. Ein Studentenkino in der Rue Champollion, mitten im Quartier Latin, spielte den Film mit »A Night in Casablanca« von den Marx Brothers, hintereinander. Alle Vorstellungen waren eine Woche lang ausverkauft. Ich ging drei- oder viermal hin, weil ich die Dialoge zunächst kaum verstand, und wegen des Publikums, das den Film schon oft gesehen hatte. Es war wie im Höhenrausch. Mit den Scharaden der Marx Brothers hatte es ohnehin eine Liebesgeschichte, und als dann die berühmten Zitate aus »Casablanca« daherflogen, gab es Szenenapplaus. Als Victor Laszlo zu Rick sagt, »You fought the fascists in Spain«, jubelten die Leute, und bei der Marseillaise standen sie auf und sangen mit.

Man muss den Film mit einem Publikum sehen, das den Mythos dieses Films ebenso liebt wie die schnellen Dialoge und Schnitte. Ein flott heruntergedrehtes Kunstwerk über Nazis, Widerständler und geflüchtete Juden, alle von europäischen Emigranten gespielt. »Casablanca« ist der Inbegriff von Kino, hat Umberto Eco einmal gesagt, Gesinnungskino von 1942, um die Amerikaner zu überzeugen, dass der Krieg gegen die Nazis eine gerechte Sache war. Bogart, der Ingrid Bergman nicht ausstehen konnte, wunderte sich, dass ausgerechnet dieser Schnellschuss ihn zum Superstar machte. »Kaum sieht Ingrid Bergman einen Mann an«, kommentierte er, »hat er auf einmal Sex-Appeal.«

»Ich weiß nicht, was in fünfzig Jahren von mir geblieben sein wird«, sagte Jean-Pierre Melville. »Vermutlich werden alle meine Filme ziemlich altmodisch aussehen, und sicher wird das Kino nicht mehr existieren. Ich schätze, es wird im Jahr 2020 verschwunden sein, und es wird nur noch das Fernsehen geben.« Melville war ein großer Regisseur, ein Prophet war er nicht.

23

STÖRENFRIED

There is fiction in the space between
The lines on your page of memories
Write it down, but it does not mean
You're not telling stories.

TRACY CHAPMAN, TELLING STORIES

Am 8. Mai 1986, dem Christi-Himmelfahrts-Tag, fuhren Erich Fried und ich nach Wörschach ins Ennstal, um gemeinsam über das Thema »Heimat« aufzutreten. Organisiert wurde der Abend von der Steirischen Kulturinitiative, die etwas frischen Wind in die weltabgeschiedenen Gemeinden bringen wollte. Fried hatte ohne weiteres zugesagt. Ich zögerte. Im Gegensatz zu ihm neigte ich wenig zu provokanten Auftritten. Es herrschte nämlich Sturm im Land, Waldheim-Sturm.

Es war Frühlingswetter, Feiertag, kaum Verkehr. Erich schaute animiert auf die Gebirgslandschaft und die Menschen im Sonntagsgewand, die sich vor den Wirtshäusern zu geselligen Runden versammelten. »Sehr viel schöner kann eine Ortschaft gar nicht gelegen sein, und schon während der Hinfahrt war ich vor Heimatgefühlen fast überwältigt«, schrieb er kurz darauf. »Die Hymne der ersten österreichischen Republik fiel mir ein, die ich als Kind gelernt hatte.« Der Verfasser, Ottokar Kernstock, war ein geistlicher Herr und rabiater Deutschnationaler. Sein Text ging so: »Sei gesegnet ohne Ende / Heimaterde wunderhold! / Freundlich schmücken dein Gelände / Tannengrün und Ährengold. / Deutsche Arbeit, ernst und ehrlich / Deutsche Liebe, zart und weich / Vaterland, wie bist du herrlich / Gott mit dir, mein Österreich.« Diese Hymne herrschte von 1929 bis 1938. Davor war die schöne Kaiserhymne von Joseph Haydn den Deutschen überlassen worden. Erich und ich waren uns einig, dass sie uns viel besser gefiel. Ein bisschen umtexten hätte nicht geschadet. Einem Dichter wie ihm wäre schon was eingefallen.

Ich kannte Erich Fried seit 1972. Der kleingewachsene Mann mit dem mächtigen Kopf, dem graumelierten, dichten Haarschopf und den eindringlichen Augen löste einen enormen Magnetismus aus. Seine Auftritte standen im Zeichen der neuen Widerstandskultur. Immer kam er in einem abgetragenen, grauen Anzug, darunter ein schwarzes Shirt, darüber eine Umhängetasche und in der Hand sein Gehstock, weil er seit der Kindheit an einer schweren Bewegungsstörung litt. Er war eine auffallende Erscheinung, wenn er auf ein Podium kletterte und seine Gedichte las, langsam und bedeutungsvoll, in schönstem Hochdeutsch mit leichtem Wiener Zungenschlag. Mit seinem bestrickenden Bass schlug er die Leute in Bann. In England war Fried dagegen kaum bekannt. Er dachte und schrieb auf Deutsch, nur daheim, am Familientisch, sprach er Englisch. Obwohl er seit Jahrzehnten in London gelebt und alle Stücke Shakespeares übersetzt hatte, hörte man seinem Englisch an, woher er kam.

Als ich ihm vorgestellt wurde, im Dokumentationsarchiv des österreichischen Widerstandes, fragte er: »Bist du die Tochter von Max oder von Martin?« »Von Martin«, sagte ich überrascht. »Woher kennen Sie meinen Onkel Max?« »Noch aus Wien. Ich hatte einen guten Freund in Wien, Willi Byk.« Onkel Willi! »Willi und ich waren in derselben Klasse, im Wasagymnasium.

Wir sind doch per du? Ich bin am Alsergrund aufgewachsen, auf der feineren Seite der Friedensbrücke. Max und Martin auf der weniger feinen, in der Brigittenau.« Er redete sich in Schwung. »Willi war ein Cousin deines Vaters. Max war auch zwei Jahre im Gymnasium, dann nahm ihn seine Mutter heraus, weil sie sich das Schulgeld nicht mehr leisten konnte. Sie war eine Schwester von Willis Mutter, nicht wahr?« Ich staunte. Woher wusste er so gut Bescheid? »Wie geht es Martin?« »Gut«. »Und – Willi?« Das hieß – ist er noch unter uns? »Er ist vor einiger Zeit mit seiner Familie von Paris nach Jerusalem gezogen«, sagte ich. Fried nickte, lächelte freundlich. »Ich muss jetzt gehen«, sagte er und zog aus seinem Palmers-Sackerl ein neues, weißes Hemd heraus. »Ich muss mich noch umziehen, in einer Stunde kriege ich einen Preis. Einen Staatspreis! Für Literatur!«

An diesem Nachmittag erhielt er den ersten seiner vielen Preise, die ihm in Wien verliehen wurden. Wir tauschten unsere Telefonnummern aus, kurz darauf besuchte ich ihn in London. Hin und wieder rief er an, wenn er in Wien war. Wir trafen uns im Kaffeehaus und zwei- oder dreimal in seinem chaotischen Arbeitszimmer in der Dartmouth Road. Er war ein vielfarbig erzählender Jugendfreund meines Vaters mit einem bilderreichen Gedächtnis. Fried erzählte vom Austrian Centre in Paddington, dem Klubhaus, vom Young Austria, das die jungen Flüchtlinge aus der Vereinsamung holte, von der Bibliothek, in der er arbeitete, der Kleinkunstbühne Laterndl, für das er kleine Stücke schrieb, dem Restaurant, das ihn täglich mit einem warmen Essen versorgte. Er hat dort Freunde gefunden und sein erstes Publikum und schrieb unentwegt Briefe an verschiedene Schriftsteller, zu denen er sich bereits zählte, an Hermynia Zur Mühlen, Theodor Kramer, Elias Canetti, Hilde Spiel und den Maler Georg Eisler, mit dem ihn eine lebenslange Freundschaft verband.

Noch als Schüler in Wien hatte Fried beschlossen, ein deutscher Dichter zu werden. Er setzte diesen Plan mit großer Energie um. Als ich ihm, etwas boshaft und lauernd, wie er darauf reagiert, das Lied »Wir stürmen das Land« vorsang, in dem es heißt: »Es streichen die Nebel fahl übers Meer / Hart weht vom Festland der Wind / Er trägt uns die Tränen von drüben her / Er ruft uns in Waffen zurück übers Meer / In das Land, das zu atmen beginnt«, fragte er überrascht: »Woher kennst du das?« »Vom FÖJ-Chor, dort habe ich das gelernt. Der Text ist von dir.« »Das war eine Auftragsarbeit für Young Austria«, erklärte Erich, fast entschuldigend, dass er einen solchen Schmarrn geschrieben hat. »Wir haben damals alle geglaubt, dass die Leute daheim darauf warten, dass wir Emigranten als Befreier kommen.«

Fried erhielt im kommunistischen Jugendverband sein marxistisches Rüstzeug. Auch als er sich nach dem Krieg abzuwenden begann, blieb er von ihm geprägt. »Was uns ideologisch beigebracht wurde«, erzählte er, »war in vieler Hinsicht durch Engstirnigkeit und Oberflächlichkeit ausgezeichnet. Jede neue Linie Moskaus wurde mit großer Disziplin vollzogen. Aber ich habe dort einiges gelernt, zum Beispiel debattieren, Leute überzeugen.« Er hat keine Ode an Stalin geschrieben und keine an die Partei, das war damals schon sehr viel. Dass er sich nicht vereinnahmen ließ, wurde ihm nachgesehen, »weil man glaubte, ich werde noch als Dichter nach dem Krieg nützlich sein«.

Das war ein Irrtum. Fried blieb im liberalen England, als er mitbekam, dass jemand wie er im neuen Österreich keineswegs erwünscht war. Er bekam einen Job beim deutschen Programm der BBC, seinem ersten Sprungbrett zurück in den geliebten Sprachraum. Seine politische Prägung spielte er herunter, Nähe zum Kommunismus war im britischen Journalismus nicht opportun. Den ersten literarischen Versuchen folgte die Einladung zur Gruppe 47, dem wichtigsten Treffen der deutschsprachigen Schriftsteller. 1968 verließ Fried die BBC und wandte sich dem studentenbewegten Berlin zu.

Berlin war der richtige Boden für einen Neubeginn. Hier fand er in Klaus Wagenbach seinen Verleger, ein aufgewühltes kulturelles Klima und eine junge Zuhörerschaft. Fried hatte gern viele Leute um sich, die ihm zuhörten. Er machte sein Leben öffentlich, auch das Privateste. Damit war er auf der Höhe der Zeit. Seine Gedichte waren, im Gegensatz zur elitären Grammatik des linken Diskurses, leicht zu verstehen. Da erschien ein Jude auf der politischen Bühne, dessen Vater von der Gestapo umgebracht worden war und die Großmutter ins Gas geschickt, der keine Ressentiments gegen die Kinder der Nazis äußerte, dafür aber harte Kritik an den herrschenden Zuständen. Wenn er sagte: »Ich, als Jude«, dann verstand sein Publikum: Ich als Jude bin einer von euch.

Von den Rechten erhielt er den Rufnahmen StörenFried, was er als Auszeichnung nahm. Ein lautstarker Einmischer, der gegen die westdeutsche Polizeigewalt schrieb, gegen den Vietnamkrieg und für die bedenkenlose Liebe. »Es ist, was es ist, / sagt die Liebe.« Und: »Die Gewalt fängt nicht an / wenn einer einen erwürgt / Sie fängt an / wenn einer sagt: / Ich liebe dich / Du gehörst mir!« Das klang befreiend nach den öden fünfziger Jahren. Fried hat von Einengungen nichts gehalten, ob in der Ehe oder außerhalb. Das war, frei nach Brecht, wie der Kommunismus das Einfache, das schwer zu machen ist.

Mir gefielen die Texte, weniger die Lyrik, mehr die Prosa, auch wenn ich die Schilderungen der Bravourstücke seiner Kindheit und Jugend anzweifelte. Seinen öffentlichen Auftritt als Sechsjähriger gegen den Wiener Polizeipräsidenten Johann Schober, der 1927 gegen die aufständischen Sozialisten das Feuer eröffnen ließ. Sein kurioses Visabeschaffungsprogramm als

Siebzehnjähriger in London, das, wie er behauptete, mehr als zwanzig Menschen das Leben rettete. Seine Geldbeschaffungsaktion zum selben Zweck, als er in verlassene Häuser einstieg, um Bleirohre herauszureißen und zu verkaufen – er, der sich schon damals nur mühsam fortbewegen konnte. Er war ein Fabulierer, was seine frühen Jahre anlangte, die er gekonnt in einen Mythos verwandelte.

Der Anklang, den seine Gedichte fanden, überraschte mich. Das war Orientierung in einfache, schwingende Sprache gegossen. Ich hörte sie seit meiner Kindheit, ehernes Parteiparlando. Bei Fried klang es nur weniger tönern, weniger Ausrufezeichen, mehr Fragen als Antworten. Ein Welterklärer, ein Kommunist ohne Parteibuch. Er sprach davon, dass es keine Kollektivschuld gibt. Dass es zwischen den Menschen um Verstehen geht. Dass es gilt, gegen den Krieg aufzustehen, Solidarität mit den Unterdrückten zu üben. Er genoss seine Rolle als Leuchtturm. In späteren Jahren wurde er so etwas wie ein linker Guru.

Meine heiße Verehrung galt damals Wolf Biermann, der in Ostberlin gegen die Betonierer der DDR anschrieb und ansang. Trotz Schikanen, Auftrittsverbot und ständiger Überwachung war er schlau genug, sich die Stasi vom Hals zu halten, bis er 1976 ausgebürgert wurde. Biermann war ein Moralist, ein Aufklärer und Poet wie Fried, aber weder gefühlig noch plakativ. Ich liebte seinen Sprachwitz und den Scharfsinn seiner Gedichte und Lieder. Er saß in seinem Wohnzimmer in der Chausseestraße vor einem eingeschmuggelten Tonbandgerät, ein Balladensänger vor unsichtbarem Publikum. Biermann war jünger, angriffiger, politischer. Fried hielt sich mit seiner Kritik an den kommunistischen Regimen zurück.

Wir hatten verstörende Meinungsverschiedenheiten. Seine Solidarität mit der RAF, der Roten Armee Fraktion, weckte bei den meisten Westdeutschen keine freundlichen Gefühle. Bei seinem Publikum kam sie gut an, vor allem die Unterstützung für Ulrike Meinhof. Auf dem Fahndungsfoto, das in zahlreichen Wohngemeinschaften hing, schwarzgefärbtes Haar, starres, etwas aufgedunsenes Gesicht, war sie kaum wiederzuerkennen. Bis in bürgerliche Kreise wurde die tragisch gescheiterte Guerillakämpferin verehrt. Im Mai 1976, nach ihrem Selbstmord im Gefängnis, bezeichnete Fried sie als »die bedeutendste Frau der deutschen Politik seit Rosa Luxemburg«. Ich rief ihn an. »Das kannst du doch nicht ernst gemeint haben«, sagte ich. »Nenne mir eine andere«, antwortete er. Er hat den Aufruhr, auch den radikalsten, sich zu eigen gemacht. Er begab sich mitten hinein in die hitzig aufgeladenen Debatten. Dass er kurzzeitig zum populärsten deutschen Lyriker aufstieg, hatte mit seiner Herkunft und seiner Persönlichkeit zu tun. Schon sein Name war Programm. Ein Poet des Friedens und Unfriedens.

Fried lebte in England, wo Antisemitismus als schlechtes Benehmen gilt und jede politische Radikalität als unbritisch. Wie es war, neben jenen zu studieren, die dem Deutschen Reich nachtrauerten und Nazi-Speak pflegten, war ihm unbekannt. Unsere Gespräche über rechte Radikale gerieten rasch in eine Sackgasse. Ich hielt junge Nazis für ebenso gefährlich wie alte und war nicht der Meinung, dass ich ihre Motive verstehen musste. Erich glaubte zu wissen, wie Neonazis ticken. Er mutmaßte, dass sie eine verpfuschte Kindheit hinter sich hatten. Er plädierte, mit ihnen zu reden, auch wenn sie Ansichten vertraten, die er für verhängnisvoll hielt. Er erzählte über die Hitlerjungen in seiner Schulklasse, die er zum Nachdenken gebracht haben wollte. Seit damals war er überzeugt, mit seiner wärmenden Zuwendung auch Neonazis beeinflussen zu können. Darunter der Holocaustleugner Michael Kühnen, ein fanatischer Hitlerverehrer und Antisemit, der Europa vom jüdischen Ungeist befreien wollte. Fried besuchte ihn im Gefängnis und unterhielt mit ihm einen lebhaften Briefwechsel, um ihn zu bekehren, was misslang.

Fried hatte für alle Verständnis, außer für die Israelis. Er lehnte ihren Staat entschieden ab. Als bekennender Antizionist unterstützte er die israelfeindliche Haltung der deutschen Linken. Noch mehr, er feuerte sie an. Im Herbst 1974 veröffentlichte er einen Gedichtband, den er »Höre Israel« nannte. Er borgte sich den Titel vom Schma Jisroël, dem jüdischen Glaubensbekenntnis. Die jungen linken Juden in Wien, die sich für eine gerechte Lösung im Nahen Osten einsetzten, waren entsetzt. Fast dreißig Jahre später, 2001, griff Doron Rabinovici diese Schmähschrift bei einem Symposium scharf an: »Dieses Buch ist ein Kompendium aller gesammelten Vorurteile gegen Israel, ein politisches Machwerk«, sagte er. »Es mehrte seine Bekanntheit unter Gleichaltrigen, die sich bisher weniger um ihn geschert hatten, und sie hielten uns seine Verse vor wie ein Beweismaterial unserer Schuld.« Fried setzte die Israelis mit den Nazis gleich. »Eure Sehnsucht war / Wie die anderen Völker zu werden / Die euch mordeten / Nun seid ihr geworden wie sie«, hieß es da. Er verglich die sterbenden Juden in Auschwitz mit den Palästinensern in den Flüchtlingslagern. Er rechtfertigte den Überfall eines palästinensischen Terrorkommanos auf das israelische Camp bei den Olympischen Spielen 1972 in München. Das war unerträglich.

Als ich das nächste Mal in London war, rief ich ihn an. Die Unterhaltung in seiner Küche dauerte nicht lang. Fried hielt Gewalt für legitim, wenn sie gegen ein Unrechtsregime ging, und er zählte Israel unter seiner damals sozialdemokratischen Regierung ebenso dazu wie Uganda unter Idi Amin oder Chile unter Pinochet. »Hältst du die zwei deutschen Terroristen«, fragte ich ihn, »die vor ein paar Monaten den französischen Flieger nach Entebbe entführt haben, für Widerstandskämpfer? Sie haben dort eine Selektion unter den Passagieren veranstaltet, wie auf der Rampe in Auschwitz! Sie haben gedroht, die Juden unter ihnen zu erschießen, einen nach dem anderen, Kinder, Frauen und Männer ohne Unterschied, wenn ihre Forderungen nach der Freilassung ihrer Gefangenen nicht erfüllt werden. Sie hatten eine lange Namensliste bei sich, darunter die RAF in Stammheim. Ich habe die zwei für Faschisten gehalten!« Er war empört. »Bist du vielleicht für diese Kommandoaktion der Israelis gewesen?« »Klar«, sagte ich, »die ganze Welt hat gezittert, wie das ausgeht!« Zwischen Fried und mir kam es zum Bruch.

Jahrelang herrschte Funkstille. Eines Abends rief er an und bat um ein Treffen. Er war in schlechter Verfassung. Eine junge Frau, schön und schweigsam, brachte ihn zu einem Café am Naschmarkt, begleitete Fried »in der letzten Zeit vor meinem Tod«. Ich redete nicht viel, hörte zu. Die präzisen Beschreibungen seiner Krankheit, mit denen er mich überfiel, der Krebs, der an ihm fraß, die Strategien, seiner Angst zu begegnen, verursachen mir heute noch Pein, wenn ich daran denke.

Jetzt also waren wir in Wörschach. Ich machte mich auf einen turbulenten Abend gefasst. Fünf Tage zuvor hatte Kurt Waldheim den ersten Durchgang der Präsidentschaftswahlen klar für sich entschieden. Seit Monaten tobte der Streit. Überall standen die Plakatständer mit »Wir Österreicher wählen, wen wir wollen!«. Rote Schrift auf Gelb, Judensterngelb. Eine deutliche Botschaft an den Jüdischen Weltkongress, der von New York aus gegen den ehemaligen UNO-Generalsekretär eine heftige Kampagne führte.

Im Gasthof Lemmerer, wo die Veranstaltung stattfand, beugte sich Erich über eine Zeitung mit den lokalen Wahlergebnissen. »Waldheim hat hier 85 Prozent eingefahren«, verkündete er finster. »Das kann ja heiter werden.« Ich ging aufs Zimmer und bearbeitete mein Manuskript, kürzte es, spitzte es zu. Feig sein war jetzt keine Option. Unten kamen die ersten Gäste und bestellten sich ein Krügel Bier. Vielleicht erwarteten sie, dass wir singen oder etwas Erbauliches vortragen. Es war Feiertag, und wenn Heimat auf dem Programm stand, musste wohl auch Heimat drin sein.

Als ich hinunterkam, war der Saal fast voll. Ältere Leute, kaum junge. Sie sahen uns neugierig an. Ich spürte, wie Erich sich spannte. Sie wussten nichts über uns und wir nichts über sie. Ich war zuerst dran und packte den Stier an den Hörnern.

»Das Wort Heimat und seine Vieldeutigkeit«, begann ich, »gibt es nur in der deutschen Sprache. Da haben wir schon das Dilemma. Weil: Ziehst du deine Wurzeln heraus, und noch schlimmer, musst du sie herausreißen, und nimmst nicht einen großen Sack mit, in dem alles steckt, was du brauchst, Freunde, die neue Sprache, Arbeit, ein Zuhause und etwas Geld, dann bleibst du ein Fremder.« Das Publikum begann mit den Füßen zu scharren und miteinander zu flüstern. Ich schaute zu Erich, er nickte mir aufmunternd zu.

Ich hatte einiges über Blut-und-Boden-Romantik in meinem Papier stehen, das ließ ich vorsichtshalber aus. »Heimat kann auch tragisch enden«, machte ich weiter. »Viele Österreicher, die zur Flucht gezwungen wurden, haben sich erst im letzten Moment von ihr losreißen können, oft unter Lebensgefahr. Als der Krieg vorbei war, gab es kein Zurück mehr. Die Heimat war fremd geworden, und wer zurückkehrte, war unerwünscht.« Leise Pfiffe. Einige Ungeduldige meldeten sich. Was interessiert uns das, das hat doch nichts mit uns zu tun! Erich rief: »Ausreden lassen!«

»Ich bin in Wien geboren und aufgewachsen«, sagte ich und kam mir sehr tapfer vor, »aber jetzt sagt man mir, dass ich nicht dazugehöre. Der Hass auf die Juden mag heute eine zivilisierte

Hyäne sein. Aber es wird gegen uns gehetzt. Man nennt uns ehrlose Gesellen, weil wir an der Fassade eines Kandidaten kratzen, der als Wehrmachtsoffizier auf dem Balkan und in Griechenland eingesetzt war und nichts von den Gemetzeln mitbekommen haben will.«

Gezeter, Geschrei. Die Ersten standen auf und gingen. Ich saß da wie betäubt. Mir fiel Bruno Kreisky ein. »Wenn endlich einmal Gras über die Sache gewachsen ist«, soll er gesagt haben, »dann kommt so ein Kamel daher und frisst es wieder weg.« Ich war offenbar auch so ein Kamel. Wer war bloß auf die Idee gekommen, ausgerechnet uns in Wörschach über Heimat reden zu lassen?

Dann wachte ich auf. Fried hatte das Ruder übernommen. »Ich bin ein Wiener Jud und lass mir nicht den Mund verbieten«, donnerte er. Ich war ihm dankbar, ich wusste gar nicht, dass er auch brüllen konnte. Dann stimmte er einen versöhnlicheren Ton an. Er ließ das Reizthema Waldheim draußen und versuchte, Heimat als freizügiges, pluralistisches und tolerantes Konzept zu bewerben. Vergebens. Bis auf einige vernünftige Wortmeldungen erntete er zähes Aneinander-Vorbeireden.

Fried fühlte sich an seine Jugend erinnert. »Worte wie Bodenständigkeit, Blut und Boden, mit der Scholle verwachsen schwirrten durch die Luft und schwirren, wie ich bei der Diskussion im Ennstal feststellen konnte, immer noch«, schrieb er über diesen Abend. »Aber was mich noch mehr stutzen machte, waren nicht diese abgebrauchten Worte, sondern engherzigstes Hinterwäldlertum, das den Heimatbegriff so sehr einengte, dass schon der aus dem Nachbardorf zugereiste Ansiedler ein misstrauisch beäugter Fremder war, der höchstens dann gnädig geduldet wurde, wenn er sich sklavisch an sämtliche Ortssitten anpasste.«

Wir hatten ein schweigsames Frühstück. Erich war niedergeschlagen. Drei Tage später wurde ihm im Wiener Konzerthaus abermals ein Staatspreis verliehen. Bruno Kreisky hielt die Laudatio. »Ich weiß um die Bedeutung der Lyrik für die, die eine ehrliche Politik machen wollen«, sagte er, stieg langsam von der Bühne herunter, umarmte Fried liebevoll und küsste ihn auf die Wange. Frenetischer Beifall. Fried war gerührt, er befand sich wieder auf sicherem Terrain.

Er erlebte noch, wie der Wahlsieg Waldheims das Land in eine schwere Krise führte. Der neue Bundespräsident erhielt Einreiseverbot in die USA. Die westeuropäischen Staatskanzleien mieden ihn. Vom Vorwurf, ein Kriegsverbrecher zu sein, sprach ihn ein internationales Tribunal zwar frei. Das holte ihn aber nicht aus der außenpolitischen Isolation. Kurt Waldheim zog im Juni 1991 die Konsequenzen und schloss eine zweite Amtsperiode aus.

An der folgenschweren Diskussion über die bleierne Zeit hat sich Fried nicht mehr beteiligt. In seinem letzten Buch, »Mitunter sogar Lachen«, waren alte und neue Essays versammelt, grimmige und zärtliche, zwischen Fiktion und Wirklichkeit. Darunter auch eine Geschichte über meinen Onkel Willi Byk, der sich gut an den »außerordentlich begabten und phantasievollen Erich«, nicht aber an die Story selbst erinnern konnte.

Fried und ich haben uns nicht mehr wiedergesehen. Er starb im November 1988 auf einer Lesereise, ein Jahr, bevor in seinem geliebten Berlin die Mauer fiel.

24

DER SINGERL

Wer niemals Kommunarde war in seiner Jugendzeit,
der hat zu wenig Phantasie, zu wenig Herz im Leib.

ARIK BRAUER, KOMMUNE, ACH KOMMUNE

Wir saßen beim Abendessen, als mein Vater sagte: »Übrigens, der Singerl ist wieder in Wien.« Wer? »Der Singerl. Erich Brauer. Er scheint ein großer Maler geworden zu sein. Jetzt nennt er sich Arik, aber für uns war er immer der Singerl, weil er so eine hohe Stimme hatte und wie ein Vogel sang.«

Das war das Stichwort, das ich Brauer ein halbes Leben später per Telefon zuwarf, als ich zum zweiten Mal probierte, ihn für einen Film über seine Jugend zu begeistern. Der erste Versuch war gescheitert. Es ging um sein Überleben als U-Boot. Er lehnte ab. »So viele Leut sind jahrelang in einem Kasten gesessen oder in einem Kellerloch. Da werd ich mich nicht wichtig machen.« Und auch jetzt hatte ich Pech. Singerl? »Ich habe gehört, dass Sie in der kommunistischen Jugend ein großer Star waren, gleich nach dem Krieg. Der Singerl, erzählt man, war berühmt dafür, dass er überall mit seinen Herrgottsschlapfen und seiner Gitarre auftauchte und politische Singstücke schrieb. Eins hieß die ›Schmieroper‹.« Falscher Einstieg.

Das dritte Mal sprach ich ihn auf einer Vernissage an. »Schaun S'«, sagte er, »das ist ja schon oft gemacht worden. Brauer geht durch sein Haus, durch die Wüste, springt ins Meer, nimmt die Gitarre, singt was, das eh alle kennen, feiert mit der Familie den Schabbat, das ist mir schon sehr fad.« Aber ich habe was ganz anderes vor, sagte ich matt. Ich möchte nicht einen Film *über* Sie machen, sondern *mit* Ihnen. Ihre Kinderjahre! Sind Sie wirklich mit dem Radl nach Afrika …« Er tätschelte mir sanft die Wange und schüttelte lächelnd den Kopf.

Dreimal hat er mich also weggeschickt. Dann, nach der Premiere meines Films über Bruno Kreisky im Gartenbaukino, fiel er mir um den Hals und rief: »Und wann machen wir unseren Film?« Jetzt hatte ich ihn!

Zwei Wochen später war er bereit, bei einem Kurzfilm über den jüdischen Witz mitzumachen. Das war nicht unbedingt seine favorisierte Rolle, mit drei weiteren Routiniers zu wetteifern. Aber er nahm es als Probeaufnahme für »unseren Film« (damit hatte er recht) und war brillant. Holte sich die Bälle, warf eigene, erzählte, spielte herrliche Geschichten und sang zum Schluss noch zur Gitarre. Ohne Bühne, Publikum und Applaus war der Singerl kein ganzer Mensch.

Arik Brauer schrieb und sang im Wiener Dialekt, »weil das die Sprache der Arbeiterklasse ist, voll von der Poesie der Straße«. Er fing damit nicht erst mit vierzig an, sondern mit zwanzig. Als mein Vater Brauers erste Platte mit nach Hause brachte, deren Lieder zu Gassenhauern wurden, kommentierte er, »man hört, wo der Singerl herkommt«. Und jetzt machten wir unseren Film. Brauer, geboren 1929, öffnete mir mit seinen Erzählungen eine Tür zu meinem eigenen Vater. Die Welt der armen Leute in der Brigittenau, wo er aufgewachsen ist, war nicht viel anders als Ariks Welt in Ottakring.

Ariks Vater, Simche Segal, geboren in Wilna, kam mit einem gefälschten Pass nach Wien, lautend auf Simon Brauer. Ein sanfter, nachdenklicher Mann, ein orthopädischer Schuhmacher, der Schubert und die deutsche Literatur liebt und sich dem Austromarxismus zuwendet. Was ihn daran anzieht, ist die Vision einer neuen Gesellschaft, gebaut auf Vernunft, Bildung und Gerechtigkeit. Gerechtigkeit. Darum geht es im Judentum. Ein gerechtes Leben führen. Simon hat sich vom Talmud gelöst, aber nicht von der Tradition. Ein Gerechter zu werden bleibt sein tiefstes Anliegen. Er schickt den Sohn zum Religionsunterricht, wo ihm einiges über jüdische Sozialethik eingeimpft wird.

Dass die Welt kein Ort der Gerechtigkeit ist, wurde uns beiden in den Kinderjahren beigebracht. »Dein Lied ›Köpferl in Sand‹ ist ein Aufruf zur Weltrevolution«, scherzte ich einmal. Er lachte, dachte nach. So steht es geschrieben, sagte er schließlich. Und zitierte Jesaja: »Deine Gerechtigkeit wird vor dir herziehen, die Herrlichkeit des Herrn wird deine Nachhut sein.« Ich staunte. Aber er war noch nicht fertig. »Ausgerechnet die Eintagsfliege Mensch hat etwas erfunden, was in der Natur nicht vorgesehen ist: Gerechtigkeit. Sie kommt allerdings nur ansatzweise vor. Aber man kann sie sich vorstellen und eine heiße Sehnsucht nach ihr nähren.«

Brauer hat scharfkantige Zeichnungen hinterlassen, in denen er sich ausmalte, was nach dem Jüngsten Gericht, an das er nicht glaubte, den Ungerechten in aller Ewigkeit widerfährt, den Kriegsverbrechern, Judenhassern, Folterknechten, Schändern und Frauenvergewaltigern. Dazu schrieb er kleine Verse: »Bitter ergeht es den Antisemiten / Sie werden geschmückt mit gelben Sternen / Mit Mazzes gefüttert und beschnitten / Und müssen den Talmud auswendig lernen.« Oder: »Jene, die mit Feuereifer / Kinderpornos machen / Müssen durch den Eierschleifer / das ist nicht zum Lachen.«

Seine Mutter Hermine Sekirnjak, hochmusikalisch und mit einer schönen Altstimme, war eine Gerechte, erzählte Arik, obwohl sie weder Lohn noch Strafe im Jenseits erwartete. Wären alle wie sie gewesen, bräuchte die Welt keine Schlösser an den

Dreharbeiten mit Arik Brauer, 2012

Türen, keine Polizei und keine Gerichte, kein Militär und kein Geld. Ihren Mann lernte Hermine bei einem Literaturkurs der Volkshochschule Ottakring kennen. Das Rote Wien ist die Heimat, der Sozialismus die Hoffnung der Brauers.

Die Familie lebt am Ludo-Hartmann-Platz 4, vom Keller bis zum Dach dicht bewohnt. Zimmer-Küche, Klo und Wasser am Gang. Das Zimmer beherrscht ein Stutzflügel, es wird viel musiziert und gesungen. Die Eltern und die zwei Jahre ältere Schwester Lena schlafen auf Klappbetten, Erich in der Küche auf der Kohlenkiste. Den wöchentlichen Speiseplan konnte er immer noch hersagen: Erdäpfelgulasch, Einbrennsuppe mit Brot, Spinat mit Eierspeis, Reisauflauf, Knödel mit Kraut, Mohnnudeln, und als Höhepunkt am Donnerstag Fleischlaberln, »mit eingeweichtem Schwarzbrot vermischt«. Er schnalzte mit der Zunge.

Das größte Problem ist das Ungeziefer. »Die Kinder hatten alle Läuse, und in den Wohnungen waren Wanzen. Und nicht nur hie und da eine, sondern – Wanzen.« Ihre Heerscharen, gegen die Hermine wilde Treibjagden veranstaltet, immer vergeblich, sind in allen Zinskasernen gefürchtet. Wenn die Wanzen Junge bekamen, konnten sie sich über Nacht explosionsartig vermehren, erzählte Lena Brauer. Sie schüttelte sich vor Ekel. »Einmal bin ich aufgewacht, und die Bettdecke war voll von hunderten hungrigen Biestern. Sie haben sich von oben herunterfallen lassen.« Das erinnerte mich an den Schrecken von Papa, als ich von daheim auszog und er mein neues Schreibquartier in einer Döblinger Ecke besichtigte. Ein indisches Klo, jenseits des Ganges. Papa hatte für diesen Witz nichts übrig. Der Mief zog sich durch das ganze Stiegenhaus. Er schaute misstrauisch hinauf zum Plafond und in die Risse der Wände. Am liebsten hätte er dich sofort wieder mitgenommen, sagte mir Mama nachher am Telefon.

Ein Jahr lang bin ich zu Brauer gepilgert, unter anderem, um herauszufinden, was es mit den Herrschaften auf sich hatte, die seine Lieder bevölkerten. Keine Frage, dass sie zum Quell seiner Kreativität geworden sind. Der »Surmi Sui«, sein ekelhafter Volksschullehrer, ein illegaler Nazi. Der »Rostige« oder, wie man in Wien sagt, der Rotschädlerte mit seinen Gugerschecken, der noch dazu Brillen trug, der arme Wicht, und bis aufs Blut sekkiert wurde, Brauer-Burli vorneweg. Der »Spiritus« in der Kellerwohnung, ein einbeiniger Säufer, der darauf wartete, dass der Hitler kommt und er dann als unheilbarer Alkoholiker die Giftspritze erhielt. Die »Spinnerin«, halbverrückt und widerständig, die im dritten Stock ein fensterloses Loch bewohnte. Sie litt unter Inkontinenz und stank bestialisch, wenn sie ihre vier Meerschweinchen im Kinderwagen spazieren führte. Ihr im Stiegenhaus zu begegnen galt unter den Kindern als Mutprobe. Sie legte sich mit jedem an, auch mit den Nazis, wurde verhaftet und kam fast verhungert, aber mit hocherhobenem Kopf aus dem

KZ Ravensbrück zurück. Das »Froschermandl«, ein Roma, der einen lebendigen Frosch mit einer Flasche Wasser hinunterschluckte und in einem regenbogenfarbenen Schwall wieder an die Luft beförderte und über den Brauer eines seiner zärtlichsten Lieder gesungen hat. Im Frühjahr 2012, kurz vor den Dreharbeiten, bat ich ihn, diese Kindheitsfiguren zu malen. Er fuhr über Pessach nach Israel und kam mit einer Bildermappe zurück.

Die wichtigste Figur seiner Kindheit ist der Chef einer Bubenbande mit dem ausgefallenen Namen Simsanreut, der den vielseitigen Erich schätzt (»Brauer-Burli, zeichne den Greißler Stanglmeier mit offenem Hosentürl!« – »Brauer-Burli, sing Bananen-Zitronen!«). Erich wird sein privilegierter Sklave, denn die Kleinen sind die Sklaven der Großen. Das bewahrt ihn vor diversen grausamen Foltermethoden: Kanalzuzeln (das Opfer wird mit dem Gesicht an ein Kanalgitter gebunden und angepinkelt). Hartnussen (um den Kopf wird ein Draht gebunden und mit einem Nagel zugedreht). Frischwickeln (Brennnesseln werden in die Unterhose gestopft). Brauer, der schnellste Renner, wird als Stänkerer ausgeschickt, um die Buben im nahegelegenen Märzpark herauszufordern, »grässliche Ungeheuer mit messerscharfen Fingernägeln und im Wind fliegenden, meterlangen Rotzglocken«. Gekämpft wird mit Riemen und Fahrradketten, allerdings nur so lange, bis die Polizei auftaucht.

Brauers innige Beziehung zur proletarischen Vorstadt entsprang seiner Nostalgie nach dem Gewoge auf der Gasse. Nach den Gerüchten, die dort kolportiert wurden. Nach Geschichten wie die über den Kistenschani, einem verwahrlosten Strotter, der im Park in einer Streusandkiste lebte, im Alkohol versank und langsam im Dreck verkrustete, und der Tochter des Kohlenhändlers, »die grad erblüht ist zum jungen Weib. Und die hat mit ihrem Weiberblick durch die Krusten durchg'schaut und g'sehn, dass des eigentlich a junger fescher Kerl is. Und is immer in den Park und hat sich hing'setzt und mit ihm a bissl geplappert. Eines Tages kommt sie ins Haus mit ana bluatigen Unterhosn«, er hebt den Arm und dreht die Hand, als schwenke er einen Fetzen, »und schreit und waant. Ihre Mutter rennt owe und macht an Bahö, alles stürzt zum Fenster und horcht, wos is da los? Sie schreit: Der Kistenschani hat mei Tochter pudert! Der Kohlenhändler, a dreiteiliger Kasten von an Mann, holt eine riesige Axt«, seine Hände zeigen einen guten Meter, »so ein Mordstrumm von Axt, marschiert in den Park, alles hintennach. Kaner is auf die Idee kommen, man könnt vielleicht die Polizei holen, alle haben sich dacht, der derschlogt den jetzt, des schau ma sich do an, net?« Brauers Augen funkeln. »Und i kräu auf an Bam und hab g'sehn, was los is. Der Kohlenhändler reißt den Deckel von der Kiste auf, drin sitzt der Kistenschani mit kreisrunden Augen und erwartet den Tod! Der Alte hebt den Arm und prackt – aufs Holz, mit Absicht. Happy End. Der Kistenschani hat aufghört zu trinken, is sauber wurn, den hast nicht mehr derkennt! Hat dann a Oabeit gfunden, als Straßensänger.«

Solche Geschichten waren das. Verschwunden. Verschwunden auch die Gassenkinder, die an den Ecken herumlungerten, Passanten anstänkerten und die ersten, aus gesammelten Kippen gebastelten Zigaretten rauchten. Als Kleinster musste Brauer strategisch handeln, um nicht unterzugehen. Simsanreut, der sein Judenmandl beim Fußballspielen dabeihaben wollte, zog kurzerhand einen Dolch heraus, als sich einmal eine HJ-Streife einmischte, und verkündete: »Hier bin i der Chef. Bei uns, wann einer kicken kann, dann spielt er mit. Und jetzt schleicht's euch, sonst seid's aufg'schlitzt.«

Erich Israel Brauer gilt als Volljude und trägt den gelben Stern. Seine Mutter Hermine ist aber nicht jüdisch, das bewahrt ihn und Lena vor dem Schlimmsten. Er wird in die achtklassige Volksschule für christliche, konfessionslose und nichtarische

Kinder versetzt und erhält im Juli 1942 sein Abschlusszeugnis. Jetzt ist er dreizehn und sucht einen Arbeitsplatz, der ihn vor der Deportation schützt. Die Tischlerei der Israelitischen Kultusgemeinde nimmt ihn, weil er gut sägen und trotz seiner Schmächtigkeit schwere Türen schleppen kann. Er sieht die Menschen verschwinden. Darunter seine erste Liebe mit dem sanften Gesicht und den langen Zöpfen, in die er seit der Schule verschossen ist und von der er seinen ersten Kuss erhält, »den man ja nicht vergisst«. Auf dem letzten Klassenfoto steht Erich hinter ihr, der Kleinste und Jüngste, mit traurigem Lächeln. Sechs Mädchen und neun Burschen, mit offenen, freundlichen Gesichtern. »Wohin sind sie alle«, frage ich Arik. »Wohin schon, wer weiß?« »Und – sie?« »Dieser Kuss war sicher ihr letzter, weil sie ist sehr bald weggeschickt worden, nach Südpolen, in ein Ghetto, wo die Leute mit Genickschuss erledigt wurden.« »Wie hieß sie?« Er senkt den Blick. »Lizzi.«

Erich hält durch und die Augen offen. Als ihm die Kennkarte, sein Überlebenspapier, entzogen wird, taucht er unter. Er überlebt im Schrebergarten eines Onkels und wird im Sommer 1945 in die Kunstakademie aufgenommen. Er ist jetzt sechzehn. Das Foto in seinem Ausweis zeigt einen halbwüchsigen Buben, der kaum vierzig Kilo wiegt. Die Nazis haben ein tiefes Loch in sein Leben gerissen. Er wurde während des Novemberpogroms schwer verprügelt, die Umstehenden schauten feixend zu. Er konnte nicht wegrennen, rollte sich zusammen wie ein Igel und hatte Todesangst. Sein Vater war nicht mehr in Wien. Die Ehe mit Hermine, auf dem Standesamt geschlossen, galt nicht mehr. Simon Brauer flüchtete nach Riga. Als die Deutschen kamen, wurde er deportiert und starb in der Gaskammer.

»Sein Name wurde nicht mehr erwähnt«, sagt er. »Die Mutter ist nie darüber hinweggekommen.« Arik selbst auch nicht. Er hat sich am Judenmord abgearbeitet, die Grausamkeit der Pogrome gemalt, die SS als Wolfsrudel, mit abgerissenen Händen und Fleischfetzen im offenen Maul, die Windsbraut vom Warschauer Ghettoaufstand, in jeder Hand eine brennende Granate, und den Vater in einem schneebedeckten Umhang, mit einer schwarzen Taube auf dem Kopf.

Als sein Cousin Rudolf Spitzer, der 1938 nach England flüchtete, nach Wien zurückkehrt, wirbt er den jungen Erich für den Kommunismus an.

»Rudi Spitzer? Der war 1943 mit meinem Vater in Glasgow, bei der Grundausbildung. Er ist später Journalist geworden.«

»Eigentlich wollte ich nach Israel, aber der Rudi hat mich davon abgehalten. Du kannst doch jetzt nicht weg, wo wir hier was ganz Neues machen! Er war ein erwachsener Mann, neun Jahre älter als ich. Er hat mich überzeugt. Und ich habe mich mit Leidenschaft in diese Bewegung gestürzt. Mit Jungen zusammen sein und die Gitarre in der Hand haben, das war für mich das Schönste, was mir passieren kann. Und das Ganze getragen von der Vorstellung, jetzt, tschik-tschak, bauen wir eine Welt, die viel gerechter und viel toller ist. Das war ein Ziel, bei dem man gar nicht nein sagen kann!«

Aus Erich Brauer wird der Singerl. Er leitet den Junge-Garde-Chor und schreibt Singspiele wie die »Putzgretlmirl« und die »Schmieroper«, sein größter Erfolg. Sie erzählt von jungen Burschen, die in der Nacht mit dem Kalkkübel unterwegs sind und Losungen auf Wände schmieren, die für den Stockholmer Friedensappell werben. Es gibt ein Bühnenfoto, Brauer und vier Genossen im Blauhemd. Er hält einen Pinsel in der Hand und lacht dem Wachmann frech ins Gesicht. Franziska Smolka war damals zwölf und erinnert sich an die Szene:

»Wos malst denn für a Hendl z'samm?
Mal nur ruhig weiter! /
Geh, Peperl, kennst ka Friedenstauben?
Mir kommen so net weiter. /
Gemma, gemma, tat's den Koik verria'n! /
Gemma, gemma, arbeit's weiter! /
Es gibt ka Zeit zum Dischkurieren /
Mir kommen so net weiter.«

Der Singerl ist sieben oder acht Jahre für die Kulturarbeit der
FÖJ zuständig. Es sind bewegte und berauschende Jahre, in denen er auf der Bühne steht, interessante Leute kennenlernt, mit
denen er bergsteigen und auf Skitouren geht. Er trifft starke,
selbstbewusste Frauen und erhält eine politische und rhetori-
sche Schulung, die er nicht verleugnen kann, auch als er den
Kommunismus schon längst hinter sich gelassen hat. Mitten im
Kalten Krieg fährt er mit einem Genossen nach Paris und in die
Sahara, mit dem Fahrrad, über alle Besatzungszonen hinweg. Er
studiert Malerei und Gesang und wird einer der Mitbegründer
des Phantastischen Realismus. Ein Tausendsassa. »Den Singerl
haben alle geliebt«, sagt Franziska Smolka. »Er war wie ein Mag-
net. Wo er hinkam, hat sich alles um ihn geschart.«

Brauer hat später diese Jahre kleingeredet und kleingeschrie-
ben. 1956, nach dem niedergeschlagenen Ungarnaufstand, steigt
er aus. Er hat drei Jahre zuvor Israel entdeckt, über das die Moskowiter in der Partei nur mit Schaum vor dem Mund redeten. Er
liebt das Pionierland ebenso wie die junge Naomi Dalabani aus
einer jemenitisch-jüdischen Familie. Sie heiraten, gehen nach
Paris und tauchen ein in die Boheme. Erich nennt sich jetzt Arik
und tritt abends mit Naomi als israelisches Sängerpaar auf, un-
tertags malt er. Seine Töchter Timna und Talja werden geboren.
Als sich der Erfolg einstellt, will er nach Wien zurück. »Wegen

der Berge«, sagt Naomi. »Berge, Berge, Berge! Ich wollte in Paris bleiben, ich hab geweint, geweint …«

Für den Kommunismus hatte er nur mehr Verachtung übrig. »Ich bin dem Stalin auf den Leim gegangen«, sagte er wütend und dichtete: »Der Kommuschist, der Faschonist, das kann man leicht vermischen / Das liegt gemeinsam auf dem Mist, kein Hund will darauf pischen.« Das Thema beschäftigte uns lang und ausufernd. »Mir haben die Jahre gefehlt, die ich mit dem Kommunismus verbracht habe. Was habe ich dafür Zeit verplempert!« Ich hielt dagegen. »Dann wärst du nicht der Singerl geworden. Glaubst du, du hättest solche aufrührerischen Lieder schreiben können, wenn du ein braver Sozi geworden wärst?« »Also brav sowieso nicht«, sagte er.

Wir hatten es leicht miteinander, weil wir aus derselben Ecke kamen, Juden mit kommunistischem Hintergrundrauschen und aufgewachsen in der Vorstadt. Seine gelassene Souveränität gegenüber der Nazivergangenheit kannte ich gut, und auch die Abwesenheit jedes Ressentiments. Brauer verdankte der Roten Armee sein Überleben, und wenn ihm was zuwider war, dann die Russenfeindlichkeit der Nachkriegszeit.

Über das Filmprojekt verloren wir kein Wort. Wir verbrachten viel Zeit miteinander, und dann wurde der Film an einem Wintertag und sieben Sommertagen gedreht. Gleich am ersten Drehtag auf der Rax blieb mir fast das Herz stehen, als Brauer die Direttissima unter der Seilbahn wie ein Hirsch hinuntersprang und dazwischen jodelte. »Du hättest dir das Kreuz brechen können«, schimpfte ich. »Und was wär dann aus unserem Film geworden?« Er lachte. »Davon hätte ich nix mehr mitbekommen.«

In den Jahren seither ging ich die Brauers immer wieder besuchen, eine großbürgerliche Villa in der Wiener Cottage. Wenn ich kam, saß er vor der Staffelei im Salon, der zugleich sein Atelier war, oder im Garten, gemeinsam mit Naomi. Ohne sie ging gar nichts. Sie regierte das Management, den Haushalt und seinen Kalender. Um ihn zu erreichen, rief man am besten sie an. »Der Arik ist im Wald«, sagte sie, »ruf ein bissel später an.« Der Wienerwald nahm einen großen Raum in seinem streng geregelten Tagesablauf ein. Um sechs Uhr aufstehen, eine halbe Stunde im Pool schwimmen, Frühstück, Staffelei. Mittagspause, Wald, Staffelei. Herumsitzen und Zeit vertun war ihm grässlich, da konnte er sehr grantig werden. Er war ein Arbeitstier. Woher er seine Energien nahm, ist mir schleierhaft.

Als ich las, was seine letzten Worte waren – »Es gibt eine Zeit, da lebt man, und es gibt zwei Ewigkeiten, da existiert man nicht« –, dachte ich, da spricht der Agnostiker aus dir, Arik. Was dahinter ist, werden wir nie wissen. Er hat es aber besungen. »Ois a Toter, ois a Toter / Bin i wia a toter Hund / Brauch ka Wossa, brauch ka Brot / Und bin net krank und bin net gsund / Spüüns dann oba auf der Trompetn / Steh i auf und wasch ma's G'sicht / Hör die oide Klarinettn / Und i siech des oide Licht.«

Tod und Auferstehung, darüber spricht die Bibel nur in Andeutungen. Gelobt seist du Ewiger, der die Toten wiederbelebt, heißt es im Schmone Esre, dem Achtzehnbittengebet. Arik Brauer war kein religiöser Jude, aber diese Vorstellung hat ihn beschäftigt, beflügelt und inspiriert. Er hat sie gemalt und besungen, wie alles in seinem Leben.

25

AN DEN WASSERN DER LETHE

Fülle mir den Becher, Lethe, dunkler Fluss,
dass aus dem Traum ich nicht erwachen muss.

WILLIAM SHAKESPEARE, WAS IHR WOLLT

Von Kindheit an habe ich aufgehoben, was mich im Wachen und
Träumen umtrieb: Kinderbücher, Schulhefte, Kinokarten in ein
dickes Heft eingeklebt, Tagebücher, Briefe, Ansichtskarten, Kalender, Kritzeleien, Zeugnisse, Mitschriften, Manuskripte, Re-
chercheunterlagen, Schnittlisten, Ausstellungskonzepte, Schallplatten, Musik- und VHS-Kassetten, Bücher und alles, was ich
als *paperware* beim Räumen des Elternhauses gefunden habe,
bis zum kleinsten Fitzelchen Papier. Ein Archiv des Entzückens
und des Grauens davor, mich ihm eines Tages stellen zu müssen.
Irgendwann wirst du das einmal brauchen können, tröstete ich
mich, wenn ich mir vorstellte, mich diesen Fluten der Lethe auszuliefern, dem Fluss des Vergessenen und Unvergessenen in der
griechischen Mythologie, samt seinen gestapelten und verbor-
genen Erinnerungen.

Mit fünfzehn habe ich während einer langwierigen Krankheit eine Reise in mein Gedächtnis unternommen, mein bishe-
riges Leben memoriert und danach alles aufgehoben, was mein
sehr überschaubares Dasein festhielt, aus dem Erschrecken, wie
wenig übrig bleibt, wenn man sich auf sein Gedächtnis verlässt
und nur mehr Restbestände zusammenkleben kann. Nicht alle

treiben es so ausschweifend wie ich, aber ich halte es für ein Verhängnis, dass kaum noch Briefe geschrieben und Kalender aufgehoben werden und analoge Fotos oft das Erste sind, was bei einem Umzug weggeschmissen wird, im besten Fall vorher digitalisiert, im schlechtesten im Container beerdigt.

Wir schöpfen aus unserem Leben, woraus denn sonst? Das Pech ist, dass wir das meiste davon vergessen. Was uns ein Buch, ein Film oder ein Hörspiel erzählt haben, davon bleibt höchstens ein blasser Schimmer. Da hilft nur wiederlesen, wiedersehen, wiederhören. Wir werden nicht dasselbe erleben wie das erste Mal, wir steigen nicht zweimal in denselben Fluss. Das Gedächtnis ist trügerisch, lückenhaft und ein großer Manipulator.

Mein Archiv wurde zum Rückgrat, mich in die Zeitläufte einzuschreiben. Was geschah wo in der Welt im Geburtsjahr meiner Großeltern, meiner Eltern und meinem eigenen Auftritt? Was in all den Jahrzehnten seither? Wir erleben kein Nacheinander, keine geradlinige Chronologie der Ereignisse, sondern oft chaotische Gleichzeitigkeiten, die unser Leben prägen. In meinem dreißigsten Jahr fing ich an, diese *time line* ständig weiterzuschreiben und zu memorieren. Das Lesen von Biografien, die Romane von Patricia Highsmith, das Kino und das Zuhören wurden zu den Türöffnern meines eigenen Erzählens. Menschen lieben es, sich vor einem willfährigen, aufmerksamen Publikum darzustellen und ihr Leben auszubreiten. Kaum etwas ist schöner, als mit Freunden an einem Tisch zu sitzen und sich Geschichten zu erzählen. Nichts ist so interessant wie das Leben der anderen, weil man so viel über das eigene Leben lernt. Daraus entstanden Texte und Filme.

An die Lethe habe ich mich nur zögernd herangewagt. Ich wartete, dass ihre Wasser von selbst aus mir fließen. Dass sie aus mir herausfließt, ich sie nicht mehr zurückhalten kann. Ich musste lange warten, aber als ich spürte, dass es so weit ist, habe ich zu schreiben begonnen und ermunterte viele Freunde und Freundinnen zum Miterzählen. Während eines Jahrzehnts entstanden biografische und autobiografische Texte, zwei Radiofeatures und zwei Filme, Vorarbeiten für dieses Buch, das umfangreiche Recherchen und das Durchwaten der Lethe erforderte und dann herausströmte. Natürlich gab es Krisen. Was zeige ich von mir her, was verberge ich? Was gebe ich von den Erzählungen der Freunde preis, was nicht? Ich bezog sie in den Schreibprozess ein. Einige überließen mir den Nachlass ihrer Väter, Mütter oder Geschwister, lasen das ganze Manuskript oder Teile davon, alle korrigierten und ergänzten die Passagen, die sie selbst betrafen, und motivierten mich zum Weitermachen. »Der leuchtende Stern« wurde zu einem Buch der Freundschaft.

GLOSSAR

2 AMARCORD

Lainz	Teil des 13. Bezirks Hietzing im Südwesten Wiens. Von 1945 bis 1955 Teil und Headquarter der britischen Besatzungszone
Lassallestraße	quert den 2. Bezirk, die Leopoldstadt, auch »Mazzesinsel« genannt
Jugendalijah	Rettungsaktion für jüdische Kinder und Jugendliche, vor allem nach Palästina, mithilfe der britischen Mandatsbehörden
Kindertransporte	Rettungsaktion für jüdische Kinder mithilfe der Israelitischen Kultusgemeinde, in Zusammenarbeit mit den Quäkern Österreichs
Rotenlöwengasse	Alsergrund, 9. Wiener Gemeindebezirk.
Brigittenau	20. Wiener Gemeindebezirk, ebenfalls Teil der Mazzesinsel
Bar Mitzwa	Zeremonie und Feier der Religionsmündigkeit für Buben im Alter von dreizehn Jahren, heute auch für Mädchen mit zwölf Jahren (Bat Mizwa)
Fasangarten-Kaserne	heute Maria-Theresien-Kaserne in Wien-Hietzing
Häfn	wienerisch: Gefängnis
Zentralstelle	von Adolf Eichmann geleitetes Amt für jüdische Auswanderung (1938 bis 1943). Eichmann war verantwortlich für die Deportation der österreichischen Juden.

3 STIEGE SIEBEN

Gemeindebau	Wiener Sozialwohnbau
Josef Frank	Architekt des Roten Wien
Kindervazahrer	Kinderschänder
Altmannsdorf	Teil des 12. Wiener Gemeindebezirks (Meidling)
Simmering	11. Wiener Gemeindebezirk

Gänsehäufel	populäres Strandbad auf einer Insel in der Alten Donau, einem Nebenarm der Donau
Tratscherl	kleine Plauderei
Vierteltelefon	Telefonanschluss mit drei weiteren Teilnehmern
Zores	jiddisch: Sorgen
Powidltatschkerl	mit Pflaumenmus gefüllte und in Butterbröseln gewälzte Teigtäschchen
Kigl	Auflauf aus Nudeln oder Kartoffeln
Beugerl	Hühner- oder Gänseschenkel
repassieren	reparieren von Laufmaschen in Nylons
Heuriger	Wein des letzten Jahres, der zu bestimmten Zeiten in Gaststätten ausgeschenkt wird
Badner	Lokalbahn zwischen Wien und Baden
Harrods	Luxuswarenhaus in London
blad	wienerisch: dick
Marienbad	Kurort in Tschechien
Kukuruz	Mais
Pische	Pisse
Nebbich	jiddisch: Ausdruck des Bedauerns und spöttischen Staunens
Untam	jiddisch: ungeschickter Mensch
Ejze, auch Ezze	jiddisch: Ratschlag
Ganev	jiddisch: Gauner, Dieb
Chaser	jiddisch: ein Mensch (Mann), der nicht genug kriegen kann
Grebezn	jiddisch: aufstoßen
Katschke	jiddisch: Ente
Schmonzes	jiddisch: Trödel, Unsinn (Schmonzes reden)
Schmattes	jiddisch: Trinkgeld, Billigwaren
Schmendrick	jiddisch: inkompetente Person
Schmock	jiddisch: aufgeblasener Mann
Geseres	jiddisch: Gejammer
Toches	jiddisch: Hintern
Ponim	jiddisch: Gesicht
Pintschinuntschikl	jiddisch: Kleinigkeit, Nichtigkeit
Masel tow	jiddisch: Glückwunsch! Alles Gute!
Tachles reden	jiddisch: Klartext reden
Gojim naches	jiddisch: die (unsinnigen) Freuden der Nichtjuden, z. B.: in der Mittagshitze Tennis spielen, auf den Mount Everest steigen, bei Schneesturm Ski fahren …
Geriede	jiddisch: Aufsehen

Rebbezzin	jiddisch: Frau des Rabbiners. Auch herabsetzend verwendet: Schlamperei
Oj we krach	jiddisch: Ausdruck des Bedauerns
Mesusa	kleine Pergamentrolle mit dem jüdischen Glaubensbekenntnis, die in einer Hülle am Türpfosten befestigt wird
Seder	Auftakt des jüdischen Pessach-Festes, an dem in einem langen Ablauf des Auszugs aus Ägypten gedacht wird
Echad mi jode'a!	hebräisch: Eins – Wer weiß es? Frage-Antwort-Gesang am Sederabend, der zu Pessach gesungen wird – eine Art Memory
Ein Lämmchen	hebräisch: Chad gadja, wird zu Pessach zum Abschluss der Haggada gesungen

4 DIE SIRENEN

Russenbezirke	Wien war von 1945 bis 1955 in vier Besatzungszonen aufgeteilt. Die sowjetische Zone umfasste (die proletarischen) Bezirke 2, 10, 20, mit Ausnahme der bürgerlichen Wieden, dem 4. Bezirk. Die Innenstadt wurde als inneralliierte Zone verwaltet.
Affidavit	beglaubigte Bürgschaftserklärung eines US-Bürgers bzw. Bürgerin, der oder die die finanzielle Verantwortung übernimmt
Isle of Man	In den Internierungslagern der Insel Man wurden alle Deutschen und Österreicher ab sechzehn Jahren interniert, die in requirierten Häusern wohnten.
Fellow Traveller	öffentliche oder geheime Unterstützer der kommunistischen Parteien ohne Parteibuch
Order of the British Empire	Ritterorden für besondere Verdienste um das Empire. OBE kennzeichnet den Status als Officer.
Slánsky-Prozess	Schauprozesse in Prag 1952 mit 35 Folgeprozessen, der sich gegen die aus der Westemigration zurückgekehrten führenden Mitglieder der tschechoslowakischen KP, zumeist Juden, richtete
Displaced Persons (DPs)	Personen, die infolge des Zweiten Weltkriegs vertrieben oder verschleppt wurden. Darunter Volksdeutsche, Zwangsarbeiter, KZ-Häftlinge

5 DIE KINDERJAUSE

Haschomer Hazaïr	linkszionistische Jugendorganisation
Großer Sprung vorwärts	Mao Tse-tungs Kampagne zwischen 1958 bis 1963, die Bauern durch Zwangskollektivierung in Volkskommunen zu treiben, die Landwirtschaft und Industrie zu dezentralisieren und den Sprung in den Kommunismus vorzubereiten
GPU	Sowjetischer Geheimdienst, der für die Aufdeckung der »Saboteure« in den Betrieben zuständig war. Vorläufer des KGB

7 TRANSIT. TUMULT

Tet-Offensive	Überraschungsangriff Nordvietnams zwischen dem 30. Jänner und 24. Februar 1968, einen Tag nach dem vietnamesischen Neujahrsfest, dem *Tet Nguyen Dan*, auf die Städte Südvietnams

24 DER SINGERL

Fleischlaberln	Fleischlaibchen, Buletten
rotschädlert	rothaarig
Gugerschecken	Sommersprossen
sekkieren	jemanden ärgern
nussen	schlagen, eine Kopfnuss verabreichen
zuzeln	saugen
Rotzglocke	Schleimpfropfen, der aus er Nase baumelt
Strotter	Vagabund, Stromer
Bahöö	Radau, Tumult, Krach
kräullen	kriechen
schleicht's euch	verschwindet!
Kennkarte	polizeilicher Inlandsausweis, mit Passbild und Fingerabdruck. Juden wurde ein rotes J eingestempelt.
Hendl	Huhn
Peperl	Koseform für Josef (Pepi)
Gemma, gemma!	Los, los!
tat's den Koik verria'n!	Tut den Kalk verrühren!

| dischkurieren | diskutieren |
| pischen | pinkeln |

Übersetzung
»Wia a Hund«:   Als Toter, als Toter / Bin ich wie ein toter Hund /
Brauch kein Wasser, brauch kein Brot / Und bin nicht
krank und nicht gesund / Spielen sie (die Engel) aber
auf der Trompete / Steh ich auf und wasch mir das
Gesicht / Hör die alte Klarinette / Und ich seh das alte
Licht.

AUSGEWÄHLTE LITERATUR

Charles Aznavour: Aznavour über Aznavour. Erinnerungen. Stuttgart 1971

Ernst Berger, Ruth Wodak: Kinder der Rückkehr. Geschichte einer marginalisierten Jugend. Wiesbaden 2018

Arik Brauer: Die Farben meines Lebens. Erinnerungen. Wien 2006

John Le Carré: Der Taubentunnel. Geschichten aus meinem Leben. Berlin 2017

Jean-François Chaineau: Le dernier wagon. Paris 1981

Stéphane Courtois, Denis Peschanski, Adam Rayski: L'Affiche Rouge. Immigranten und Juden in der französischen Résistance. Berlin 1994

Seef Eisikovic: Erinnerungen eines ehrbaren Fälschers. Wien 2010

Hans Magnus Enzensberger: Tumult. Berlin 2014

Ernst Fischer: Erinnerungen und Reflexionen. Reinbek 1969

Tanja von Fransecky: Flucht von Juden aus Deportationszügen in Frankreich, Belgien und den Niederlanden. Berlin 2014

Ronald Friedmann: Exil auf Mauritius 1940 bis 1945. Berlin 1998

André Glucksmann: Köchin und Menschenfresser. Berlin 1976

André Glucksmann: Wut eines Kindes, Zorn eines Lebens. Erinnerungen. Zürich 2007

Jonny Granzow: Der Ausbruch aus dem Geheimgefängnis Castres. Berlin 2012

Tony Judt, Timothy Snyder: Nachdenken über das 20. Jahrhundert. München 2012

Peter Stephan Jungk: Die Dunkelkammern der Edith Tudor-Hart. Geschichten eines Lebens. Frankfurt am Main 2015

Thomas Keneally: Schindlers Liste. München 1983

Serge Klarsfeld: Vichy – Auschwitz. Die »Endlösung der Judenfrage« in Frankreich. Darmstadt 2007

Gerd Koenen: Utopie der Säuberung. Berlin 1998

Mignon Langnas: Tagebücher und Briefe 1938 bis 1949. Innsbruck 2010

Ruth von Mayenburg: Blaues Blut und rote Fahnen. Ein Leben unter vielen Namen. Wien 1969

Ruth von Mayenburg: Hotel Lux. München 1978

Ernst Papanek: Die Kinder von Montmorency. Wien 1980

Tom Segev: Die siebte Million. Der Holocaust und Israels Politik der Erinnerung. Reinbek 1995

Otto Tausig: Kasperl, Kummerl. Jud. Eine Lebensgeschichte. Wien 2005

Während der Vorarbeiten zu diesem Buch entstanden zwei Filme, die in den Text einflossen: »Bruno Kreisky. Politik und Leidenschaft« (ORF 2010) und »Arik Brauer. Eine Jugend in Wien« (ORF 2012). Aus zwei Radiofeatures für Ö1 wurden einige Passagen wörtlich zitiert: »Theo Bikel: Am Anfang und am Ende bin ich ein Sänger« (2015) und »Mailuft in Krähwinkel. Wien 1968« (2018).

PROTAGONISTINNEN UND PROTAGONISTEN

Edek Bartz, geboren 1946 in Karaganda im heutigen Kasachstan, Musiker und Kulturmanager

Irene Bartz, geboren 1923 in Krakau, Kindergärtnerin

Arik Brauer, geboren 1929 in Wien, gestorben 2021 ebenda; Maler, Bühnenbildner, Sänger und Dichter

Alexander David, geboren 1948 in Wien, Arzt und Reisender

Seev Eisikovic, geboren 1924 in Veliký Bočkov in der heutigen Ukraine, gestorben 2008 in Wien; Unternehmer

Heinz Epler, geboren 1950 in Wien, gestorben 2016 ebenda; Journalist

André Glucksmann, geboren 1937 in Boulogne-Billancourt, gestorben 2015 in Paris; Philosoph

Paul Haber, geboren 1944 St. Gallen, Schweiz. Internist und Sportarzt

Georg Hoffmann-Ostenhof, geboren 1946 in Wien, Journalist

Robert Horn, geboren 1950 in Wien, Unternehmer

Timo Huber, geboren 1944 Linz, Architekt und Künstler

Peter Fischer, geboren 1944 in London, Soziologe, Geschäftsführer des Zentralrats der jüdischen Gemeinde Berlin. Lebt in Berlin

Marina Fischer-Kowalski, geboren 1946 Wien, Sozialwissenschaftlerin

Erich Fried, geboren 1921 in Wien, gestorben 1988 in Baden-Baden; Schriftsteller

Robert Lettner, geboren 1943 in Elne, Frankreich, gestorben 2012 in Wien; Maler und Grafiker

Franz Kostmann, geboren 1943 in London, Musiker und Drucker

Jean Margulies, geboren 1939 in Brüssel, gestorben 2015 in Wien, Gewerkschafter und Politiker

Ruth von Mayenburg, geboren 1907 in Serbitz, Böhmen, gestorben 1993 in Wien; Publizistin

Albert Misak, geboren 1947 in Wien, Musiker. Lebt in New York

François Naëtar, geboren 1944 in Paris, Softwarearchitekt

Ernst Papanek, geboren 1900 in Wien, gestorben 1973 ebenda; Pädagoge, lebte in New York

Berta Pixner, geboren 1952 in Kfar Saba, Israel, Psychotherapeutin

Anita Pollak, geboren 1949 in Budapest, Literaturkritikerin

Edeltrud Posiles, geboren 1916 in Wien, gestorben 2016 ebenda. Bibliothekarin
Bernhard Rabitsch, geboren 1954 in Wien, Musiker
Katja Rainer, geboren 1949 Wien, Philosophin
Eva Ribarits, geboren 1943 London, Soziologin
Robert Schindel, geboren 1944 in Bad Hall, Schriftsteller
Eva Schmidt, geboren 1945 in New York, Lehrerein
Milli Segal, geboren 1954 in Wien, Kulturmanagerin
Harald Sicheritz, geboren 1958 in Stockholm, Musiker und Filmregisseur
Franziska Smolka, geboren 1940 in Moskau, Rechtsanwältin, lebt in Wien
Timothy Smolka, geboren 1938 in London, Kinderarzt, lebt in Wien
Elizabeth Toni Spira, geboren 1942 in Glasgow, gestorben 2019 in Wien;
    Dokumentarfilmerin
Paul Stein, geboren 1941 in Bellac, Frankreich, gestorben 2022 in Wien;
    Buchhändler, Lektor, Journalist
Eric Stüdemann, geboren 1940 in Hamburg, Romanist, lebt in Hamburg
Stefan Weber, geboren 1946 in Wien, gestorben 2018 ebenda; Musiker und
    Kunsterzieher
Ruth Werdigier, geboren 1950 in Bistritz, Siebenbürgen, Psychotherapeutin
Miriam Wettreich, geboren 1921 in Wien, gestorben 2011 in Dallas, USA;
    Pionierin in Israel, Hausfrau und Mutter
Samuel Wettreich, geboren 1921 in Wien, gestorben 2011 in Dallas, USA;
    Nachrichtenoffizier in Israel, Geschäftsmann in London

Ihnen allen danke ich von Herzen.
Sofern nicht anders vermerkt, leben bzw. lebten die Personen in Wien.

DANK

Auf viele Lebensgeschichten konnten ich in diesem Buch nicht oder nur punktuell eingehen. Ihre Impulse waren wichtig für die Erzählung. Ich danke den Freunden und Kolleginnen, die Gespräche mit mir geführt und meine Arbeit unterstützt haben: Paul Asenbaum, Lisl Bala, Ernst Berger, Elisabeth Brainin, Barbara Coudenhove-Kalergi, Gustav Freudmann, Bert Fragner, Ingo Grumiller, Stefan Gründorfer, Paul Haber, Georg Herrnstadt, Peter Huemer, Peter Stephan Jungk, Raimund Löw, Lilian Kauders, Peter Klein, Lili Kolisch, Paul Kolm, Josef Korab, Jeanette Mayrhofer-Berger, Ursula Margulies, Peter Menasse, Manfred Mugrauer, Erna Nachtnebel, Lisl Nitsch, Otto und Helly Podolsky, Christine Pölzl, Doron Rabinovici, Peter Ribarits, Holle Rudas, Hans Schafranek, Ernst Schmiederer, Tony Scholl, Ernst Schwager, Peter Schwarz, Peter Sichrovsky, Peter Skopik, George Weiss, Hans Wehsely.

Großer Dank gilt meinem ehemaligen Doktorvater Gerald Stourzh, der dieses Buch von Anfang an unterstützt und alle Fassungen gelesen und kommentiert hat. Ebenso Elisabeth Klamper, Archivarin im Dokumentationsarchiv des österreichischen Widerstandes, die mir viele unerlässliche Dokumente und Protokolle zugänglich gemacht und mich beraten hat. Zutiefst verbunden bin ich auch Zarah und Mark Wettreich, die mir den Nachlass von Miriam und Sam Wettreich überließen. Ich danke auch dem Berliner Historiker Ronald Friedmann, der mir half, das Schicksal von Joseph Marode aufzuklären.

PERSONENREGISTER

ABBILDUNGSVERZEICHNIS

Seiten 15, 23, 28, 89, 106, 309 © Archiv Helene Maimann; S. 7 © Patricio Handl; S. 103 © Michael Horowitz; S. 110 © Gottfried Görilzer; S. 113 © Gustav Freudmann; S. 145 © Archiv François Naetar; S. 192 © Otto Podolsky; S. 202 © Bruno Ettmayer; S. 208 © Archiv Robert Horn; S. 224 © Archiv Albert Misak; S. 250 © Franz Fink; S. 278 © Archiv Robert Schindel; S. 286 © ORF / Milenko Badzic; S. 306 © Ernst A. Grandits; S. 333 © Gerhard Scheubmayr

INHALT